U0692637

邹广严教育文集

第四卷（2017—2019）

邹广严　著

国家图书馆出版社

2017年9月4日，中国工程院院士、四川大学校长谢和平（前排右一）出席学校2017级新生开学典礼并讲话。图为开学典礼结束后，邹广严校长送别谢和平校长一行

2017年9月13日，未来楼正式启用。多年来，锦城学院始终坚持办"未来型大学"，造就"未来型教师"，培养"未来型人才"

2017年9月28日，锦城学院首届"尊师节"暨纪念孔子诞辰2568周年经典诵读大会在和平大楼广场隆重举行。图为邹广严校长与参加典礼的师生、校友合影

2017年11月30日，中国电信四川分公司与锦城学院合作共建的量子通信实验平台正式启用。这是中国西部高校首个量子通信实验平台。图为邹广严校长试用该实验平台

2018年3月6日，文学与传媒学院对外汉语专业钟雨霄校友获得哈佛大学硕士录取通知书后，回校看望邹广严校长，感谢母校培养。钟雨霄校友同时被锦城学院高等教育研究所聘为"国际教育视察员"

2018年底，锦城学院人工智能学院举行揭牌仪式。前排左四为人工智能学院院长、美国国家工程院院士、美国艺术与科学院院士陈世卿先生

2019年1月，邹广严校长为第二期"锦城"（校友）创投基金揭牌

2019年3月14日，邹广严校长出席锦城学院首届国际教育展

2019年暑期干部学习会期间，邹广严校长率领与会干部参观西南联合大学旧址，站在历史发生的地方感受学习"刚毅坚卓"的联大精神

2019年底，通识教育学院李海艳老师荣获"全国优秀教师"荣誉称号，成为锦城学院首位获此荣誉的教师

目　录

2017年　面向未来谱新篇

为实现"锦城梦"不懈奋斗　　3
　　——2017年新年寄语
　　（2017年1月1日）

立足现在，面向未来，追踪新技术革命前沿，培育"未来型人才"　　5
　　——在2016年总结表彰暨教学工作会议上的讲话
　　（2017年1月15日）

深入基层，真抓实干，当好"村官"，为农民服好务　　47
　　——对锦城学院15名准大学生村干部的集体谈话
　　（2017年4月24日）

未来型大学，造就怎样的师生　　55
　　——发表在《光明日报》上的署名文章
　　（2017年4月27日）

选择"锦城"，你的收获将与众不同　　61
　　——写在2017年招生画册上的寄语
　　（2017年5月）

立足现在，开创未来　　63
　　——在2017届毕业生毕业典礼上的讲话
　　（2017年6月22日）

教育改革之我见　　　　　　　　　　　　　　　　　　　71
　　（2017年6月）

振奋精神，整顿作风，努力建设精干、高效、忠诚、多
能的管理机关　　　　　　　　　　　　　　　　　　　73
　　——在全校管理干部大会上的讲话
　　（2017年7月11日）

加强多方合作，共筑"丝路"繁荣　　　　　　　　　　83
　　——在中泰国际高等教育产教融合论坛上的致辞
　　（2017年8月16日）

落实《"锦城2025"规划》，抢占未来竞争的制高点　　85
　　——在2017年改革发展研讨会暨第12期暑期干部学
　　　习班上的讲话
　　（2017年8月23日）

心怀三种精神，践行教育责任　　　　　　　　　　　　101
　　——在锦城学院与四川省紫坪铺开发有限公司座谈
　　　会上的讲话
　　（2017年8月24日）

"锦城"选择　　　　　　　　　　　　　　　　　　　104
　　——在2017级新生开学典礼上的讲话
　　（2017年9月4日）

发扬尊师传统，加强教师修养，学生尊师的三个层次和
教师修养的三重境界　　　　　　　　　　　　　　　113
　　——在锦城学院纪念孔子2568周年诞辰暨国庆、中
　　　秋、"锦城尊师节"三节同庆座谈会上的讲话
　　（2017年9月28日）

加强党的建设，落实《"锦城2025"规划》，为建成
"西部领先、中国一流、世界知名"的应用型、创业型
大学而奋斗　　　　　　　　　　　　　　　　　　　128
　　——在中国共产党四川大学锦城学院第二次代表大
　　　会上的报告
　　（2017年9月29日）

面向未来的教育　　　　　　　　　　　　　　　　152
　　——《大学生就业岗位调查报告（第二版）》序
　　（2017年9月30日）

2018年　守正创新强质量

在守正创新中赢得未来　　　　　　　　　　　　　159
　　——2018年新年寄语
　　（2018年1月1日）

迎接未来，拥抱未来，赢得未来，把"未来型教育"的
探索和研究推向深入　　　　　　　　　　　　　162
　　——在锦城学院"未来型教育论坛"上的讲话
　　（2018年1月17日）

聚精会神，守正创新，开创"锦城"高质量教育的新阶段　174
　　——在2018年度工作布置大会上的讲话
　　（2018年1月17日）

关于教育的几点随想　　　　　　　　　　　　　183
　　（2018年1月29日）

林建华校长读错字及其他　　　　　　　　　　　184
　　（2018年5月）

关于教学的几个问题　　　　　　　　　　　　　186
　　——在四川省青年教师教学竞赛锦城学院选拔赛后
　　对教学工作提出的几点要求
　　（2018年6月6日）

"教育扶贫"助力汶川发展　　　　　　　　　　189
　　——在汶川县中小学优秀英语教师专业能力提高培
　　训班上的讲话要点
　　（2018年6月13日）

克服职场"三大失误"，创造"锦城"学子的光辉未来　191
　　——在2018届毕业生毕业典礼上的讲话
　　（2018年6月27日）

弘扬"三前三后"优良传统，为建成一流应用型、创业
型大学不懈奋斗 200
——在锦城学院庆祝中国共产党成立九十七周年暨
"七一"表彰大会上的讲话
（2018年6月29日）

当前的形势和我们的任务 203
——在2018年本科教育工作会议暨第13期暑期干部
学习班上的讲话
（2018年8月20日）

端正初衷，砥砺前行，培养"三品"，发展"三力" 242
——在2018级新生开学典礼上的讲话
（2018年9月3日）

如何办好高质量的应用型大学 250
——在雅安职业技术学院的讲座讲稿
（2018年9月27日）

全面改革薪酬体系，激励员工进步增值 294
——在全校工资改革方案宣讲大会上的讲话
（2018年9月30日）

发扬民主，自治自律，开创学生会工作新局面 304
——对第十四届学生会主席团的集体谈话
（2018年10月30日）

2019年　十大突破铸辉煌

用昂扬奋斗谱写锦大教育新辉煌 319
——2019年新年寄语
（2019年1月1日）

做好总结，抓好落实，实现突破，全员昂扬奋斗，光大
"锦城教育" 323
——在2019年工作布置大会上的讲话
（2019年1月14日）

接受中央电视台节目组采访实录　　　　　　　　　357
　　（2019年3月1日）

"翻转课堂"培训要重点讲清思想和落实问题　　360
　　——在"翻转课堂"培训工作座谈会上的讲话
　　（2019年4月29日）

行动的三要诀　　　　　　　　　　　　　　　368
　　——在2019届毕业生毕业典礼上的讲话
　　（2019年6月27日）

端正一个观点，做好两件事，兴起"讲科技、讲思维、
讲深度学习"风潮　　　　　　　　　　　　375
　　——在2019年学期工作会上的讲话
　　（2019年7月15日）

希望校友对母校作三个贡献　　　　　　　　　384
　　——在锦城学院云南校友座谈会暨云南校友会成立
　　大会上的讲话
　　（2019年8月18日）

创造新优势，夺取新辉煌，发展人工智能时代的大学
教育　　　　　　　　　　　　　　　　　388
　　——在2019年改革发展研讨会暨第14期暑期干部学
　　习班上的讲话
　　（2019年8月19日）

锦城学院是一所什么样的大学　　　　　　　　406
　　——在2019级新生开学典礼上的讲话
　　（2019年9月3日）

主题教育要做到"四个到位"　　　　　　　　415
　　——在锦城学院"不忘初心、牢记使命"主题教育
　　动员大会上的讲话要点
　　（2019年9月24日）

以师德、师风、师能建设为核心，继续坚持严起来、忙
起来、长起来，造就锦大光荣之师，实现更高质量的
"三个增值"　　　　　　　　　　　　　　　　417
　　——在"锦城尊师节"教师座谈会上的讲话
　　（2019年9月27日）

践行"不忘初心、牢记使命"，办好人民满意的大学教育　428
　　——在锦城学院"不忘初心、牢记使命"主题教育
　　学习研讨会上的讲话要点
　　（2019年10月10日）

2017年
面向未来谱新篇

这一年，立足现在，面向未来，全面擘画"建设未来型学校，造就未来型教师，培养未来型学生"新蓝图，抢占未来教育发展新高地；

这一年，提出打造新形势下具有"显性指标"意义的办学成果，涵盖教学、科研、社会服务三大领域的显性指标体系开始逐步构建；

这一年，提出建设"精干、高效、忠诚、多能"的管理机关，各项管理制度不断完善，清单管理广泛推行。

为实现"锦城梦"不懈奋斗

——2017年新年寄语

（2017年1月1日）

金猴辞岁去，雄鸡报春来。

2017年的钟声即将敲响，在这辞旧迎新之际，我谨代表校董事会、校党政领导班子，向辛勤奋斗在各岗位上的教职员工和勤奋学习的同学们，以及广大"锦城"校友，致以诚挚的新年祝福！向所有关心、支持"锦城"教育事业的各级领导、各位校董、各位家长、各友好合作单位及社会各界友人致以衷心的感谢！祝愿大家新年快乐，事（学）业进步，幸福安康！

即将过去的2016年对于锦城学院来说，有着不平凡的意义。

这是团结奋进的一年。我们在总结梳理学校优良办学传统和深刻分析目前办学形势的基础上，提出了"五个坚持"的要求和"三个全覆盖"的任务。全体师生认真贯彻"锦城课堂大于天"的理念，坚持"全身心投入"的原则，确保"两课设计"的规范，坚定"三不放水"的决心，持续深化"三大教学改革"，实现了"翻转课堂"、师生科研创新、教师双向进修的全覆盖。我们进一步夯实了教育基础，提高了教学质量。为了把"锦城"的本科教育和人才培养做到最好，大家用尽了"洪荒之力"，我们向大家的奋斗致敬，奋斗者永远最光荣、最美丽、最伟大！

这是硕果累累的一年。和平大楼建成投用，创新创业中心焕然一新，许多教职员工乔迁嘉苑新居，实现了安居乐业的"小目标"。学校成功获批四川省本科院校整体转型发展试点项目，产教融合、校企合作不断深化。学校极富特色的劳动教育受到社会各界的广泛关注和普遍赞誉。青年作家张皓宸、世界电子竞技冠军团队成员周扬、5G研发先锋胡泮、"北京榜样"张博研、在热播电视剧《锦绣未央》中饰演"九公主"的陈钰琪等优秀校友不断涌现。在全国各大赛事上，多支"锦城"代表队为荣誉而战，他们夺旗捧杯，取得了骄人战绩，也获得了赛场上的友谊。校友和在校学生的成功直接说明了"锦城教育"的成功，校友和在校学生的增值直接体现了"锦城教育"的价值！

这又是承上启下的一年。我们制定了《锦城学院第二个十年发展规划（2016—2025）》，明确了"一个转变""两个一流""三个突破"的目标，提出了"五大发展战略"，勾勒出"锦城"中长期发展的愿景。我们前瞻性地提出"走在技术革命的前列，培养未来型人才"的主张。这些都是我们站在新的历史起点上对"锦城教育"的擘画，广阔的前景令人鼓舞，壮丽的事业催人奋进！

"旧岁已展千重锦，新年再进百尺竿。"展望2017年，让我们紧密团结在以习近平同志为核心的党中央周围，继续高举改革创新的旗帜，以"立德树人"的使命感、"舍我其谁"的责任感、"只争朝夕"的紧迫感，抓住机遇，克服挑战，不忘初心，风雨同舟，为我校第二个十年发展开好局、起好步，为实现"锦城梦"不懈奋斗！

立足现在，面向未来，
追踪新技术革命前沿，培育"未来型人才"

——在2016年总结表彰暨教学工作会议上的讲话[1]

（2017年1月15日）

昨天上午，我们邀请了电子科技大学的周涛教授来校演讲，大家的反响非常热烈。周涛教授很年轻，也很有作为，他善于追踪技术革命前沿，他的译著《大数据时代》是国内较早介绍大数据的畅销书，影响很大。可以说，他成功走在了技术革命的前列。昨天下午，我们校内的几位老师分享了他们在"两课设计""翻转课堂"以及科研论文方面的经验，既有理论高度，也很有操作性。我觉得他们体现了锦城学院教师的风格，给大家做了一个榜样。大家认真地听，认真地记，认真地思考，学习先进的气氛很浓厚，这是一个好现象。

今天，我主要讲两个方面的内容：一是向大家报告学校2016年的工作和取得的成绩，二是讲一讲我们今后的工作安排。

---

[1] 在此次大会上，邹广严校长在总结2016年工作亮点和布置2017年主要工作的基础上，全面系统地阐述了面向未来的教育理念，并对"建设未来型学校，造就未来型教师，培养未来型学生"作出了部署，开启了锦城学院未来型教育变革的伟大征程。

第一部分　2016 年的主要工作亮点

2016 年是《锦城学院第二个十年发展规划（2016—2025）》的开局之年，是我校从"应用技术型"向"应用研究型"转变的起步之年，是我校各项改革和创新持续深化的一年，同时也是各项工作取得大发展、大突破，学校形成新格局、新气象的一年。归纳起来说，我校 2016 年的工作主要有十大亮点。

一、继续保持了"进口旺，出口畅"的大好局面

对于学校来说，开门三件事——招生、培养人才、促进就业。人才培养是中间环节，招生和就业是两端环节，进口和出口情况最能看出学校是否受到社会认可。今年，我校的招生、就业依然呈现出"进口旺，出口畅"的可喜态势。

从招生情况来看：

一是招生规模大幅提高。从 2016 年的录取规模来看，我校共录取 5577 人，比去年大幅提高。特别是外语、计算机、电子等学院，招生人数都有了大幅增长。

二是生源质量提高。今年在一本录取 165 人，比去年有近 30% 的提升。"水涨"才会"船高"，这充分体现了我校审计学专业（ACCA 方向）的社会向往度。在四川省二批次录取中，我校在比公办学校学费高两倍的不利情况下，文科提档线在四川省 47 所高校中排名第

20位，80%的生源集中在比省控线高出40—55分区间；理科提档线在四川省47所高校中排名第27位，80%的生源集中在比省控线高出40—60分区间。

三是报考踊跃，报到率高。2016年，我校艺术类招生在5个省举办了校考，报考我校的人数一共是5244人，报名录取比30∶1，录取率还不到4%。一所学校的录取率越低，说明这所学校越走俏，越受考生追捧，在生源上越有潜力。

以上三方面表明，我校生源不管是从量上还是质上都在2015年的基础上持续向好。

我校历来认为，毕业生能否被社会需要并认可，是检验应用型大学办学成功与否的唯一标准。就业一直是我校的亮点，今年也不例外。

2016年，我校举办了100多场招聘会，来校招聘单位共计1000余家，提供12000多个就业岗位，平均每个毕业生拥有2—3个岗位可供选择。就业处和各学院积极主动，维护和拓展招聘单位资源，今年又拓展了广汉市人民政府、中国水利水电第五工程局、国电大渡河流域水电开发有限公司等新的合作单位，全校教职工热心帮扶学生就业，取得了很好的成效。

一是就业率高。2016届毕业生总体就业率为98.38%，有22个专业就业率达到了100%，全校的就业率连续八年超过98%。

二是毕业生平均月收入逐渐走高。我校毕业生平均月收入在4000—5000元的比例，2015年是17%，2016年是19.5%，增加了2.5个百分点；在5000—6000元的比例，2015年是7%，2016年是9.78%，增加了2.78个百分点；超过6000元的比例，2015年是3%，2016年是

4.58%，增加了1.58个百分点。这说明我校毕业生对社会的贡献度正逐渐提升，毕业生的职场竞争力正逐步增强，已经达到了省内中等偏上水平。

三是考研出国人数增多。2016届毕业生国内考研和海外深造总人数为286人（其中国内升学108人，海外深造178人），比2015年的200人增长43%。比较突出的是文传学院、外语学院、计算机学院。文传学院是考研出国大户，考研39人，留学21，共60人；外语学院考研、出国率几乎翻倍，从2015年的10%飙升至19%；还有计算机学院的黄兴同学，成功考取北京大学研究生。截至目前，我校已经有好几位同学考上北京大学研究生了，毕业生进一步深造的意愿和能力增强，说明我校学生学术功底在提升，学术追求在提高。

就业、升学、出国各得其所，这就把"就读锦城，锦绣前程"变成了现实。

二、"五个坚持"得到深入贯彻

陈宝生部长最近发表讲话，认为对高校而言："教学决定生存，科研决定水平，服务决定地位，质量决定兴衰。"这四句论断是很正确的，教学搞好了，质量提高了，学生满意，家长满意，社会满意。我校长期把教学质量作为学校的生命线来抓，2015年，我们在全面总结学校办学经验的基础上，提出了"五个坚持"，即全体员工要坚持"锦城课堂大于天"的理念，坚持"全身心投入锦城教育事业"的原则，坚持"三大改革"的方向，坚持"三不放水"的决心和措施，坚持"两课设计"的规范和走在"翻转课堂"前列。从2016年的情况来看，"五个坚持"得到了深入贯彻。

（一）在"课堂大于天"和"全身心投入"方面，不断涌现出一些新做法、新人物、新事迹

比如，工商管理学院杨泽明老师的"推销与谈判"课程，在线访问量达 17502 人次，在线作业批改 3964 份；彭超华老师累计批改作业 3000 余份；黄春艾老师常年举办"艾深克读书会"，指导学生读书；王轶菡老师开展课程俱乐部 Friday Design Club（周五设计俱乐部），辅导学生设计。

"审计学原理与实务"是财务会计学院开的一门大课，本科和专科学生均要上这门课。以许国老师为首的 5 位老师组成了课程组，固定每周三中午开会交流，课程组其他老师全程观摩实务经验丰富的许国老师上课。许国老师录制了许多实用性强的视频供学生学习。5 位老师的"两课设计"与"翻转课堂"在教务处组织的专家评审时得到较高评价。谢华老师担任 2015 级会计 5 班和 6 班的兼职班主任，每天晚上与学生一起上晚自习，他说这样是为了方便学生问问题，这种关爱学生的精神和行为是难能可贵的。

建筑学院李莹老师提出结合 PDCA 循环进行全过程翻转管理，从计划、执行、检查、纠正，对学生学习状态进行持续的过程管控。通过课间和互联网辅导（如周末教室、短信、微信、QQ、"锦城在线"和 YY 语音等）700 余人次，全学年"锦城在线"和线下纸质作业批改累计超过 2000 次。批改作业是了解学情的重要方式，是老师的基本功，我们有很多老师在这方面都做得很好。

艺术学院魏平老师和刘梦霞老师共同完成的"广播电视采访"课

程，联动四个班级，设置了一个模拟中央电视台栏目运转的学生导演组，分工审片、排播、催片、督查、外联，在艺术学院官方网站上开辟窗口，按照栏目的形式播出学生的采访节目共177部。学艺术一定要多练，这种全过程、全覆盖的练习方式很好，体现了我校应用型人才培养的特点。

通识教育学院的柴莎莎老师坚持3年到学生宿舍辅导功课，被人民网报道（题为《大学教师坚持3年到学生宿舍辅导功课》）；李海艳老师的课堂深受学生欢迎，其事迹被四川在线报道（题为《学生为上她的课提前一天占座》）。

辅导员队伍全身心投入"锦城"教育事业。图为机械工程学院辅导员曾璐走访学生寝室，和学生谈心、谈话（学工处　供图）

还有一批辅导员也是全身心投入的典范。如电子信息学院的肖江老师曾经担任过"演讲与口才"任课教师，他发挥自身优势坚持在课余培训学生，锻炼学生的沟通、表达能力；黄霞老师有一定的舞蹈基础，早上带领学生训练，坚持数月，体现了全身心投入的精神。机械工程学院曾璐老师坚持走访学生宿舍，与学生谈心、谈话，对学生关怀备至。

同志们，"全身心投入"就不是上班来、下班走，就不是上课没有准备、下课没有辅导，而是爱生如子、爱校如家、爱岗敬业。我表扬以上这些老师，以点带面地说明"课堂大于天"和"全身心投入"的情况，希望大家见贤思齐。

（二）"三大教学改革"持续深化，形成了一些新模式、新亮点

比如艺术学院创新"专业工作室"机制，影视编导系11名专职教师共成立11个教学创作工作室，首批招录145名同学进入不同的工作室，覆盖了两个年级50%以上的同学。各工作室同学在老师的带领下先后参与了微电影大赛、校企合作等重要项目，得到了很好的锻炼。

工商管理学院深化产教融合、校企合作，基本实现了教师的全覆盖，并通过"学生进项目"的方式，实现了对学生的部分覆盖。

文学与传媒学院立足前沿，深化产教协同育人。与"今日头条"共建"新媒体定向班"，组织学生及教师约140人参加学习。本学期"新媒体定向班"共计授课18次，学生发布头条信息作品近3000条，总阅读量超过3000万，学生头条号阅读量最高达500万，通过头条赚取广告费约4000元，学生头条号广告费最高达1000元。

计算机与软件学院采取"分班翻转"的方式，在总课时不增加的情况下，成功将大班教学转化为小班教学。这是一项很好的教改实验，具有方向性的作用。

金融学院突出应用型特色，适当压缩了纯理论课程的学分学时，删除了部分适用性差的课程，增设了更具应用性的课程和内容（互联网金融、金融理财、BEC），各专业实践教学环节学分数占比已达到28%以上。

（三）"三不放水"已经成为师生的共识和习惯

本年度没有收到任何教师"放水"的报告。对个别学生要求老师划重点的，老师一概拒绝。据说有学生缠着老师划重点，老师把全篇都划为重点，用一种类似于"行为艺术"的方法，展现了全校老师"三不放水"的决心。

三、"三个全覆盖"得到有力贯彻

（一）"两课设计"和"翻转课堂"取得实效

2016年，全校教师坚持"两课设计"的规范，走在"翻转课堂"的前列。根据教务处组织专家进行评审后的报告，全校"两课设计"的覆盖率达到95%以上。在参与"两课设计"的教师中，及格率为87.36%，文学与传媒学院王大江老师取得了最高分99分。95分以上者占18.95%，80分以上者占80.39%，总体情况良好。

"两课设计"做得相对较好的单位是文学与传媒学院和通识教育学院。文学与传媒学院王大江老师的课程设计、课堂设计规范严谨，在教务处的评比中得了99分，全校第一。难能可贵的是，他年近70，依然坚持使用"锦城在线"，成为"锦城在线"最活跃的教师之一，一门课的访问量达5954次。这充分说明能不能使用新技术与年龄无关，王大江老师堪称楷模。

"两课设计"考核分数前9名的老师是（第10至第20名并列，故未取第10名）：

教师	学院	综合得分
王大江	文传学院	99
杨 安	工商学院	98
舒 婧	通识学院	98
余 鸿	通识学院	98
李晓明	外国语学院	98
唐玉婷	外国语学院	98
霍 岩	文传学院	98
吴治刚	文传学院	98
郑 伟	文传学院	98

"翻转课堂"覆盖率约为91.4%。在参与"翻转课堂"的教师中，及格率为89.05%。16.39%的教师获得最高分95分，80分以上者占83.57%，总体情况良好。

"翻转课堂"做得较好的是工商学院、财会学院、金融学院、计算机学院。我校优秀青年教师的"翻转课堂"水平得到了督导组老师和学生的一致好评，例如工商学院杨安老师、通识学院杜洪波老师、计算机学院李婷老师、文传学院吴志刚老师等。

学校的"翻转课堂"在理论和实践上已经趋于成熟。在教学组织上呈现出"三全两化"的特点，即（基本实现了）全体教师的"全覆盖"，课前、课中、课后的"全程式"，教师、教务、教辅、行政的"全员参与"，以及"教学管理的智能化"和"教学方式多样化"。从覆盖的广度、理论和实践的深度、运营的成熟度、取得的成效等方面来看，我校的"翻转课堂"教学改革已走在了全省高校前列，已成功占得了新技术革命背景下教育变革的先机。

同志们，"锦城课堂大于天"不是空话。结合目前的任务来说，主要是落实"两课设计"和"翻转课堂"。能够做好"两课设计",大家就能够称得上是各自领域的教育工程师了。教育工程师是什么?就是能充分把握教育学、心理学的种种理论,能够有意识、有科学依据地进行本学科的教学设计的一类人。教育活动从理论到实践,有一个设计的中间环节,搞好设计是教育工程师的重要职责。在教育理论家和教育实践者之间还有一个教育工程师。"锦城"教师不仅是教育教学活动的实践者,还是教育教学活动的设计者,这就很不简单。"翻转课堂"是教学思想、教学方法、教学模式上的重大改革,目的是使学生能够更加主动、自主、随时随地地学习,进一步落实"以学生为中心"的教育观。党委副书记、副校长王亚利教授在全省高教学会上介绍了我校的经验,兄弟学校都很羡慕,说:"你们做到了,我们没做到。"但我们还要精益求精才行,什么叫"止于至善"?"止于至善"就是要做得好,做到更好,没有最好只有更好,不到最好就不停止。这是我们的校训,也是我们的精神。

很遗憾的是,"三个全覆盖"折算后总分54分,有极少数老师得分在25分以下,连一半的分都没拿到,这就有点对不住人呀。"三个全覆盖"也不是特别难的事情,只要认真、坚持,肯定不止这个分数。学校当然还是先打招呼,但是这样的情况可一不可再。希望这些老师能够好好地想一想,跟上大家的步伐。

(二)科研工作实现"爆发式起飞"

陈宝生部长说:"科研决定水平。"学校提出从"应用技术型"向"应用研究型"转变,科研的提升是一个重要任务。我校的科研是一种"大科研",包括(纵向、横向)项目、论文、专著、教材、专利、竞赛等。今年是我校从"应用技术型"向"应用研究型"转变的起步之年，在学校的号召和政策刺激下，各单位高度重视科研工作，取得了丰硕成果。

截至2017年1月5日，我校科研覆盖率达到91%（如不含指导学生竞赛为86%），基本实现科研全覆盖的目标。获得纵向课题138项（其中省部级以上项目67项），市厅级以上纵向项目数较2015年增长66%，横向项目14项；师生共计发表论文（含艺术作品）545篇，其中SCI、SSCI级别7篇，CSCD、CSSCI、EI、A&HCI级别20篇，ISTP、ISSHP、国内核心期刊级别60篇，一般期刊458篇，与2015年相比，论文总量增幅高达110%，实现了"翻番式增长"，核心期刊论文增长50%，高水平论文增长45%，实现了论文的"质量同升"；全校师生共申报专利212项，获得专利数比2015年增长2.6倍，全年举办创新发明专利宣讲21场，专利普及教育覆盖6300余名师生。据统计，我校在各层次论文数量上均居四川省内民办高校第一且以较大优势领先，在全省公办高校中处于中游水平，现在虽然不能说名列前茅，但照这个速度发展下去，名列前茅的目标也是指日可待。总体来看，2016年是一个科研大丰收之年，各项指标较2015年度均有大幅增长，实现了科研的"爆发式起飞"。

在科研方面最突出的是工商管理学院。该学院的科研课时转换量为1201学时（项目经费转换课时796学时），排名全校第一，有5位教师课时转换超过80学时。工商管理学院今年拿到横向课题8项，新增纵向课题16项，完成纵向课题10项。发表论文33篇，其中CSSCI 1篇、核心5篇、国际会议论文4篇、EI检索1篇，高水平论文合计11篇，占比33%。

省部级及以上项目主要负责人有如下几位同志：工商学院杨安（5 项）、秦树东（2 项），外语学院易兰（3 项），建筑学院陈蓓（2 项），文传学院谢天开（2 项），艺术学院文胜伟（2 项）。

横向课题上比较突出的是工商管理学院的左仁淑、杨泽明、周颖等。

在高质量论文方面表现比较突出的有如下同志。SCI、SSCI 级别：李彬（3）、沈洁琼（1）、张志亮（1）、贺晚非（1）、杨杉（1）；CSCD、CSSCI、EI、A&HCI 级别：李燕（2）、秦蓁（2）、黄叙（1）、李恒毅（1）、刘芳（1）、刘浩（1）、张志亮（1）、周正松（1）、杨安（1）、周颖（1）、刘琴琴（1）、秦琴（1）、李军燕（1）、王赛兰（1）、刘晋科（1）、王红兵（1）、彭芳燕（1）、朱宁（1）。

论文（作品）较多的个人：文传学院范美俊（24），外语学院张洁（9），艺术学院高强（6）、王伊林（6），通识学院霍畅（6）、张媛军（6）。

主要著作的第一作者：金融学院陈薇薇、向俊红、郑晓曦、黄杰、刘晋科、梁剑，通识学院余鸿、李海涛、潘志翔，财会学院任郁楠，机械学院谢驰，电子学院罗福强，建筑学院高立兵，土木学院耿佳弟，工商学院李俊峰，艺术学院赵万斌等。

在专利方面比较突出的个人：艺术学院梅雪莲（外观设计专利 3 项），机械学院王一舒（实用新型专利 2 项）。茅建明教授指导全校师生申报专利，做了很多工作。

（三）教师队伍建设迈向"双师、双能、双高"

"教授就是大学"，办大学的关键是要有大师。作为一所应用型大学，我校长期坚持双向进修制度，"双师型"教师队伍建设常抓不懈。2016年，学校提出"双向进修"和"双师型"教师的全覆盖。鼓励教师通过考证和进修等方式，提高"双能"水平。本年度，学校支出培训、进修、交流等教职员工培养经费较去年翻了三番。人事处组织开展了"双师型"教师申请认定工作，目前，我校"双师型"教师占专职教师的比例已经达到65%左右。

不少专业配备了学科应用带头人。全校53个专业中已有17个专业配备了学科应用带头人，共22人。其中，土木学院、工商学院、电子学院和文传学院的大部分专业实现了双导师，同时配备了学术带头人和行业带头人。

师资结构继续朝"双高"（高职称、高学历）发展。2016年，外引高层次人才（博士或副高及以上职称）24人，较去年数量增长20%，其中正高3人、副高16人、博士研究生6人。内培教师申报省评正高1人、副高20人，目前处在公示阶段的省评副高候选人17人，专任教师中，副高及以上职称占专任教师总数比例达33%。

我校教职工提升学历热情正盛！截至2016年底，我校教师取得硕士、博士学位的有77人，其中博士10人。攻读博士学位的有17人。另有文传学院王晓燕和王逸群2名教师进站攻读博士后，通识学院魏长青博士后已出站。

我校教师正在成长为专家。如计算机学院王建、李昕昕、王赛兰3名副教授，获批为四川省评标专家，共参加十余次评标。王建和李昕昕老师还被推荐进入国家综合评标专家库。学校发展到一定阶段，一定要在各行业出一批专家，这对学校发展来说是很好的。

四、迈开专业建设、迎评、申报的大步伐

在新的招生录取规则下，未来学校或将进入"专业为王"的时代，未来学校之间的竞争，将比较集中在专业之间。我校的十年规划也提出了建设"一流应用型大学"和"一流应用型专业"的目标。因此，加强专业建设，建设一批基础扎实、特色鲜明的专业，争取在专业评估和各项排名中名列前茅，建设和申报一批示范专业迫在眉睫。本年度，我校做了大量专业建设、评估、申报的工作。

一是全面修订了 2016 级 49 个本科专业人才培养方案，这凝聚了全体干部、教师的心血。二是利用教育厅"民办特色专业质量提升计划"的扶持经费，加强了对会计学、机械设计制造及其自动化、金融学、物联网工程四个专业的建设。三是接受了教育厅对我校会计学、计算机科学与技术、英语三个专业的评估。四是抢抓"四川省应用型专业示范建设"的契机，申报了软件工程、网络与新媒体、市场营销三个示范专业。我们正在努力把一批专业建成有影响力的特色专业，并带动专业群内其他专业的发展。

五、校风进一步向好

一流大学必须有一流的校风。我校长期系统地抓校风建设，取得了良好成效。2016 年，我校校风持续改善。

文献借阅情况是反映学情学貌的重要指标。与 2015 年相比，我

校借书总人次同比增长21%，借书总量同比增长23%。生均借书量和生均借书次数排名前三位的是计算机学院、文传学院、建筑学院。

学生到馆次数显著增多，出现了抢座位的情况。共有8个学院全年生均到馆次数达到20次以上，第一名是财会学院（29.95次），第二名是金融学院（28.34次），第三名是外语学院（27.36次）。

在学工处牵头下，11个学院都提出了"课外增值加持计划"：

序号	学院	加持计划名称
1	文传学院	文传成才强化措施，读写听做考
2	艺术学院	展演、晨练和工作坊促学
3	计算机学院	第四课堂：四个一的改革
4	建筑学院	一项计划、两个进入、三次实践、四个增值
5	工商学院	以赛促学人才培养
6	财会学院	五个证书：财会学生人才培养加持计划
7	外语学院	学生综合素质培养管理办法
8	电子学院	三个制作、三大竞赛、三类考证
9	机械学院	三个三：三本证书、三项比赛、三个作品
10	金融学院	"金融新业态"人才培养计划
11	土木学院	"三赛五设计"创新人才培养计划

在学校的"加持"下，广大学生投身学习的热情提高了，他们勤学苦练，寒暑不辍。比如艺术学院2016年举办教学展览、比赛、沙龙、演出、讲座等，共计95场，这些活动全都在课程外进行。文传学院实训平台实现了对2016级新生的全覆盖，办报纸21期、电子杂志30期，组织电视台活动和课程录制50场，组织会务及活动150余场。建筑学院、土木学院长期坚持暑期实训，教师带着学生，顶烈日，战酷暑，苦练建筑基本功。此外，教师带着学生搞创造发明、参加竞

赛、读书、科研成为一种新常态，不少师生放假仍然留在实验室、图书馆研究和学习，校园风气进一步向好。

六、厚积薄发，喜迎"收获的季节"

2016年，学校迎来"收获的季节"。

一是涌现出一大批优秀校友。如艺术学院校友张博研以"孝老爱亲"典型模范人物被评为"北京榜样"，"九公主"陈钰琪家喻户晓，李渊同学被授予"见义勇为公民"；工商学院校友张皓宸成为国内知名青年作家；电子学院校友周扬所在团队获世界电子竞技冠军，胡泮所在团队成为5G研发先锋，胡泮校友还代表团队接受中央电视台《新闻联播》节目的采访。这些知名度较高的校友，在一定程度上体现了学校的教育质量，他们给学校增光添彩，我们也要爱护和支持他们，并号召学生向他们学习。

二是我校坚持了10年的极富特色的劳动教育受到社会各界的广泛关注和普遍赞誉。新华社、凤凰网、中央电视台等权威媒体持续报道我校的劳动教育和农场劳动，受众达3亿人次。我们本无心炒作，默默无闻地搞了十年劳动教育，今年媒体特别关注我们的劳动教育，使得社会关注度大爆发，这也算是对我校办学特色的认可。

三是我校师生在国内外各大评选、竞赛中获奖颇丰，学校、教师、学生全面开花，获奖层次较高。

在学校获奖方面。我校团委荣获"全国五四红旗团委"，这是共青团中央授予全国基层团组织的最高荣誉和表彰，全国2900所高校仅18所高校团委获此殊荣，四川省只有我校与电子科技大学获得。建筑学院团总支被共青团中央评为优秀单位，团总支在总支书记樊俊泽的带领下，开展暑期"三下乡"活动，古建筑调研队被共青团中央评为"三下乡"国家级优秀团队。团委系统的获奖可谓"一杆红旗插到底"，取得完胜，这充分展现了我校团学工作和第四课堂的水平。又比如我校在"互联网+"大赛中获12项大奖，再获"优秀组织奖"，成绩居全省前列。

在教师获奖方面。通识学院文举荣获"外教社杯"全国高校外语教学大赛省赛二等奖，舒婧获得省赛三等奖。在"中国外语微课大赛"中，文举获得了四川省赛区一等奖，舒婧、余鸿获二等奖。土木学院陈艳玮、王芃两位老师参加了"第三届全国建筑类微课比赛"，并分别获得二等奖、三等奖。还有很多老师的获奖，我在此就不一一念了。

在学生获奖方面。成绩最突出的当属机械学院，2016年，该学院共有46人次获得国家级奖项，21人次获得省级奖项。"复合新能源概念车"斩获全国3DDS大赛工业工程设计方向一等奖（全国前10名获一等奖），从来自全国30多个省市赛区的400多支团队（其中不乏哈工大、吉林大学、天津大学等工科强校的团队）中脱颖而出。同时，机械学院与电子学院强强联合，在"四川省机器人大赛"中，以机器人"锦小月"的强劲表现，挫败了西南交通大学、西华大学等强队，荣获全省亚军（一等奖），仅输给电子科技大学。比赛的关键不在于输赢，关键是和谁一起比赛，我们能在和许多强队的竞争中取得如此成绩，也算是很不错的。

在2016年四川省大学生机器人大赛中，锦城学院代表队与电子科技大学代表队共同荣获一等奖（智能制造学院　供图）

　　获奖总量上比较突出的是艺术学院。艺术学院2016年度获奖总数为76项，亚太地区大奖1项，国家级的奖项34项，省部级的奖项29项，市级奖项12项。

　　还有许多单位也获奖颇丰，我随便念几个：文传学院荣获中国大学生广告艺术节学院奖银奖2个、优秀奖8个、佳作奖7个，在全球华人时报金犊奖评选中获得2个大陆二等奖、1个优选奖、7个优秀奖；电子学院参加全国"蓝桥杯"程序设计大赛获得全国一等奖；外语学院邹源荣获"21世纪·可口可乐杯"全国英语演讲比赛川渝赛区总冠军；通识学院指导学生获高教杯口语大赛省级一等奖两项；建筑学院组织学生参加四川省土木工程协会举办的蜀派园林与古建筑大赛，与川大、西南交大的同学同台竞技，获得优秀奖（大赛只设有优秀奖）；金融学院参加由团中央主办的2016大智慧杯模拟证券投资大赛，3名学生获得全国二等奖、7名同学获得全国三等奖；土木学院参加四川省大学生测绘技能大赛，获得四川省测量大赛二等奖和三等奖各1项，团体获三等奖，在四川省第三届结构大赛中获得优秀组织奖。

　　同志们，俗话说得好："是骡子是马，拉出来遛遛。"在竞争中才能显出水平，显出差距，"以赛促学"同时也是一种很好的教育教学方式。今后凡是国家、省级组织的，社会认可度高的比赛，我们都要积极组织师生参加，力争获得好的成绩。

七、从参赛到办赛、从参会到办会、从参训到办培训，影响力日增

2016年，我校协办了全国"创青春"大学生创新创业大赛，获得来自全国28个省市192所高校近千名创客的集体点赞，知名度进一步扩大，口碑进一步提升。我校还承办了"四川省民办高等学校党的建设工作研讨会"。艺术学院承办了"四川省第二届大学生原创微电影大赛"，机械学院承办"第四届全国独立学院机械类专业教学研究会"，文传学院举行"《诗学大典》与诗学研究研讨会"，工商学院和财会学院率先成立了管理咨询培训中心。在2012—2016年的5年间，管理咨询培训中心共计进行了57个培训项目，为西藏国资委及下属企业、西藏天路集团、华夏银行、四川宜宾港有限公司等几十家政府和企事业单位培训了上千名学员。通识学院展开校地合作，成功组织了凉山州教育局依法治校培训、江油市教体局体育教师和篮球裁判员培训。从参赛到办赛、从参会到办会、从参训到办培训，学校在一些领域反客为主，影响力日增。

八、"锦城教育"走了出去

"锦城教师"走了出去。工商学院蒋朝雄、李燕、舒科、贾林可、

张琳5位教师赴泰国商会大学执教8门课程，共384学时，获得泰国教育部和泰国商会大学的高度评价。值得注意的是，这5位教师不仅是把"锦城"的课程带到了泰国，同时也是把"锦城"先进的教育理念、管理制度、教学方法带到了泰国，获得泰国教育部和泰国商会大学的认可，很不简单。此外，我校还与泰国商会大学开展了工商管理硕士联合培养，在我校7个学院遴选出泰方注册导师5位、学术代表8位、硕士生导师19位。

"锦城经验"走了出去。党委副书记、副校长王亚利教授受邀在全省高等教育学会年会上介绍我校"翻转课堂"的经验，获得广泛关注和赞誉。文传学院杨骊受邀参加全国高校新媒体创新交流会，并作名为《新媒体教学创新探索——以"锦城模式"为例》的主题发言，引发同行普遍关注，同时，文传学院先后两次应邀前往四川理工学院作讲座，介绍仿真实训和考研指导方面的经验。

2016年11月24日，工商学院教师团队在西藏讲学时，将校旗带上珠穆朗玛峰大本营。左起：王文贤、杨治国、聂渝（工商学院 供图）

"锦城智力"走了出去。高等教育研究所主动出击，与四川省教育科学研究所建立了友好合作关系，与省教科所的专家共同成功申报了省部级研究课题，共同完成了省内若干重大教育调研项目，并作为"教育智库"的一部分，为教育主管部门献计献策。工商学院为日喀则市国资系统开展业务培训，通过培训与日喀则市国资委及部分国有企业建立了良好的合作关系，开启了"锦城"校地、校企合作新篇章，杨治国、聂瑜、王文贤三位老师还将印有汉、英、藏三种文字的"锦城大学"旗帜插上了海拔5200米的珠峰大本营，让"锦城红"屹立在珠峰！

"锦城课程"走了出去。工商学院"借船出海"，杨泽明、姚勇、黄颖、黄春艾、周星桔、杨安、罗堰老师参加了省级精品示范课程"创业管理"的课程建设；杨泽明、罗堰、杨安老师参加了四川大学"创业管理"慕课建设；杨泽明老师还参加了四川大学"市场营销"慕课建设。

"锦城声音"和"锦城形象"走了出去。宣传处全媒体矩阵布局完成，多平台内容分发，宣传呈现立体化、多场景化、高曝光，各平台发挥自身优势，新闻宣传报道呈现反应迅捷、内容丰富、覆盖广泛等几大特点；学院办公室积极向上级主管部门报送信息，在教育厅对全省109所高校的信息综合排名中，位列第8名；就业处创新多种招聘模式，受到了众多媒体的高度关注，如新浪教育、《成都商报》和《四川经济报》等；在各学院中，文传学院新闻点最多，被国内权威媒体人民网、新华网等报道12次（比去年增加9次），转载数十次。

以上事实表明和预示着"锦城教育"已经冲出本土，即将在更广阔的天地中大有作为。

九、形成了"接受新事物，追踪最前沿"的良好风气

"苟日新，日日新，又日新"，一个单位要永葆生机活力，就必须与时俱进。"弄潮儿向涛头立"，2016年，不管是教学单位还是职能部门，都体现出对前沿和新事物的高度敏感。

一是各学院瞄准了学科和专业前沿，有所行动。比如电子学院建成了西南最大的智能交通沙盘系统，并已经开设虚拟现实与增强现实方面的课程；机械学院新建了机械现代精密实验室，将三维坐标、机械和电子、光栅和磁栅技术、数字控制技术和感应同步器新技术直接运用到机械品牌中，为学生学习设计数字处理、精密公差配合、整机装配调试、数字模型编制提供了有效的依据，学生不出校即可了解当代制造业的先进技术和前沿科技；计算机学院建立了云计算实验平台，为进一步申办"数据科学与大数据技术专业"奠定了良好的基础；金融学院编著了《互联网金融》教材。这些都是在追踪新技术革命的前沿。

二是各单位善于采用新技术、新手段创造性地开展工作。比如，2016年被称为"直播元年"，艺术学院在举办"四川省大学生原创微电影大赛"时，通过视友网全程直播；艺术学院还与四川电视台合作，通过"熊猫听听"直播平台全程直播"锦城学院第一届化装舞会"。两次直播累计网络点击数超过几百万次。此外，宣传处、招生办等单位均采用了直播的工作方式。招生办在招生咨询期间，还采用智能咨询（网络机器人）、微信课堂等前沿方式，创造性地开展工作，取得良好成效。

十、学校建设取得较大进展

大楼、大师、大好风气是现代大学的三根支柱。良好的硬件条件是建设一流大学的题中之义。2016年，学校的各项建设取得较大进展。

2016年，和平大楼建成投用，实现了国内少有的"每位老师都有办公室"的目标，大家的工作环境得到了很大的改善。校史馆在新生爱校荣校教育、接待来访嘉宾中发挥了重要作用，展览馆为广大师生展示自己的作品提供了广阔舞台。大学生创业中心改造升级为全新的创新创业中心，6个项目入驻孵化区，1个项目进入苗圃区。

实验室建设也取得了很大的突破，今年一共建设有10个项目。截至目前，我校实验室设备总价值约1亿，总设备数量为6718套，今年我们还要加大功夫，继续加强实验室建设。

"智慧校园"建设也取得了较大进展，大家都感觉网络覆盖面更广了，OA协同更高效了，缴费充值更方便了，教学课件制作设备更先进了，各项系统使工作更高效、更规范了……

后勤、安全保卫方面的工作也很突出，我校的标准化食堂、园林校园、安全校园都受到了教育主管部门和广大师生的广泛认可。

同志们，2016年是团结奋进的一年，是大突破、大发展的一年，也是学校呈现出崭新气象、崭新格局的一年。我在这里可以愉快地宣布，在贯彻落实我校第二个十年发展规划的开局之年，我们开了一个好头，起了一个好步！

同时，我们也要看到我们的工作还有许多不足。昨天督导组的报告就指出了我校教学工作的缺点和不足，反映出我们在许多问题上抓得还不够实，问题还比较多。最主要的问题是存在思想懈怠的风险，个别老师在思想上比较保守，对新事物比较排斥，管理部门为师生的服务还有不到位的地方。我们要认真研究这些问题，并在2017年逐一解决。

第二部分　2017年的工作

今年我们要重点做好三件事。

一、继续贯彻"五个坚持，三个全覆盖"

这是我们办好让人民满意的大学所不可缺少的。"五个坚持"是大学的本分，无论未来形势怎么变，都必须坚持；贯彻"三个全覆盖"是保证我们站在信息革命前列，建设应用研究型大学的核心措施，必须深化落实。具体的我不再讲，今年继续做。正如毛主席所说："坚持数年，必有好处。"

二、继续贯彻《"锦城2025"规划》和"五大发展战略"

我们已经制定了《"锦城2025"规划》，今年抓贯彻落实，重点要贯彻"五大发展战略"。"五大发展战略"即差异化战略、国际化战略、信息化战略、复合化战略、产教融合战略。这五大战略是我们今后长期工作中的一个纲，是我们下一个十年的核心工作。

三、着眼于建设"未来型学校"，造就"未来型教师"，培养"未来型学生"

前两件事我不再赘述，因为以前讲过了。第三件事我今天重点讲。关于"未来型"这个问题，我们必须把道理讲透。

（一）历来技术革命都是教育发展的原动力

科技和发明是推动教育发展的原动力。一般认为，历史上因技术革命而产生的教育革命有四次，从中国历史上来看，具体为：

第一次教育革命发生在夏商周时期，其发明是文字。文字的发明推动了教育的极大发展。大家知道，文字发明前，即便说有教育，也没有教育的专门机构和场所——学校。那时的教育就是老人教育小孩，教育的内容就是怎么打猎、怎么捉鱼以及简单的伦理关系。原始社会，教育只能靠口耳相传，知识的传播受到限制。后来，黄帝时期的史官仓颉发明了象形文字。随着文字的发明，夏商周时期开始形成了不定型的学校——"校""序""庠"。周代的"庠"是装谷子的地方，部落开会、就餐的地方，还是养老院，同时也是教育的地方。"老师"这个称谓大概就是因为那时候能成为师者的人多半是老者，所以叫"老师"。那时还没有纸，文字写在龟壳上，而且文字很复杂，只有老人才认识，所以"老者为师"。"庠"既是养老院，也是学校。因此，第一次教育革命是文字发明带来的。当然，文字的载体也是不断地变化的，到孔夫子的时候，就不是写在甲骨上了，而是被写在竹简上，用绳子穿起来，所以才会有"韦编三绝"的说法。

第二次教育革命是兴起于东汉蔡伦改进造纸术，繁荣于隋唐时期发明的雕版印刷术。纸的发明更好地解决了文字载体的问题，书写材料比起过去用的简牍要轻便和经济多了，所以东汉以后，"太学"进一步发展，最高人数达到 3 万人。隋唐时期发明的雕版印刷术，使书籍印刷实现批量化，促进了知识的广泛传播，加速了教育的发展。所以唐宋时期在办好太学的同时，书院开始发展起来。据统计，宋朝书院有 720 所，在全国形成了强大的民办教育体系。这就是造纸术和印刷术带来的教育革命。

第三次教育革命是在 19 世纪中叶以后。这时，欧美已经完成了第一次工业革命。工业革命推动了西方列强的崛起和殖民扩张，打开了中国的国门，使中国人逐渐认识到技术落后的危机。19 世纪末，清朝开明派官吏和外国传教士办了一批新式学校，包括北洋大学堂、南洋公学、京师大学堂等，清末废科举之后，西方科学知识被广泛引入，新学蓬勃发展起来。

第四次教育革命就发生在当下的信息化社会。信息化革命必然带来教育革命。计算机、互联网、大数据、云计算以及人工智能等新技术不断涌现，对教育产生的影响将无法估量。而当前的微课、慕课、"翻转课堂"和创客运动是第四次教育革命的最新发展态势，也是这场革命的重要推动力量。第四次教育革命才刚刚拉开帷幕，这一轮新技术革命对教育的发展影响需要我们重点研究。

所以，从历史上来看，每一次重大的技术革命必然带来教育的大发展，技术革命为教育发展创造了原动力。

（二）技术是教育革命的推动力，同时也给教育提出了挑战

每一次技术革命都必然带来一些传统产业及岗位的衰减或消亡，也必然带来一些新兴产业和岗位的产生和发展。

文字发明后，产生的新岗位是什么？是抄写员。会写字、会抄写，在那时是最大的技术活。

造纸术和印刷术产生后，要排字、印刷、出版，一批新岗位产生了，原来在竹简上写字的岗位消失了。

第一次工业革命以蒸汽机的使用为代表，呈现机械化的特征。工业1.0使机械代替手工，工厂代替作坊，产生了棉纺织业、采矿业等新兴产业，不过这些产业在农业社会没有形成规模化的业态。

第二次工业革命以发电机的发明为代表，呈现电气化的特征。工业2.0带来电力工业、汽车制造业等新产业，发电、输电、用电等相应岗位产生。电气化还进一步推动了城市化，城市化又促进了商业、服务业的发展。

第三次工业革命以计算机为代表，呈现自动化的特征。工业3.0带来电子工业、信息产业和服务业比重进一步上升等。

第四次工业革命以机器人为代表，呈现智能化的特征。如果说以前的历次工业革命带来的是产业的转型升级，比如机械化提高了传统的手工纺纱、人工采矿的生产效率，但是从产业来说，传统手工业并没有明显的消亡，棉纺织业、金属冶炼业一直都存在。当下的工业4.0对产业及岗位的影响却是不可估量的，甚至改变了很多现存业态。例如：电子商务的产生使实体零售店大量减少，商业买卖大部分都可以在互联网上实现，这是整个业态的变化；互联网金融改变了传统银行

业和金融业，几乎不再需要现金支付，手机"扫一扫"就可以实现金融交易，大家存钱、贷款也可以不用跑银行，这给金融业态带来的改变是很大的。

技术革命引发产业变革，产业变革引发人才市场变化，人才市场变化不断给教育提出新问题：培养什么样的人？怎样培养人？这一方面是技术革命给教育提出的难题，另一方面也是给教育提供的发展空间。对于第四次工业革命给教育带来的影响，我们必须未雨绸缪。

我们不能抗拒变化，更不能抗拒未来。正如马云在最近一次云栖大会上提出，未来30年是人类社会天翻地覆的30年，世界的变化将远远超出想象，真正冲击各行各业、冲击就业、冲击传统思想和传统行业的是我们昨天的思想，是对未来的无知，是对未来的不拥抱。他提出"新零售、新制造、新金融、新技术、新能源"这五个"新"将对各行各业造成巨大的冲击和影响。

（三）我们正处在日新月异的新技术变革之中

1.新技术变革日新月异

马云说，他1995年创业的时候，全球互联网只有不到5万的用户，而当天参加云栖大会的观众就已经接近5万。我查了一下数据，2016年，全球网民已达34.2亿人，普及率为46%。其中，中国网民规模已达7.1亿，普及率高达51.7%。

再看看手机。我们这代人，都经历了手机的一系列发展。最早是1973年摩托罗拉公司发明的第一部大哥大，20世纪末在中国上市售价高达2万元，那时候手机是按键式的，也只有极少数人能持有。后来，有了触屏式的智能手机，功能也越来越全面和强大，可以充当电脑、电视、阅读器、电子娱乐产品。其用户由2010年的8000万人上升到2015年的9.2亿人，现在单是手机上网平均每人每天146分钟、触屏150次，已超过电脑上网。

互联网金融发展更快。从马云2003年推出支付宝业务开始，近几年，互联网金融以几何倍增的速度发展。2016年支付宝APP用户已达4.5亿，"90后"使用移动支付比例高达91%。现在的互联网金融除了第三方支付，还涵盖了众筹、大数据金融、信息化金融机构等多种模式。

而机器人、人工智能的发展将更使我们"目瞪口呆"。1958年，世界第一个机器人诞生，可以完成180个工作步骤。到2015年底，全球机器人总数达160万台，当年销量24.8万台，预计到2019年可以达到260万台。现在，像宝马汽车莱比锡工厂已大规模地由机器人接管，车间里机器人数量达到700台，几乎看不到"真正工人"。机器人的家用化也拉开帷幕，IROBOT公司推出的吸尘器机器人，是目前世界上销量最大、最商业化的机器人。"阿尔法狗（AlphaGo）"的出现，人工智能第一次战胜了人类围棋九段高手。现在又出了个Master，是何方神圣？它完败当今多位围棋顶尖高手。要知道围棋一向被认为是人工智能短期内无法超越人类智力的"最后堡垒"。而此次机器战胜人类，更反映出人工智能的加速发展趋势。未来的人工智能机器人还将怎样发展，我们无法估量。

所以，新技术的发展速度如同"摩尔定律"所揭示的结果，芯片处理速度每18—24个月便会翻番，新技术进步的速度是风驰电掣般的。工业4.0的核心是智能化、互联网化，云计算、大数据、物联网、VR（虚拟现实）、3D打印等新技术花样繁多、日新月异、铺天盖地、应接不暇，知识的更新周期也在不断缩短，我们必须做好准备。

2.新技术变革将冲击我们的教育

习近平主席说："每一次产业技术革命，都给人类生产生活带来巨大而深刻的影响。现在，以互联网为代表的信息技术日新月异，引领了社会生产新变革，创造了人类生活新空间，拓展了国家治理新领域，极大提高了人类认识世界、改造世界的能力。"

第四次工业革命对教育也将带来冲击，并带来相应改变，有的已经开始，有的即将到来。比如："互联网"带来了教学环境的改变，原来的线下教室课堂变为线下、线上融合的"O2O"环境；慕课带来了教育资源的改变，原有的纸质教材变为海量的在线资源，资源配置也从大学内部扩展到世界各地的所有学习者；"翻转课堂"带来了教学方式的改变，促使教师与学生角色的转变；"大数据"带来了教育管理模式的改变，为实现学生的个性化培养奠定了基础；VR（虚拟现实）技术带来了教学体验的改变，推动了知识从经验到体验的转变……

第四次工业革命不仅冲击了教育本身，还将冲击就业。美国2005年以来新增了910万个工作岗位，只有6%的传统全职工作岗位，其余都是非传统雇佣关系工作岗位。在欧盟，有9400万人都是独立劳动者。电子商务让个人可以在家里做电商，这是以往不能想象的。所以，劳动方式也在改变。企业或将重新定义其与劳动者的契约，给劳动者提供更多的自由度和灵活性，这些都是我们要关注的变化。

3.应对新技术变革，必须面向未来

为了应对第四次工业革命，全世界都在采取措施。李克强总理提出了"互联网+"，包括"+教育"；国务院印发了《中国制造2025》，发布了《关于加快培育和发展战略性新兴产业的决定》；德国提出"工业4.0战略"；美国提出"先进制造业国家战略计划"；日本提出"再兴战略"；英国提出"工业2050战略"；法国提出"新工业法国战略"；联合国提出《教育2030行动框架》，对未来教育提出设想和应对；中国提出《国家中长期教育改革和发展规划纲要（2010—2020年）》，杜占元副部长在G20峰会教育对话论坛上谈了《面向2030的教育改革与发展》。"2030的教育"是什么？就是面向未来的教育。

我们锦城学院制定了《"锦城2025"规划》，这也是应对第四次工业革命的举措，没有应对是不行的。

邓小平同志早在20世纪80年代初期有一个重要题词："教育要面向现代化，面向世界，面向未来。"教育这个事业，本质上就是面向未来的事业。当你培养一个小孩子的时候，绝对是为了他（她）的未来；当你迎来一位大学新生时，你的教育至少要考虑到四年之后。所以，教育必须向前看。

中国科学院大学现在设立了一个"未来学院"，下面设了七个教研室。国际劳工组织总干事莱德曾表示"教师是开启世界未来的钥匙"。美国普渡大学要求"教师与其他职业一样，必须学会应用新技术，顺应新技术变革教学方法"。

所以，新技术的日新月异已经成为不可阻挡的社会发展潮流，其带给我们的变革将是颠覆性的。面对这样的巨变，我们绝不能原地踏步、停滞不前。我们要预测它、应对它，否则就要被淘汰。

在锦城学院，"面向未来"的理念深入人心。图为2017年校园啦啦操
大赛航拍场景（校团委 供图）

我们常说"落后就要挨打"，我现在再加一句话："落伍就要出局。"达沃斯论坛创始人及执行主席施瓦布出版了一本书叫《第四次工业革命——转型的力量》，有一个小标题说"不改变就灭亡"。我们一定要记住这三句话：落后就要挨打！落伍就要出局！不改变就灭亡！

4.我们必须走在前面，我们一贯走在前面

在应对新技术革命这个问题上，我们必须走在前面，我们也一贯走在前面。

第一，我校办应用型大学的定位走在前面。2005年，多数本科高校还在争办研究型、研究教学型、教学研究型等类型的大学，我们就提出"学校错位竞争，人才分类培养"的竞争策略，旗帜鲜明地办应用型大学，培养应用型人才。教育部在2015年提出引导部分本科院校向应用型转型发展，我们之前在这条路上已经走了10年。

第二，创业教育作为必修课覆盖全校学生。以前教育部设了几所学校作为创业教育的试点，创业课程是选修课，而我校从2006年就把创业教育作为全体学生的必修课，李克强总理在2014年9月夏季达沃斯论坛上首提"大众创业、万众创新"，认为这是国家经济发展的动力引擎。这说明我们的教育还是相当有超前意识的。

第三，劳动教育作为必修课覆盖全校学生。我校自2006年至今已坚持进行了十年的劳动教育，无论是学生、家长、教育学界、社会公众或各大媒体，都对我们的劳动教育赞誉有加。2014年，在全国职业教育工作会上，党中央、国务院的提法是"劳动光荣、技能宝贵"，这也是我们一贯的主张。

第四，我们的中华传统文化教育也走在前列。2014年3月，教育部印发《完善中华优秀传统文化教育指导纲要》，同年6月，北大、清华等40所高校在南开大学发出"在大学教育中要弘扬中华民族的优秀文化"的倡议，而我们从2005年建校起，就重视对学生的中华传统文化教育。我们提出"三讲三心"明德教育，编纂百家经典选读，等等。所以，昨天来作讲座的电子科大的周涛教授说："锦城学院是我见过的同类院校中最像大学的大学。"

第五，我们的慕课和"翻转课堂"也是走在前列的。2012年是"慕课元年"，我们学习可汗学院的经验。2013年我们就开始搞慕课，紧接着就搞"翻转课堂"。传统课堂的精华在于师生之间和生生之间的互动，慕课实现了优质资源的共享但缺乏互动性，因此我们坚定不移地引入了将两者优势结合的"翻转课堂"，并且我们的"翻转课堂"是全体教师"全覆盖"，这在国内高校里应该也属少有的。

第六，我们在全国高校范围内较早开展了就业岗位调查，进行专业建设的"逆向革命"，以解决人才培养与社会需求严重脱节的现状。我们把传统的"学科—专业—专业方向—就业"的专业设置和建设模式变为"就业岗位—专业方向—专业—学科或跨学科"的专业建设和人才培养模式。2010 年起，我们就组织数百名师生，历时两年，对近 600 家合作企业、众多毕业生和招聘单位进行走访调查，汇集成了共涵盖 40 个专业、近 2000 个工作岗位的《大学生就业岗位调查报告》。我们培养了一批批与社会需求相契合的优秀毕业生，长年保持就业率 98% 以上。因此，以岗位调查为起点、以社会需求为导向的专业建设的"逆向革命"在全国范围内也算走在前列了。

第七，"两课设计"也是我们在中国高校抓深抓好的典范之一。课程与课堂设计虽然不是教学新名词、新举措，但是像我们这样把"两课设计"抓得这么深入、细致，特别是高等教育界在教学上出现"放水"现象的同时，我们自 2014 年起严格执行"三不放水"，随后要求全体教师认真做好课程与课堂设计，这在国内高校里也算少有的。

第八，培养"未来型人才"。培养满足未来产业需求的人才，我们前几年就做了，并于去年正式提出"未来型"的概念，把"建设未来型学校，造就未来型教师，培养未来型学生"正式提上议事日程，在理论和实践上都迈出了重要的一步。这在高校里也算最早的了。

所以，同志们，我们必须走在前列，我们已经走在前列，我们要继续走在前列！从竞争的角度来说，搞老一套我们肯定竞争不过百年老校，搞新一套就不一定了，因为我们年轻人多，年轻人接受新事物快。我们要有自信，习近平总书记说"道路自信、理论自信、制度自信、文化自信"，我们年轻人也要有自信啊。我们年轻的硕士、博士都是很优秀的。年轻人思想先进，肯动脑筋，敢想敢做，容易走在前列，这是我们的优势，有优势还要发挥出来才行啊。

（四）建设"未来型学校"，造就"未来型教师"，培养"未来型学生"

我们要走在前沿，要高瞻远瞩，这就要求我们建设"未来型学校"，造就"未来型教师"，培养"未来型学生"。

1.建设"未来型学校"

"未来型学校"是什么样的，我也不知道，但是我们总得探讨这件事。杜占元副部长《面向2030的教育改革与发展》关于未来教育的畅想是：开放的教育、适合的教育、人本的教育、平等的教育、可持续的教育。民进中央副主席、中国教育学会副会长朱永新，专门写了一篇文章《关于未来学校的思考》，他也在研究"未来型"的学校是什么样。我们国内教育界有一部分人现在在研究这个问题。我归纳了一下，未来的学校可能要具备这样几个特点：

第一，开放性。未来的学校没有所谓的围墙，打破了时空和地域的界限，打破了学习群体的界限。因为互联网已经使全球大多数人实现了互联互通。

第二，多样性。包括上课的多样性、毕业的多样性、学习的多样性等。比如，上课的教学方式已经有了慕课、微课、"翻转课堂"，未来的学生毕业，课程证书将比文凭更重要，这是朱永新提出的。因为学生可以随时随地选择性地学习，学习方式也将呈现多样性。

第三，公平性。未来优质教育资源共享了，将来你想学习哈佛的某一门课程，不学"锦城"的，也是可以的。全世界的优质教育资源都可以通用，教育的公平性就更大程度地实现了。

第四，关爱性，或者说以生为本。学校、老师都要关爱学生，为学生的成长全身心投入。

第五，学校还将成为一个学习中心、实验中心。首先，学校向学生提供讨论的场所。学生在家进行网上学习，到学校来进行交流讨论。其次，学校向学生提供实验的场所。只有网上学习是不够的，必须有实验室，学生要进行实验、体验式学习。再次，学校要向学生提供校本教育资源。网上的资源有的来自外校，有的来自外地，有的来自外国，但是每一所学校自己还是要提供独具特色的校本教育资源。四是学校要提供成长的教师。新技术发展了，教师不能少，教师的责任更重，成长的导师不能少。五是学校要提供智能化的环境。网络建设、信息化建设必须加快。明年起学校要拿出1000万继续建高水平实验室，再拿出1000万实施信息化建设！砸锅卖铁也要把实验室建设好，把信息化搞好。要培养"未来型学生"，必须建"未来型学校"。当然这有一个过程，"未来型学校"不是一蹴而就，现在我们着手做这件事，眼睛要盯着未来，眼光要放长远，老是盯着脚下，是走不远的。

第六，"未来的课程"也是建"未来型学校"的重要方面。"未来的课程"恐怕体现这样几个特征：一是跨界、跨学科，因为未来不同行业领域在互联网、物联网、人工智能的"捏合"下彼此联系越发紧密，产业发展本身就呈现出"跨界化"趋势；二是深度整合，因为未来学生的学习是呈碎片化趋势的，需要整合；三是检验评价的方法可能不是考试，评价的标准关键是解决问题的能力。

还有可能出现某些改变。比如，未来的课程体系可能被打破。现在是每个专业必须有课程体系，而且按教育部的要求必须规范化，对专业核心课程还有明确要求。但是将来的课程会不会被打破？例如我们要培养某一方面的人才，可能将有关的知识点整理开发。以电子商务为例，涉及计算机、商务、设计、广告等若干方面的知识点，假如245个知识点组成了电子商务的整个知识点系统，学生学完了这些知识点，教师再进行检验评价。将来课程界限被打破了，需要文传学院的广告知识点，计算机学院的计算机编程、网页设计知识点，工商学院的市场营销知识点等，将这些知识点进行整合，形成知识板块。未来是否可能出现这样的情况，大家可以讨论。再比如说，毕业方式可不可以改变？现在我们按照学分制，学生要完成180多学分才能毕业。将来可不可能出现学生的哪门课是哈佛毕业，哪门课是耶鲁毕业，哪门课是清华毕业，哪门课是"锦城"毕业？有了十几门课的组合能不能找到工作？用人单位说"行啦"，是不是就可以录用了？大家可以畅想。

所以，将来的学校什么样，我们必须未雨绸缪。有些新做法可以在现有框架下试一下，譬如刚才所说的知识点问题，我们可以做成若干视频，让学生学习讨论，然后教师考核。不同学院、专业的课程界限将来可能被打破，教研室恐怕也不一定按专业来组建了。

2.造就"未来型教师"

"未来型教师"会是什么样的？我设想了一下，大概有这几方面：

第一，能熟练运用互联网、大数据，对学生的状况进行有效分析，从而向学生提供个性化学习的支持。孔夫子早就提出了"因材施教"，但是批量化教学后，一直难以实施。为什么？因为对学情的分析不足。没有大数据以前，很难做到靠人工对大量学生的情况了如指掌。例如，昨天周涛教授提出利用大数据做好贫困生资助等工作，都值得我们去研究。

第二，能熟练运用慕课、微课、"翻转课堂"等新的知识载体，向学生提供学习资源。现在我们是纸质的教科书，将来除了教科书，也要充分运用可视化技术带来的新教学载体。

第三，利用各种方式与学生对话、交流、答疑，成为学生成长的伙伴。就像孔夫子一样，学生有问题问老师，老师给学生答疑、交流，所谓"诲人不倦""教学相长"嘛。

第四，教师的角色从知识的传授者转变为教练、导演。就像现在艺术学院把学生编排成几个组，学生做，教师在旁边指导。我们的"翻转课堂"也是教学方式的转变、教师角色的转变，教师在课堂教学中更多地成为教练和导演。

老师们，数字化时代的教师要善于利用数字化技术，创造教学环境，改善教学方法。没有未来的教师，就没有未来的教育。我们的当务之急是帮助教师获得与信息化教学相匹配的意识和能力，鼓励教师利用信息技术创新教学，促进教育理念、教学内容和教学方式的变革。昨天，很多老师说学校邀请周涛教授来校讲座很好，我们今后要继续这样做，邀请前沿学者来校讲学。我们的"锦城在线"培训也要再办一期，视频教学制作也再组织一期培训，我们的老师不能落伍啊。

3.培养"未来型学生"

"未来型学生"会是什么样的？就是适应未来新产业、新岗位的需要的学生。前几年我们就讲过，学生要具备横向可迁移的适应能力和纵向能提升的专业能力。迁移能力很重要，不但能够从事他所学的专业，而且还能从这个专业出发，迁移到别的专业，这种能力是"未来型学生"必不可少的。

"未来型学生"要具备三个核心素养：

2017年9月13日，锦城学院学生之家未来楼启用。邹广严校长为该楼题词并出席启用仪式（校团委　供图）

第一，文化基础。无论社会新技术如何发展，文化基础和底蕴是学生都应当具备的素养。特别是中国上下五千年悠久的历史文化，要求学生应当具备人文积淀、人文情怀和审美能力。而且未来随着机器进一步服务人、拓展人、代替人，很多工作可以靠机器完成，但是文化底蕴和文化艺术类岗位往往不可替代。例如，日本智库野村综合研究所与英国牛津大学合作调查分析：在现在的日本劳动者中，有49%的人可由电脑代替；美国可能被机器人取代的职位比例为47%，英国为35%。但是文化艺术、人际沟通的职业，很难被机器替代。

第二，科学素养。特别是批判性思维十分重要。随着计算机和人工智能的发展，知识的记忆、储存和调取很多可以由机器和电脑替代，但是对知识和信息的综合分析、整合判断就显得极为重要，这需要学生具备批判性思维。

第三，社会公民。每个人除了自我发展，还是社会公民。每一个学生都应当有责任、有担当，有公民的基本素养。

美国人也在总结未来的学生要注重哪些能力，他们认为"未来型学生"应具备的核心能力应当包括创新能力、批判能力、沟通能力、合作能力。面向未来，创新和批判能力是基础，互联网思维又特别强调沟通与合作。

我们培养的"未来型学生"应达到的目标是：具备新思维（互联网思维），掌握新科技（以移动互联网、人工智能为代表的一系列新科技），服务新产业，胜任新岗位。

因此，我们开展第二轮岗位调查很有必要。未来，产业变了，岗位变了，教育也要相应变化。现在文传学院培养技术型文科人才就很有前瞻性，金融学院开设互联网金融教育也具有前瞻性。现在工商银行已经大幅缩减了传统的银行柜员，全部网点将建成"智能银行"，自助办卡、存取款、打印明细等几乎所有的业务都可以在智能终端上完成。再比如，计算机学院的电子商务也是前沿专业，它很好地把握并用好了互联网的技术和理念，是一种适应互联网数据时代的商业模式。当然，马云也说，电子商务这个词未来可能被淘汰。那么我们必须去适应未来的新产业、新岗位。比如，未来的创意产业发展，我们要培养创客、智客、极客、数客等。

以上关于"未来型学校""未来型教师""未来型学生"的畅想只是大致轮廓，不是十分肯定。今天就是要与大家讨论我们如何办面向未来的教育。

（五）未来，我们要怎么做

第一，立足现实，把本科教育办到最好。这是必须强调的，因为技术革命不可能是一次性的井喷式爆发，产业发展也不可能出现兴亡巨变。工业1.0、2.0、3.0、4.0是长期并存的，有些产业和岗位也将是长期并存的，就像现在的网上商店和实体商店会长期并存，电子图书和纸质图书会长期并存，"翻转课堂"和传统课堂会长期并存一样。所以，学校的变化也不会是一下子全变了，把以前的都否定了。我们历来坚持在继承中创新，没有继承就没有稳定性，没有创新就没有发展力。教育既要适应现在，也要适应未来；既要有适应性，也要有前瞻性，而前瞻性也是适应性，是对未来的适应性。因此，我们要继续做好"五个坚持""三个全覆盖""五大发展战略"。

第二，学习、研究"未来型教育"。每位教职工都要提高认识，在这个寒假写出一份"未来型教育"的研究报告。你觉得"未来型教育"是怎样的？我们应当怎么做？把你们的想法写出来。

第三，深入地进行第二次岗位调查。要列出适应性岗位和未来性岗位，这对我们的办学具有基础性和指导性的意义。

第四，加快智慧校园的建设。我们要给大家提供一个智慧化、自动化、开放化的学习、工作环境。

第五，各院系、各处室都要尽己所能地追踪前沿。大家要向电子科大的周涛教授学习，追踪前沿；要向我们通识教育学院的李彬学习，要看看最顶尖学者的最新动态，了解他们在研究什么，这就是学术前沿。在科研、教学、服务等各个方面要跟上去。要知道世界的前沿是什么，同行的前沿是什么，学科、专业和产业的前沿是什么。

第六，要克服保守、懈怠、不接受新事物的陈旧观念。正如马云说的："未来并不可怕，可怕的是对未来的无知和抗拒。"有篇文章说，有的老师喜欢怀旧。比如，20世纪20年代的教师手写一份提纲就讲课；30年代，用油印的一页纸也可以讲课；四五十年代，备一次课就可以讲十年。可是现在不行了啊，偶尔怀怀旧可以，但是现在你总是老一套，学生是不接受的。我们的老师应当像杨泽明老师说的"学生在哪里，老师就在哪里"，学生有问题，老师很快就有回复，这样的老师才受学生欢迎。如果下课见不到面，网上又联系不到，老师与学生就拉开了距离，很陌生。所以，我们要在思想上克服保守，要跟上世界发展的形势，力争走在教育变革的前沿。

今天讲了三件事，既讲立足现在，又讲面向未来。"锦城2025""联合国2030"，都是要对未来教育做预判、做规划。我希望全体老师、全体同仁共同努力，使锦城学院永远走在前列！

深入基层，真抓实干，
当好"村官"，为农民服好务

——对锦城学院15名准大学生村干部的集体谈话[1]

（2017年4月24日）

同学们：

大家下午好。首先恭喜你们通过了省委组织部的初审，如无特殊情况，你们就要到农村基层去任职了。想必大家都了解，大学生村官工作是"十七大"以来党中央做出的一项重大战略决策。该工作的定位一是培养了解国情、熟悉基层、心贴群众、实践经验丰富的干部、人才；二是增强基层组织建设，促农村发展，让农民受益。你们之前一直在校园内学习，现在要走出校园工作，难免存在些工作经验欠缺、基层认识不足等问题。因此，到基层去"接地气"，走一走乡间小道，蹲一蹲田间地头，增强爱国爱民的感情，锤炼不畏艰难的意志，提升干事创业的才干，在服务农民群众中实现人生价值，这是很值得赞赏的。

我也是从农村来的，在农村生活了二十多年，读大学的时候参加

---

[1] 2017年，四川省通过部分高等学校定向推荐选聘一批优秀毕业生到村任职，我校作为全省唯一定向推荐选聘的民办高校，选拔推荐的15名优秀应届毕业生均通过了省委组织部的初审。本文是邹广严校长对他们的集体谈话。

过当时的"四清"运动，又在农村待过八个月，当过工作组长，领导过一个生产队，可以说有一些农村生活和工作的经验。大家临行前，给大家叮嘱几句。我想了一下，最主要的是要解决"三个力"的问题：一是亲和力，二是公信力，三是执行力。

邹广严校长为15位准大学生村干部做专题培训（宣传处　供图）

一、要有亲和力

亲和力，就是一种"凝聚力"，一种"融合力"，就是别人愿不愿意接近你。党的优良传统是"和人民群众打成一片"，这个"打成一片"就是有亲和力的体现。同学们到农村去工作，首先要有亲和力，要能融得进去，形成一种"鱼水关系"，如果融不进去就只能浮在水面，那就不是"鱼水关系"而是"油水关系"了。大家都知道油和水是不能融合在一起的，油是漂浮在水的表面的。油和水是两层，两层的话你就永远是客人。所以要形成"鱼水关系"，不要搞成了"油水关系"。你们在农村要得到大家的认可，要想有发言权，站在里面说话和站在外面说话是完全不同的概念，人家把你当成上面下来的"官"，你的工作就不好开展了。

那么，怎样才能尽快融入农村、融入农民呢？我给大家讲一个真实的故事：我们以前到河北农村工作的时候，当时的要求是和农民同吃、同住、同劳动。我们学校有一位女同学，名字叫李从一，她被安排住在一个老太太家里。当时河北农村条件是很苦的，老太太住的墙上、床上都是灰，我们这位同学去的第一件事就是帮老太太打扫卫生，搞得窗明几净，老太太很高兴，说这个姑娘很好。第二天工作队开会，队长第一个表扬的就是这位女同学。

所以你们要向我这位同学学习，要热心、和气，和老百姓打成一片。

还有在和当地干部的关系上，你们下去以后要摆正位置。要谦虚，要主动向当地的干部学习。你们多是当助理或者是副手，心里要有个底，农村的基层干部有不少缺点，但也有很多优点。你们下去要虚心向别人学习，配合别人的工作，不要像毛主席所批评的一些人那样："'下车伊始'，就哇啦哇啦地发议论，提意见，这也批评，那也指责。"你们虽然读了大学，政策水平、文化水平比村干部高一点，但基层干部也有很多宝贵的经验、独到的办法，你们看有些人当村支书当了一辈子，大家都服他，都离不开他，他处理事情就很有办法。农村有一个特殊且复杂的情况，就是家族关系比较复杂，这个是根深蒂固的，你们下去之后，说话做事都要留点心，先把情况搞清楚。总之，在处理和地方干部关系的问题上，下去之后，不要胡乱指责，不要急于表现自己有多高的见解，而要摆正位置，谦虚地学习，低调地工作。

另外，你们要学习八路军。主动帮老百姓做一些力所能及的小事，扫扫院子，挑挑水，这样就能够拉近彼此的距离。要关心老百姓的疾苦，张家孩子生病了去探望一下，李家小孩考大学填志愿帮忙参谋参谋，大事小事帮着出出主意、出点力，表示关心。一来二往，和老百姓的距离就拉近了嘛。

二、要有公信力

什么是公信力？简单来说，就是取得公众信任的能力。"村官"也是官，手上也握着公权，但有公权不等于有公信力。比如你们都有体会，有些人说假话、说大话、说空话，或者说一套做一套，这些人怎么会有公信力呢？作为大学生村干部，你的工作带有公共管理的属性，你必须有公信力才行。

我提倡大家首先要言行一致，到基层后要说真话、说实话、说有分寸的话，而且要说到做到，这样才可能有公信力。什么叫有分寸的话？就是要留些余地，不要把话说满了、说过了，不要一去就拍着胸脯说"我来之后，保证半年改变面貌"之类的话，你真有把握能做到？做不到你怎么收场呢？所以，说话要有分寸，不要急于说大话。建功立业的急迫心情是可以理解的，但也不能信口开河。

还要时刻牢记你们到农村去的出发点是利他，而不是利己；是为农民服务，而不是为自己镀金。这也是影响公信力的一个很大的因素。你办事处处为自己，怎么会有公信力？在机关里，要是啥事都为自己，别人都看不起你的。1975年，我在车间当书记，那个车间1200人，厂里发了三张自行车票，如果我自己先拿一张，再给身边工作人员拿一张，还剩一张让大家抽签来分，行不行？别人也不知道，看似是可以的。但是别人一旦知道之后呢？肯定看不起我，对不对？我把三张票都发到工段，抓阄决定，心底无私，公平公正，大家都说好。所以，大家说话做事，都要有一颗"公心"，不要说是为了考研、考公务员能够加分，那是党和国家关心村干部的政策，不是你去做村干部的目的，这是两回事，对不对？不去说什么，该有的都会有的。

第三，既要注意细节，也要注意大节。我建议你们做到"四个不"——不赌、不贪、不商、不恋。赌博，输了自己不高兴，赢了农民不高兴，对不对？有人说："我面不改色心不跳，输了赢了一样高兴。"恐怕有这样修养的人不多。我就不打牌，反正都有人不高兴，何必找不高兴呢，是不是？虽然打牌还是有利于和大家打成一片，但我们四川人的习惯，打牌究竟还是要打点钱的嘛。我问了一位退休的老领导，说："您退休后打牌不？"他说："打呀。"又问："打钱不？"他说："不打钱谁和你玩儿啊？"逢年过节，你们家里亲戚凑在一起打一桌，也要打点小钱，对不对？环境就是这个环境，你下到农村去，和农民打牌，输了，你不高兴，赢了，农民不高兴，不如就不打，就说自己不会打，少了很多事儿。不贪好理解，不要贪小便宜，毛主席讲"三大纪律，八项注意"，其中有一条是"不拿群众一针一线"，不要去占别人的便宜。不商就是不要做村民的生意，是你不做生意，不是农民不做生意，假如说农民家里有桃子卖不掉，你帮助他联系，把桃子卖到成都来，这当然好。但是你不要介入得太深，说我先全买了，再帮你卖出去，但如果涨价了呢？别人或许就会说你低买高卖、从中渔利，对不对？你这个身份，不适合介入得太深。总之，不和农民做生意，但可以适度地帮助农民做生意。不恋就是不要和村里的姑娘、小伙儿谈恋爱。一是为了避嫌，你和老张家里的姑娘谈恋爱，老李家和老张家有些纠纷，不管你怎么处理，别人老李都可以说你向着老张家，对老李家不公平，对不对？二是避免分散干事业的精力。

这"四个不"，都是出于对自己公信力的爱惜，不要因小失大。

三、要有执行力

也可以说要有战斗力，作为基层干部，没有执行力和战斗力是不行的。我们现在喜欢的干部是"想做事，能做事，还能做成事"。能够做到如上三点，就算是有本事了。"想做事"是态度问题，看你积极不积极；"能做事"是能力问题；"能做成事"是更高水平的能力问题。这里面的因素就多了，现在我重点讲几条。

第一，要扑下身子做实事。老百姓不是听你说什么，而是看你做什么。蜻蜓点水、虚晃一枪做不成事，要真抓实干，锲而不舍，抓住不放才行。从作风上来讲，要不怕脏、不怕累、不怕吃亏，就像我那位李从一同学一样。农村工作无非是帮助农民发展生产，脱贫致富，改善环境，提高文明水平等，这些都是实实在在的，不是虚的、空的。这些都要因地制宜，看各地的资源和条件，有的适宜搞旅游，有的适宜搞种植，有的适宜养殖，要抓住政策等机会，比如说有优惠的贷款，搞个大棚种草莓，这也是个产业。另外就是帮助农民解决一些困难问题，村里路不好，帮助大家把路修好，有些村里吃不上水，多做些工作，帮助大家把吃水问题解决了；有的孩子上不了学，动员社会力量帮助他们上学。一般来讲，你们去到村里，看情况，多想办法，尽力而为，多做实事、好事。

第二，要干一行爱一行，全身心投入。把工作做好的一个秘诀就是真心实意地喜欢这个工作，热爱这个工作。有一个"不值得定律"——不值得做的事情，就不值得做好。这个定律反映出人们的一种心理，一个人如果从事的是一份自认为不值得的事情，往往会持冷嘲热讽、敷衍了事的态度。怀着这样的心态来做事，不仅成功率小，即使成功了，也不会觉得有多大的成就感。反之，你要是对你的工作充满热爱，情况就大不相同了，网上不是流传着"三个水泥匠"的故事吗。有人问三个泥水匠："你们在干什么？"甲说："砌墙。"乙说："挣钱。"丙说："造世界上最具特色的建筑。"10年之后，甲在手艺上毫无长进，被老板炒了鱿鱼；乙勉强保住了饭碗，但只是个普普通通的泥水匠；丙却成了著名的建筑师。不同的认识产生不同的态度，不同的态度导致不同的结果。你要想干成事，就必须得投入最大的时间、精力以及热情。

第三，要以身作则——喊破嗓子不如做出样子。我大学毕业后到长钢四厂，四厂还在图纸上，宿舍都没有，怎么办呢？我们自己盖。我就当和灰班的班长，你也得喜欢这个工作呀，不能说我堂堂一个大学生，读了十几年书居然就是来这里搬砖、挑瓦、和水泥，那你就不可能把事情办好。和灰班有一个搅拌机，还有几辆小推车，当时的环境，小推车你不能放在外面没人看，不然就会不见了。我是班长，中午吃饭的时候，我就给大家说："你们回家吃饭，我在这里看着。"我爱人就从家里给我送面来吃，饭盒装着，本来有汤有水的，等送到了工地上，面都糊了，拿个勺子胡乱吃一通，感觉还挺好，这就叫以身作则。后来我到大冶钢厂实习，分配到炉前做钢铁分析，我在学校是学化学的，但不是学钢铁成分分析的，不是干那个活儿的，但是当时分配到我去做这个事，我说好，我就去做好。虚心向老师学习。我们那时候全国只有十几个特钢厂，我把每个钢厂的操作规程都抄了一遍，比如说对锰是怎么分析的，对镍是怎么分析的，对铬是怎么分析的……我一个一个地把所有钢厂的方法都做了一遍，自己做实验，看看哪种方法更好一些，更容易把这个事情做好。所以半年以后，我们的班长，谢老太太就宣布：以后成品钢材的分析以小邹分析的结果为准。那时候成品班十几个老师傅，听了都很服气，因为我认真地研究了每一种方法的优点和缺点，怎么把这个成品分析得又快又准。所以，你要当干部就要身先士卒，全力以赴，做出样子。

第四，你们要有一定的耐力。年轻人，五分钟热血肯定是没有问题的，但遇到了困难不要打退堂鼓。胜利就在最后坚持的五分钟，研究战斗的专家得出一个结论，当双方都打得筋疲力尽，谁能坚持最后五分钟，谁就能取得胜利。你们下去之后，要把困难想象得多一点。要经得住挫折，受得了委屈。

第五，要坚持学习，善于总结。你们下去之后，要一边工作一边学习，一方面要多学习理论和政策，另一方面要多深入群众，深入群众也是学习。你们不但要善于学、善于做，还要善于总结。工作一段时间要有一个总结，做完一件事情要有一个报告。领导喜欢的干部就是上级布置的工作件件都有着落，群众反映的问题事事都有回音。你们这样坚持下去，一定会受到农村干群的欢迎，你们的进步也会很快的。

好了，就谈这些。祝同学们一切顺利。

未来型大学，造就怎样的师生

——发表在《光明日报》上的署名文章[1]

（2017年4月27日）

为了应对第四次工业革命，全世界都在积极行动。我们提出了"互联网＋"的思路，包括"互联网＋教育"。"中国制造2025"、《关于加快培育和发展战略性新兴产业的决定》相继发布。联合国教科文组织也发布了《教育2030行动框架》，对未来教育提出设想和指南。

2030年的教育是什么？就是未来教育。

中国教育要走在前沿，就要求我们要建设"未来型大学"，造就"未来型教师"，培养"未来型学生"。

一、建设"未来型大学"

"未来型大学"究竟什么样？

在《面向2030的教育改革与发展》中，对未来教育的畅想是：

---

[1] 本文发表于2017年4月27日的《光明日报》（14版），刊出后得到了人民网、新华网、中国社会科学网、中国经济网、中国青年网等多家权威媒体的转载，引发了教育界对未来教育的关注和讨论。著名教育学者熊丙奇先生指出："这是国内高校首次比较明确提出'未来型大学'这一概念。"

开放的教育、适合的教育、人本的教育、平等的教育、可持续的教育。归纳一下，未来的大学可能要具备这样几个特点：开放性、多样性、公平性。

未来的大学没有所谓的"围墙"，打破了时空和地域的界限，打破了学习群体的界限。因为互联网已经使全球大多数人实现了互联互通。上课多样、学习多样、毕业多样，未来的学生毕业要求可能由文凭变课程证书，因为学生可以选择性地学习，为了达到某些能力目标而学习。未来优质教育资源共享了，全世界的优质教育资源都可以通用，教育的公平性就更大程度上实现了。学校、老师都以关爱学生为第一要务，为学生的成长全身心投入。

学校将成为一个学习中心、实验中心。其一，学校向学生提供讨论的场所，学生在家利用网络学习，到学校进行交流讨论；其二，学校向学生提供实验的场所，只有网络学习是不够的，必须有实验室，由学生进行实验性、体验式学习；其三，学校向学生提供校本教育资源，网上的资源有的来自外校，有的来自外地，有的来自外国，但是每一所学校自己还是要提供独具特色的校本教育资源；其四，学校要提供成长的师资——新技术发展了，教师不能少，教师的责任更重，成长的导师不能少；其五，学校要提供智能化的环境，网络建设、信息化建设必须加快。

要培养"未来型学生"，必须建"未来型学校"。当然这有一个过程，"未来型学校"不是一蹴而就，现在我们着手做这件事，眼睛要盯着未来，眼光要放长远。

"未来的课程"是建设"未来型大学"的重要方面。"未来的课程"可能有这样几个特征：一是跨界、跨学科，因为未来不同行业领域在互联网、物联网、人工智能的"捏合"下彼此联系越发紧密，产业发展本身就呈现出"跨界化"趋势；二是深度整合，因为未来学生的学习是有碎片化趋势的，需要整合；三是检验、评价的方法可能不只是考试，评价的标准与关键是解决问题的能力。

此外，未来的课程体系可能被打破。现在是每个专业必须有课程体系，而且按教育部的要求必须规范化，对专业核心课程还有明确要求。但是将来的课程会不会被打破？例如，我们要培养某一方面的人才，可以将有关的知识点整理开发。以电子商务为例，需要计算机、商务、设计、广告等若干方面的知识点，假设245个知识点组成了电子商务的整个知识点系统，学生学完了这些知识点，教师再进行检验评价。课程界限也由此被打破，凸显出知识板块的重要性。比如，文

"锦城"教育思想登上《光明日报》，在更高平台、更大范围内产生了教育影响（高研院　供图）

传学院的广告知识点，计科学院的网页设计知识点，工商学院的市场营销知识点等，将这些知识点整合在一起就可能形成新的电子商务知识板块。

毕业方式有可能改变。按照学分制，假定现在的学生要完成180学分才能毕业，将来有没有可能出现学生的某门课是哈佛毕业，某门课是耶鲁毕业，某门课是清华毕业，某门课是"锦城"毕业？有了十几门课的组合能不能找到工作？用人单位说"行啦"，是不是就可以录用了？我们可以如此大胆设想。

二、造就"未来型教师"

"未来型大学"中的"未来型教师"是什么样？大概有这几方面的特征。

第一，能熟练运用互联网、大数据对学生的状况进行有效分析，从而向学生提供个性化学习的支持。孔夫子早就提出了"因材施教"，但是批量化教学后，"因材施教"的教育理念难以落地。为什么？因为对众多学生个体的分析不足。在没有大数据以前，靠人工对大量学生的情况了如指掌是很困难的。

第二，能熟练运用慕课、微课、"翻转课堂"等新的知识载体和教学方式，向学生提供学习资源。现在我们用的是纸质的教科书，将来除了教科书，教师还得有能力充分运用可视化技术带来的新的教学工具和教学资源。

第三，利用各种方式与学生对话、交流并答疑，成为学生成长的伙伴。就像孔夫子一样，当学生有问题问老师时，老师要能够交流、答疑，就是要互相切磋、教学相长。

第四，教师的角色从知识的传授者转变为教练、导演。就像现在艺术学院把学生编排成几个组，学生做，教师在一旁指导一样，我们的"翻转课堂"也是教学方式的转变、教师角色的转变，教师在课堂教学中更多地成为教练和导演，把舞台让给学生。

没有未来的教师，就没有未来的教育。国际劳工组织总干事莱德曾表示："教师是开启世界未来的钥匙。"我们高校的当务之急应该是帮助教师获得与信息化教学相匹配的意识和能力；鼓励教师利用信息技术创新教学方法，促进教育理念、教学内容和教学方式的变革。

面向"未来型大学"，当前的大学老师不能落伍。

三、培养"未来型学生"

"未来型大学"中的"未来型学生"又该什么样？

他们应该是适应未来新产业、新岗位、新需要的学生。之前，高校认为学生要具备横向可迁移的适应能力和纵向能提升的专业能力。迁移能力很重要，不但能够从事他所学的专业，而且还能从这个专业出发，迁移到别的专业，这种能力是"未来型学生"必不可少的。

而我以为，"未来型学生"还要具备以下核心素养。

文化基础。无论社会新技术如何发展，文化基础和底蕴都是所有学生应当具备的素养。中国上下五千年悠久的历史文化和世界各国多样化的文化，都应该认真学习。学生应当具备人文积淀、人文情怀和审美情趣。而且，随着未来机器进一步服务人、拓展人、代替人，很多工作都可以靠机器完成，但是文化底蕴和文化艺术类岗位往往不可替代。例如，日本智库野村综合研究所与英国牛津大学合作调查分析：在现在的日本劳动者中，49%的人可由电脑代替；美国可能被机器人取代的职位比例为47%，英国为35%。但是调查也表明，文化艺术类、人际沟通类职业，很难被机器替代。

科学素养。随着计算机和人工智能的发展，知识的记忆、储存和调取，可以由机器和电脑替代，但是对知识和信息的综合分析、整合判断，特别是批判性思维，却不能被取代。这需要学生具备批判性思维。

美国人在总结未来的学生要注重哪些能力时认为："未来型学生"应具备的核心能力应当包括——创新能力、批判能力、沟通能力、合作能力。面向未来，创新和批判能力是基础，沟通与合作更加重要。

立足当下，着眼未来，我们培养的"未来型学生"就应达到这样的能力标准：具备新思维（互联网思维），掌握新科技（以移动互联网、人工智能为代表的一系列新科技），服务新产业，胜任新岗位。伴随着中国的发展，有些产业变了，岗位变了，教育也必须相应地改变。但不管怎么变，教育都必须去适应未来的新产业、新岗位，大学要培养适应未来的创客、智客、极客、数客。

选择"锦城"，你的收获将与众不同

——写在2017年招生画册上的寄语

（2017年5月）

锦城学院是一所高起点、高质量、有特色的综合性、应用型大学。选择"锦城"，你的收获将与众不同。

这里让你的才能更加符合未来的需要。我们一直致力于把每一位青年培养成社会所需之才，数万学子在此实现人生增值。现在，我们更进一步，率先提出培养具备新思维、掌握新科技、服务新产业、胜任新岗位的"未来型人才"。在这所充满未来感的大学，你将走在技术变革的前列，触碰专业领域的前沿，锻造出更加符合未来需要的才能，从而更好地造福社会、领创未来。

这里有一种无形的力量使你变得卓越。优雅的校园环境、完备的硬件设施、便捷的生活服务早已有口皆碑。而这里最大的财富是大批学术卓越、诲人不倦的老师，以及无数勤奋学习、勇于创造的同学。置身于此，你将感受到"智慧的浓度"和"创新的热度"，一种无形的力量推动你变得更加卓越。

这里帮助你认识并最终成为你自己。我们深信每个人都有与生俱来的高贵，都是独一无二的存在。大学的精髓在于对灵魂的唤醒，对潜能的激发，对真善美天性的光大。我们将古老的因材施教原则与原创性的"长板原理"相结合，实施各项计划，搭建种种舞台，全力支持你的每一个梦想，让你的长板更长、亮点更亮，帮助你更好地认识并最终成为你自己。

飞扬青春，放胆追梦。锦城学院已经张开臂膀，准备拥抱满怀热情和天赋的年轻人。欢迎大家报考锦城学院，祝愿大家梦想成真！

立足现在，开创未来

——在2017届毕业生毕业典礼上的讲话

（2017年6月22日）

各位来宾，同学们，老师们，家长们：

大家上午好！今天，我们欢聚一堂，庆祝我校2017届本专科毕业生圆满完成学业，即将踏上人生新征程。在此，我谨代表学校向各位毕业生致以最热烈的祝贺！向莅临典礼的各位来宾表示最诚挚的欢迎！向长期以来支持学校发展的四川大学领导、各股东单位、合作办学友好单位、奖（助）学金设立单位和个人，以及为同学们的成长付出辛勤劳动的老师们、家长们表示最衷心的感谢！

同学们，在你们入学的时候，我曾提出过"锦城时间"的概念，希望你们能够充实、高效、有意义地度过"锦城时间"。这几年来，你们明德修身，锻造品格；求学问道，增长才干；挥洒汗水，苦练本领；舒展个性，发展"长板"。此时此刻，在这个欢快的庆典上，相信你们都可以骄傲地说："我无愧于自己的'锦城时间'，在最棒的年华为未来做了最好的准备！"

同学们，从此以后，"锦城"就是你们的"母校"了。中国有句古话，叫"父母之爱子，则为之计深远"，意思是说明智的父母总是为孩子的未来做长远的打算，"锦城"也和你们的父母一样，追求的不仅是你们对现实的满意，更是你们在未来的成功。"锦城教育"面向未来，我今天讲话的主题词也是"未来"。

一、"锦城"学子要有拥抱未来的情怀

未来意味着变化。21世纪的特点不是一般的变化，而是不断加速、越来越快的变化。正如马云在最近一次云栖大会上所讲，"未来30年是人类社会天翻地覆的30年，世界的变化将远远超出想象"。唯有准确认识、牢牢把握变化的趋势，才能更好地迎接未来。

2017届的同学们毕业啦（宣传处 供图）

我认为，未来将会在三个方面产生巨变。

首先是"技术井喷"。新技术的发展将如同"摩尔定律"描述的那样，呈现指数级增长。互联网、物联网、大数据、云计算、人工智能、虚拟现实、新材料、新能源等技术高歌猛进，知识更新和技术进步的速度将越来越快。过去，从按键式手机到智能手机的变革用

了30年；而今，仅十年光景，触屏式智能手机就已经可以充当电脑、电视、阅读器、电子娱乐产品；未来，铺天盖地的新技术会使我们应接不暇，也会给我们带来无限可能。今天早晨我看《凤凰新闻》，讲到人工智能，AlphaGo和许多围棋高手竞赛，围棋高手无一能赢得一局，播音员说："这究竟是人类的骄傲还是人类的失败？"我认为这当然是人类的骄傲。

第二个变化是"产业更迭"。技术革命将引发产业变革，诱发跨界融合、跨界颠覆，今天看似稳固的产业，或许在明天就成为历史；今天看来异想天开的设想，或许在明天就成为现实。未来，产业、岗位的消亡与新生将是一种"新常态"，世界经济论坛预测未来5年"15个主要发达和新型经济体净损失超过500万个就业岗位，同时全球企业又将面临大约4000万技术人才缺口"。未来将不再是"稳态"而是"动态"——新逻辑不断替换旧逻辑，新规则不断改写旧规则，新秩序不断打破旧秩序，新势力不断取代旧势力。未来是充满新陈代谢活力的时代。

第三个变化是"思想变革"。按照经济基础决定上层建筑的规律，随着技术、产业的变革，人们的思想观念、国家的法律法规、社会的组织形态等也将随之变化。譬如近年来，我们理解了"微"（微博、微信、微公益）的意义，体验了"众"（众筹、众包、众创）的力量，感受到了"共享"的魅力……可以肯定的是，未来还会有更多的新思想诞生，人们的思想观念和行为方式将发生深刻改变。

未来既意味着机遇又意味着挑战。谁最早掌握了新技术，谁就掌握了创新求变的制高点；谁最早洞悉了产业更迭的远景，谁就赢得了市场竞争的主动权；谁最早解放思想，转变观念，谁就最容易获得成功。我校对新业态、新岗位的大规模调查和预测，就为"锦城"的"未来型人才"培养赢得了先机。

同学们，未来如潮水涌来，我们要么被它裹挟，要么弄潮其中。"锦城"学子要始终怀有一种拥抱未来的情怀——不为历史的包袱所累，不为现实的局限所囿，总是立足现在，满怀信心、满怀憧憬、满怀希望地去迎接未来、探索未来、拥抱未来，阔步走在时代变革的前列，做未来的先知、先觉、先行者！

二、"锦城"学子要有把握未来的能力

"明者因时而变，知者随事而制。"把握未来，首先要适应未来。有人说，人类社会的"丛林达尔文时代"过去了，但"数字化、互联化的达尔文时代"到来了，这个时代依然遵从古老的"适者生存"法则——最强者未必生存，最智者未必生存，唯适者生存。"适应"成为未来对我们的第一要求，因为这关乎生存还是毁灭，兴盛还是衰败。我们看到一些藐视变化、拒绝改变或者来不及改变的组织像恐龙一样倒下了，一些抗拒改变、拒绝进步的个体沦为时代的"弃儿"。相反，一些适应时代的组织和个人乘势崛起，成为时代先锋，他们的成就值得羡慕，他们的智慧更值得借鉴。

"锦城教育"强调把握未来，我们的宗旨就是千方百计地为同学们的成长和未来发展服务，使你们的才能不但能够适应现实社会需求，更符合未来的需要。今年，我们制定了《"锦城2025"规划》，明确提出"建设未来型学校，造就未来型教师，培养未来型人才"的核心战略，我们始终坚持追踪技术革命前沿，把行业、学科的热点带

进课堂，带进同学们的视野中，帮助大家开拓视野、活跃思维。

因为面向未来，我们这里走出了余晟睿、胡泮这样的同学。余晟睿追踪3D打印技术前沿，早在2014年即制作出我校第一台高精度3D打印机，2015年带领团队以"云上的3D打印"项目荣获首届中国"互联网+"大赛四川省金奖，毕业后创立的3D打印快速样品中心现已成为富士康集团的A级合作商。胡泮同学是5G技术研发先锋，代表团队接受过中央电视台采访。因为面向未来，我们这里走出了金融学院梁剑这样的老师，他敏锐地洞察到互联网金融萌发的脉动，带领同事在全国率先开发出"互联网金融"课程，并已获得同行公认，成为互联网金融专业的国家级教学指导专家。因为面向未来，我们建校伊始就开设创业教育，从这里走出了千余名创业校友。今年3月，他们组团返校招聘学弟学妹，奏响了"双创"时代的"锦城之歌"。类

"锦城"校友心系"锦城"。2017年3月23日，首届校友企业招聘暨展示交流会在就业服务中心隆重举行，65家校友企业返校招聘，现场人头攒动，好不热闹（校友办　供图）

似的故事还有很多。我们可以自豪地说："锦城"师生已经成为或者正在成为具备新思维、掌握新技能、服务新行业、胜任新岗位的领先人才，一定能在未来竞争中尽显风流！

但是，今天的领先不等于未来的领先。步入社会，同学们仍须坚持与时俱进、自我驱动、自我更新、自我进化，努力适应和把握不断变化的环境。

同学们，"把握"是改变自己顺应环境，而不是幻想环境因我改变。"天不为人之恶寒而辍冬，地不为人之恶辽远而辍广"，明智的人要想改变世界，首先改变自己。希望同学们从我做起，用不断的奋斗赢得未来。

"虽有智慧，不如乘势；虽有镃基，不如待时。"把握未来，要懂得顺应潮流、借助形势，做到明势、乘势、用势。希望同学们能够像《周易》中所说，"藏器于身，待时而动"，乘风破浪，大展宏图！

把握未来还要着眼现在，因为现实是未来的起点，是通往未来世界的大门。"锦城教育"就是给了每个学生一把通向未来大门的钥匙，推开此门，征途漫漫，然而"为者常成，行者常至"，只要你们坚定从容地走好眼前的每一步，就一定能抵达光辉灿烂的未来！

三、"锦城"学子要有创造未来的自信、理想和精神

"预测未来最好的方式就是创造未来"，未来不是想出来的，而是干出来的。"锦城"学子一定要有创造未来的自信、理想和精神。今天，我要给大家讲四种精神。

　　创造未来，必须有"探索创新、从0到1"的科学家精神。科学家是人类探索的先锋，他们实现了无数"第一次发现"或"第一次提出"，正是这些"从0到1"的原创性突破照亮了人类开辟未来的道路。科学家的精神，是自由的想象力与严谨的逻辑性的统一。希望同学们能够像科学家们一样大胆假设，小心求证，抓住不放，追根究底，像爱因斯坦一样。要追求原创，追求第一，追求最先，追求从0到1！

　　创造未来，必须有"应用创造、从1到N"的工程师精神。如果说科学家的天职是"从0到1"探索新知，那么工程师的天职就是对1的创新应用、创造发明。发现电磁感应原理的是科学家，但在此基础上制造出发电机和各类电器的是工程师。工程师的精神正如我校的信念——正确地运用知识就是力量。这种创造的力量让我们的先辈在困难时期缔造了"两弹一星"的伟绩，也让美国人在车库里开启了苹果、微软、惠普等传奇篇章。同学们，通过几年的学习，你们已经拥有了系统的知识，就等待大展拳脚了，希望你们在以后的工作中能够像工程师一样巧妙地应用知识，充分发挥你们的智慧，为社会创造更多新产品，提供更多新服务。

　　创造未来，必须有开拓进取、抗风险、抗压力、有责任、有担当的企业家精神。企业家是塑造世界的重要力量，是社会生产力的创造者，离开了企业家精神，世界不会如此繁荣。企业家首先要有敢想敢干的进取精神，就像《美国企业家宣言》所写的一样，"宁要充满挑战的人生，也不要万无一失地活着"。他们总在寻找机会，依靠自身良好的洞察能力、组织能力、经营管理能力和风险承担能力立身兴业，为社会创造财富；同时，他们通过向社会提供产品和服务，通过创造就业机会、上缴税收和做慈善回馈社会。"锦城教育"的一个重要目标是为未来培养一大批创业企业家。希望大家能够发扬企业家精神，在大众创业、万众创新的大潮中尽显英雄本色！

创造未来，必须有一丝不苟、精益求精的工匠精神。工匠精神从本质上讲是一种职业精神，它是职业道德、职业能力、职业操守的体现，可以概括为爱岗敬业、专心专注、一丝不苟、精益求精等，核心是一丝不苟和精益求精。同学们步入社会，要从平凡的岗位做起，要想在平凡的岗位上做出不平凡的事业，就必须发扬这种精神，做到干一行，爱一行，钻一行，做好一行，心无旁骛地投身业务，直至出类拔萃。希望大家铭记"止于至善"的校训，面对一个好的计划或设想，不但要做到，而且要做好，做好了还要做到更好，做到了更好还要能够坚持。这样，你们就一定能夯实人生之基，打开未来之门！

同学们，世界的希望在未来，中国的希望在未来，"锦城"学子的希望也在未来。为了赢得未来，你们必须不断学习、持续进步。为了方便你们及时获取世界最新知识和信息，我代表母校送给你们一个小礼物，它就是一座包括 10 万册电子图书的微型图书馆。同学们，你们要收藏好、管理好、使用好啊！

同学们，让我们满怀热情、满怀信心地去迎接未来，拥抱未来，开创未来，在未来大显身手，铸造"锦城"学子的前途和辉煌！

谢谢大家！

教育改革之我见

（2017年6月）

教育改革的终极目标是什么？这是教育工作者的重大关切。我有一些零星的思考和提法，可概括为"三论两化"。

一、"三论"即学校本位论、学术中心论、主体多元论

学校本位论是就学校外部关系而言的，即在学校与上级主管部门和社会其他关系中，首先要以学校为本位、以学校为中心、以学校为主体，保证学校的办学自主权，增强学校的外部竞争力和影响力。

学术中心论是就学校内部关系而言的，即在学校学术、行政、后勤服务等不同体系中，以学术（涵盖教学、科研）体系为中心。学校的第一责任是培养人才，同时也是学术的生产者和传播者，无论是"传道授业解惑"或是"研究高深学问"都是以学术为中心。行政和后勤服务都要服务于教学科研一线。

主体多元论是就学校的治理结构而言的。首先，公办大学、民办大学、中外合办大学都是大学，正如邓小平同志提出的要鼓励多种经济成分并存一样，只有保证学校主体的多元性，才能促进学校之间的良性竞争，并促进学校发展的多样化。因此，要对社会各界支持教育

事业发展的捐资者、投资者予以引导、尊重和鼓励。

二、"两化"即学生发展个性化和学校发展多样化

"钱学森之问"之一是问我们的大学为什么培养不出优秀人才，根本原因就在于，现在的教育体制使学生发展标准化、学校发展同质化。统一步调、统一声音、统一发展的模式是无法适应社会发展的，是不能促进教育繁荣、人才兴盛的。

学生发展个性化是当前及未来人才培养最重要的目标。未来的教育服务将从标准化供给走向个性化供给。教师因材施教和学生个性化发展是教育的最高境界。我校一直秉承"学校谋特色，学生谋特长"的指导思想，鼓励学生发扬"长板"，就是为学生提供因材施教的培养，促进学生个性化发展。

学校发展多样化是学校主体多元的结果之一。教育改革的终极目标之一就是要促进学校发展的多样化，打破千校一面、避免同质化，走差异化路线，在大众化中谋特色，实现"百花齐放、百家争鸣"的新局面。

中国现在有2000多所大学，我校要在2000多所大学中占有一席之地，没有点特色不行。特色是靠历史的沉淀，但有历史不一定有特色。有的学校有几十年上百年的历史，但几乎没有什么特色；有的学校建校时间不长，但特色鲜明。这在中外都有先例，例如美国的芝加哥大学和中国的南开大学等等。

振奋精神，整顿作风，
努力建设精干、高效、忠诚、多能的管理机关

——在全校管理干部大会上的讲话

（2017年7月11日）

同志们，今天我们开一个干部大会。干部是干什么的？主要是做管理的，因此这也是一次管理大会。校、院两级管理机关所有干部都参加，说明这次会议很重要，也说明管理很重要。或许有人会问，现在不是都在喊"去行政化"吗？"去行政化"不是不要行政，更不是不要管理。相反，一流大学必须有一流管理，不是一流大学也必须加强管理。

现在我讲四个问题。

一、为什么要建设一支精干的、高效的、忠诚的、多能的管理机关

这是因为：

1.学校的教学、科研、学生活动、重大赛事等，都不是自发产生的，需要一个机关（职能部门）来策划、组织和实施。

2.学校的教职员工和学生是一线"战斗员"，他们既需要指导和

管理，也需要供给和服务，就是说他们需要一个司令部和后勤部。

3.学校对外的公关和交流，包括与政府、企事业单位、社团、其他学校等社会各界的交往，以及与新闻界各种媒体的互动、与法律界的沟通等都需要协调和安排，就是说需要一个窗口。

4.一所大学拥有数千人的教职员工队伍，没有思想政治工作，就会是一盘散沙，没有凝聚力；没有教育培训工作就不能提高工作能力和水平；没有统一的办学思想和理念，就不可能有统一的行动。所以就需要一个高效而务实的行政机关。

综上所述，学校要办好，需要一个像部队一样的司、政、后机关，学校要办成一流，就需要一个精干的、高效的、忠诚的、多能的校、院两级机关。

二、两级机关的主要职能是什么

主要是抓好管理、服务、参谋三件大事。

（一）管理

管理工作干什么？一曰"管"，二曰"理"。

"管"是用规章制度来管，而不是随心所欲地即兴管理。制度是管理的根本所在，一流的管理要有一流的制度。邓小平同志说："制度好可以使坏人无法任意横行，制度不好可以使好人无法充分做好事，甚至会走向反面。"因此，所有机关都必须制定、完善、执行规章制度，要做到"事事有制度""人人有职责"，在职责和规章制度方面不留空白。我们要认真检查相关制度，有漏洞的赶紧补上，跟不上形势的赶紧修订，还要分析、预测可能发生的制度风险，做到早洞察、早行动、早预防。

"理"就是督查、评估和考核，对任何人的任何工作都要认真地进行评估，严格地进行考评，当然还要跟上公平、明确的奖惩，这是我们各方面工作不断进步的有力保证。学校要督促检查各部门的职责和工作完成得怎么样，各部门也要督促检查各岗位人员的岗

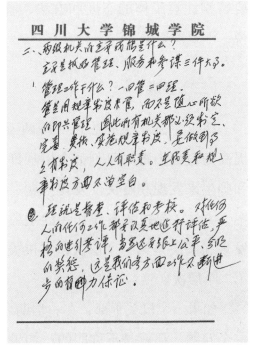

邹广严校长手稿

位职责和工作完成得怎么样。领导干部负有领导责任，不仅要督促和检查下属的工作，还要给予良好的指导和帮助，不能只当"二传手""跷脚老板""甩手掌柜"。

（二）服务

即为学校的发展服务，为教师的教学、科研服务，为学生的学习、生活和成长服务。服务的总要求是免去师生的后顾之忧。具体要求是：为学校服务，及时、彻底地传达、贯彻学校的指示和要求，不打折扣；为师生服务周到、细致、及时和主动。要把教师从琐碎事务中解放出来，有些数据、报表，机关能填的不要让教师翻来覆去反复填写。凡是教师、学生提出的应解决的事情要及时解决。

要特别注意工作的态度和方法，解决"色难"，即脸色、声音要和悦，不要摆架子。

（三）参谋

即出主意、想办法。一所两万余人的大学，它在运转、发展、提高的过程中每时每刻都会出现许多问题，这些问题要靠广大干部和师生来发现和解决。发现问题、解决问题（或提出解决问题的方案、方法）是机关参谋作用的主要表现。本机关管辖范围内问题的发现和解决是第一个层次，本机关管辖范围外问题的发现和解决是第二个层次。

如果一个机关干部，在一学期之内没有发现一个问题，没有解决一个问题，那就是不称职的；如果一学年都没有发现或解决一个问题，那他的考核就不合格，应该调整或出局。每位机关干部都应明白，没有发现问题是最大的问题。

三、当前机关存在的主要问题

当年刚建校时，一批有志于创业的人汇聚到"锦城"来，那时条件很苦，没有建设办公楼，往往一个系（现在叫学院）一位老同志带领几个小青年就搞起来了，不计条件，不讲价钱，可以说是艰苦奋斗、生气勃勃。现在，我们建校十几年了，人也多了，"枪"也多了，条件有了很大改善，但有些干部的精神状态却出现了问题。什么问题？懈怠！

懈怠有许多表现，主要有四种。

1.不尽心尽力。有人认为教学、科研是"硬"的，机关工作是"软"的，所以可以滥竽充数，好混。他们对工作不认真、不负责，把自己个人的事情看得比学校事情大，不懂得"大河有水小河满，大河无水小河干"的道理。他们对学校的发展不关心、不尽心。有个别人甚至只想充当"过客"——临时在这里"借窝下蛋"，等把研究生读了，孩子生了，自己感觉翅膀硬了，就要另择高枝了。这些人的忠诚度和职业素养有问题，不尽心何以尽力啊！

2.不尽职尽责。各个机构有职责条例，每个职员有岗位职责。现在的问题是有职不尽、有章不循。个别干部对自己职责范围内的事情马马虎虎，总不能落到实处。一旦追究起来，他的理由还蛮多，这叫强词夺理！

对职责范围的最后一条，即"完成领导交办的其他工作"，态度就不同了，有的同志不管分内、分外都干得很好，有的就相互推诿，说"不该我干"，逼得学校增加部门或增加人。

3.不在岗或在岗不在状态。机关是实行坐班制的，必须坚持八小时工作制，上班时间必须在岗。但我们检查了几次，发现不少干部在下午四点半就找不到人了，有的是"溜之乎也"，有的可能有特殊情况，例如外出开会、下基层调研，那就应该在办公室的门上贴个条，不然老师或学生找你办事怎么办？当然，也有些同志做得很好，他们上班满负荷工作，下班后自发加班加点，把未做完的工作完成，这是应当表扬和嘉奖的。

我们必须旗帜鲜明地整顿纪律，坚持打卡考勤制度。有人说一个单位考勤了，就会衰落。那不考勤，人都不在岗，想来就来，想走就走，这个单位就兴旺了？真是岂有此理，纯粹是乌托邦的那一套，脱离实际，不靠谱啊！

另一种情况是在岗却不在工作状态。就是"出工不出力""磨洋工"，不把工作放在心上，应付凑合、心不在焉、得过且过。这种人经常耽误学校和师生的事情，造成损失。

还有一类是工作不在状态：上班迟到、早退者有之，先打卡后吃饭者有之，穿短裤、拖鞋上班者有之，上班时间看电影、打游戏、逛淘宝者有之，边上班边带小孩者有之——轻则松松垮垮，重则玩忽职守。还有就是会风不好，迟到早退、玩手机、讲小话的现象屡禁不绝，叫他发言他不发言，不让他发言他倒是讲得起劲。这些都是工作不在状态的表现。

4.不学习、不进步。有的干部进了机关，误认为进了"保险箱"，不读书、不学习、不思进取。这里有两种情况：一种是本身对所从事的工作并不内行，严重的是他长期甘于当外行，既不调查研究，又不向同事学习，舍不得拿一点时间读点书或进学习班进修；另一种是吃老本，不追踪新技术前沿，不学习新知识、新思想，不接受新事物，把学校和督导的叮嘱当耳旁风，翻来覆去就靠自己已经落后的老一套。孟子曰："贤者以其昭昭使人昭昭。"你们可不能当那种自己都没搞清楚，却总想着让别人明白的人啊。

我在几年以前就提出了"三个没有发言权"，其中一个即"没有读书学习就没有发言权"。作为一个大学机关干部，一学期不读两本新书，那不是不学无术？你对外面的世界一无所知，怎么能跟得上时代前进的步伐？

不但要读书，还要搞好培训。干部和教师要提高，就要搞好培训工作，包括校内外、国内外的培训。

四、改造和整顿两级机关

我这个人呐，先后在企业、政府和学校工作过，我历来有两个主张：一个是"精兵简政"，宁肯少些，但要好些；另一个是"多劳多得、优劳优得"，要想多得，就得多干，还得干好，那学校定的指标就要让大家得跳一跳才能够得着。

所以，我们要抓住这次考核办法和薪酬制度改革的契机，本着"精干、高效、忠诚、多能"的原则和目标，整顿两级机关。

整顿什么呢？要整顿组织、整顿思想、整顿作风。

（一）整顿组织

就是本着精干和高效的精神，建设少而精的校、院机关。具体办法是定员定额、定岗定编。制定完善、科学、合理的处、科室职责条例和每个岗位的职责条例。要用工作日志等写实的办法来核定工作量，在编制上要宁少勿多、宁缺毋滥，宜专则专、宜兼则兼。同志们一定要明白，像我们这样不拿财政拨款的学校是不可能搞"小而全""大而全"的，只能是少而精。

要本着干得了、干得好的条件来选拔任用人才，把每个人放在他最能发挥作用的岗位上，对于那些不能胜任岗位职责的员工，可以交到学校进行培训或者调剂任用（这期间他们的薪酬要做相应调整）。

有人说这些都是老办法了，能否搞点新办法？可以。那就是推行"清单革命"，实行"清单式管理"。所谓"清单式管理"，就是指针对某项职能范围内的管理活动，通过分析其流程，建立管理台账，并对其流程内容进行细化、量化，形成清单，列出清晰、明细的管理内容或控制要点，检查、考核按照清单执行的管理制度。

清单式管理和一般管理相比，有四个特点。

第一，具体明确。项目、程序、指令、要求或说明都必须非常具体，十分明确，任何抽象、模糊、笼统、大而化之、似是而非的说明或要求都是与清单式管理不相容的。由于这一特点，清单式管理是将工作抓深、抓实、抓出成效的"牛鼻子"，还能有效防止抽象化和模糊化带来的人际理解偏差和解释偏差，增强组织内不同部门、不同个体行为的协调性和组织整体有机性。

第二，简明扼要。清单必须直接切中核心问题和要害，以最易理解的方式把关键点呈现出来。管理工作千头万绪，能不能把各种问题、各个关键环节理清楚，让人一目了然、心中有数，是将管理工作做得井井有条的前提，也是衡量管理者对相关事务熟悉程度和管理水平的重要标志。"清单式管理"的这一特点，体现的是经济、精准的理念，能有效提高行为的准确性和工作效益。当前每个组织时刻面临着海量的复杂问题和挑战，能否精准、高效地解决各种问题，将是组织必须面临的生死决战。

第三，便于操作。由于清单具体明确、简明扼要，因此它非常便于操作，实用性强，某种程度上"清单式管理"的生命力也正在于此。尤其是对复杂系统或事务，"清单式管理"具有无可替代的独特优势。例如手术中的物品清点查对制度，航天工程领域的销项作业法，都是典型的"清单式管理"方法，它们对确保手术圆满和发射成功具有不可或缺的作用。

第四，可检验性强。监管是管理活动的一项基本职能，也是实现管理目标的必要保障手段。但是监管活动对任务的可检验性依赖程度非常大，抽象化、模糊化的管理目标和工作任务很难监管，因此管理效果很差。"清单式管理"因其具体明确，具有很强的可检验性，对改善组织监管和管理效果起到了重要支撑作用，对标管理就是一种典型的"清单式管理"。

总体来说，这是一个非常务实、非常精准、具有很高的可操作性和可评估性的管理理念和方法，值得我们去尝试和推广。

（二）整顿思想

对那些不想干、不愿干、不能干的员工要进行思想教育。我们这种靠自力更生的学校是不可能长期养闲人、养懒人、养庸人的。所有员工都要把思想统一到习近平同志全面从严治党、复兴中华的思想上来；统一到学校发愤图强，建设一流应用型大学的目标上来；统一到发扬学校第一个十年优良传统，实现第二个十年规划的精神上来。俗话说"人心齐，泰山移"，我们只有万众一心，才能一步一个台阶攀登顶峰。

（三）整顿作风

要整顿官僚主义，所有干部必须深入基层调查研究，发现问题，解决问题。反对坐在机关里清谈误国、误校，所有干部都要主动联系一批教师和学生，了解他们的学习、工作、生活、思想，把思想问题和实际问题解决在萌芽之中。少数领导干部只管开会、发文件，至于下属是否贯彻了会议精神、文件要求，是否把学校的规划、制度、改革、举措落实到了具体的工作中去，却一无所知。如果员工每天在做什么、想什么、说什么，领导完全不知道，这就是耳目不明、尸位素餐了。

要整顿好人主义。好人主义就是把自己的得失放在首位，对学校办学思想和规章制度的贯彻执行不认真、不得力；对于损害学校利益和声誉的行为不反击、不斗争，睁一只眼闭一只眼；对已发现的教学、科研、服务、对外合作方面的问题不及时解决，听之任之；对下属单位和个人考核放水，弄虚作假，好坏不分，奖惩不明。这样的干部若不对自己的行为加以改正，就只能换个位置了。

要整顿尾巴主义。众所周知，校、院两级机关是领导机关。领导是什么？是"领"，是"导"。"领"和"导"都要站在前面，站在后面就起不了领导作用。我们两万人的大学，每天发生许多问题，包括思想的、生活的、教学的、学习的问题等，这些都需要"领"和"导"，要靠领导机关和领导干部去化解这些问题。如果你不站在主人翁的位置上去主动解决问题，反而跟在群众后面说三道四或者发牢骚，那还要这些机关和领导干什么？尾巴主义更坏的是对一些不正确的舆论和不正确的要求，不分是非，不批评不教育，迁就姑息，甚至于推波助澜，"唯恐天下不乱"，这些都是必须克服和整顿的。

总结来说，希望大家认清形势，明确职能，认真履职，继续发扬优点，着力克服缺点，争取更大的胜利！

加强多方合作，共筑"丝路"繁荣

——在中泰国际高等教育产教融合论坛上的致辞[1]

（2017年8月16日）

尊敬的泰国商会大学校长Saowanee女士，尊敬的素可泰府副省长，中泰文化艺术界、教育界、企业界的各位朋友，亲爱的老师们、同学们：

大家好！非常荣幸参加本次论坛。今天，这里群贤毕至，各界友人汇聚于此，共同开展文化交流，洽谈教育合作，推进产教融合，相信这必将进一步增进大家的相互了解，推进彼此的交流合作，实现多方的互利共赢。衷心感谢活动的主办方泰国商会大学为此次论坛做出的卓越工作！

自习近平主席提出"一带一路"倡议以来，国际、国内高度关注，这条开放、交融、互利、共赢的阳光大道得到了共建国家和中国人民的衷心赞同和拥护，已经在各个领域取得了丰硕的成果。作为本次论坛的协办单位，四川大学锦城学院积极响应国家"一带一路"倡议，于2016年10月与泰国商会大学签署了合作协议，开始了密切的交流与合作，目前双方已经联合培养工商管理硕士两期共39人，开

---

[1] 2017年8月16日，"一带一路"倡议背景下中泰国际教育产教融合论坛在泰国商会大学举行，邹广严校长出席论坛并发表致辞。

展了卓有成效的教师交流与国际课题合作。

邹广严校长向中泰产教界同仁挥手致意（罗海波 摄影）

泰国商会大学是蜚声亚洲的商科名校、东盟顶尖学府，和这样的伙伴合作，我们感到很荣幸，也很愉快。四川大学锦城学院是一所多学科、综合性的应用型、创业型大学，坐落在中国西部美丽富饶、经济发达的四川省成都市，是一所深受各界认可的知名高校。锦城学院一直坚持应用型的办学定位，与600余家企业建立有稳固的合作关系，在产教融合方面具有丰富的经验；同时，锦城学院也是一所国际化程度很高的大学，目前已和世界多个国家和地区的高校展开了多层次、多样化的合作。

我们衷心希望进一步加强与泰国商会大学之间的合作，衷心希望能与参加论坛的中泰各界朋友建立亲密合作，衷心祝愿中泰两国友谊长存，祝愿两国人民幸福安康！

最后，预祝本次论坛圆满成功！谢谢大家！

落实《"锦城2025"规划》，抢占未来竞争的制高点

——在2017年改革发展研讨会暨第12期暑期干部学习班上的讲话[1]

（2017年8月23日）

去年我们在北戴河开了第11期暑期干部学习会，会议的主题是讨论下一个十年怎么发展，确定目标。回来后，通过大家认真思考、修改，我们制定了新的十年规划。今年这个会就是集思广益，研究怎么贯彻这个规划。这次我们采取的是头脑风暴的方法，是解放思想的。这一次的特点：第一，大家都在假期读了点书；第二，大家都在思考，所以绝大多数同志的发言是有成果的，是动了脑筋的；第三，这次没来的同志也做了很多工作，刘华（副校长）提交了12000字的建议，周爱萍（办公室主任）也递交了建议书，吴岚（财会学院副院长）没来，委托池兆念（财会学院副院长）共同发表了见解。尽管他们因为种种原因请假了，但他们还是心系"锦城"的。所以，我们已经形成一种共识，那就是解放思想，开动脑筋，群策群力，为"锦城"的振兴而奋斗！下面，我根据大家发言的情况和我自己的考虑，

---

[1] 8月19—24日，锦城学院2017年改革发展研讨会暨第12期暑期干部学习班在紫坪铺公司白沙基地召开。本文是邹广严校长的总结讲话。

把几件事再强调一下。

一、第二个十年的核心任务是实施"五大战略"

"五大战略"（差异化、复合化、信息化、国际化、产教融合化）是我们第二个十年发展的核心任务，实施的原则就是"全面贯彻，重点突出"。

现在竞争很激烈，比如招生，十年前，我们的台阶很明显，从三本到二本到一本。而现在进入了"抗日战争的相持阶段"，要突破还是有点难，说明现在的竞争优势不那么明显了。以前别人没做到，自然对我们另眼相看，现在别人追上来了，我们的光环就在减弱，所以现在必须创造新的优势。怎么创造？积极贯彻"五大战略"。

"差异化"一直是我们的办学指导思想。总的来讲，我们学校的发展走了一条改革创新的道路，走了一条因地制宜的道路，走了一条教育多元化、多样化而非趋同的道路。但是具体到各个学院就参差不齐了。我们这类新建院校要建"双一流"就是要走"少人区"，甚至"无人区"。教育学者伯顿·克拉克说过，院校的希望与其说产生于彼此间的共同点，不如说产生于相互之间的差异。所以每个学院必须创造和别人不同的学院、专业，要打造你们的"吸睛点"。比如，外语学院就要思考怎么办得与川外成都学院不一样，财会学院要想想你们的专业和西南财大、西财天府的差异在哪儿。

"国际化"的问题，每个学院都得做，不是工商学院做了，其他学院就不用做。中央全面深化改革委员会第十五次会议和第十九次会议先后审议通过了《统筹推进世界一流大学和一流学科建设总体方案》和《关于做好新时期教育对外开放工作的若干意见》，要建"双一流"，国际化是必须走的一步。香港科技大学成立才短短26年，能够一跃成为世界名校，关键就在于其一直秉承"着眼世界"的创校理念。现在群众喜欢的教育，就是一要新，二要"洋"。专业、课程、老师、教材、学生等都是国际化的突破口，包括国际认证。步子迈得大一些，可以通过引进世界一流大学和特色学科，开展高水平人才联合培养和科学联合攻关，比如英国诺丁汉大学与中国宁波的万里学院合办了宁波诺丁汉大学，四川大学与美国匹兹堡大学合作成立了四川大学匹兹堡学院。步子迈得小一点，我们可不可以先从课程入手呢？从2016年底开始，教育部学校规划建设发展中心与芬兰应用科学大学联盟合作，引入了芬兰应用科技大学优势专业课程和创新创业教育课程及认证体系；与美国应用技术教育联盟（GCC–GATE）共同实施中美应用技术教育"双百计划"，联合开发课程体系。我们去参观、学习过的山东英才学院已经入选了这个"双百计划"首批试点院校，我们可不可以也借鉴一下这个思路？

"复合化"都要复合，这次会上很多老师都提到了这个问题。复合的形式很多，如跨学科培养人才，跨学科建设实验室，跨院系组织团队申请项目，等等。比如，动员辅修第二专业，但不要从头开始几十门课程都要上，把一些重复的课程剔除，把核心课程编出来几门辅修就可以了。课程也可以复合，按照相应的专业方向对人才知识点的需求，组合相应跨学科、跨专业的知识点，集中各学院、各专业的优质师资，组建"课程开发小组"，开发"跨学科课程包"（课程共享与交叉）。

"信息化"现在非做不可，必须主动适应大数据、云计算等信息化应用前沿。信息化既要有学校的信息化，也要有老师的信息化。由张明高（副校长）负责的"锦城智慧校园"第二期工程建设要抓好，全面规划，分步实施，创建一个充分利用物联网、泛在网（无所不在的网络）、大数据、云计算、虚拟仿真等新技术提供智能服务的校园；给教师、学生提供一个智慧化、自动化、开放化的工作、学习环境。除此之外，我们要用最好的装备打造一个"翻转课堂制作室"。老师要掌握智慧课堂所需的最新的信息技术，比如除了PPT操作之外，还要会互联网应用、云平台教学等。在"未来型学校"中，老师不仅需要具备数字化平台的操作能力，还要努力走在信息化前沿，"前沿在哪里，老师就在哪里"。

2016年10月26日，国电大渡河流域水电开发有限公司与我校签署教学实习就业基地协议（宣传处　供图）

"产教融合化"我们一直在做，但是到了现阶段应该有一些新的突破。现在工商管理学院走在前列，今年就和地方合作了9个项目，其他学院也应当做。你和地方、企业一起"化"，首先必须关注别人在干什么，然后要千方百计拓展资源、承接项目。工科学院还要想办法通过为企业解决实际问题来进行技术研发、专利申请和产品转化。在服务企业的同时，使人才培养更接近前沿，并实现创收。

所以这"五大战略"从老师到学生，从个人到组织都要全面贯彻，不是这条可做，另一条可不做，要重点突出，有靶向性突破，不是平均用力。怎么突出，各学院根据自己的情况定。

二、追踪前沿，抢占新的制高点

2012年开始我们就提出追踪前沿，现在必须抢占制高点，新的前沿的东西要敢于去碰。战争当中，制高点是兵家必争之地，抢占了你就胜利，抢不到轻则失败，重则全军覆没。现在什么是制高点？就是新技术、新工艺、新专业、新岗位。专业设置要抢制高点，课程设置要抢制高点，科学研究要抢制高点，教学内容、方法和考核都要抢制高点，各项管理和比赛活动也要抢制高点。如果抢占制高点需要做出一些牺牲，那也不要怕，有得必有失嘛，比如要设一个新专业，如果需要砍掉现在的一个甚至两个专业，该砍就砍。在四川，审计学（ACCA）我们和川大办得较早，现在又在一本招生，怎么吹怎么有理，别人后来办的抢不到制高点。五年前，文学与传媒学院就设立了网络新媒体专业，现在发展势头很好，从第一年招生十几个人到现在100多个人。所以不要怕，大胆去抢。科研本身就要抢制高点，电子学院要研究量子通信，建筑学院要搞BIM，我都尽我所能地支持了你们。工商管理学院主动出击成都自贸区的项目，这就是抢占制高点。

当然，落脚点在人才培养。前些年物流专业兴起，培养出物流人才就是制高点，现在培养人工智能人才就是制高点，培养出全媒体人才就是制高点。现在是"抢"，不是"追"了！我们这几年抢得不够，金融学院本应该抓住先机申报互联网金融专业，要敢做第一个吃螃蟹的人才行啊。李光荣讲到"一带一路"倡议，现在就要研究外语人才制高点在哪。我们必须嗅觉更敏锐，下手更迅速，比如这次计算机与软件学院汇报的正在申报数据科学与大数据技术专业、智能科学与技术专业，还有机械学院的机器人工程专业，这就对了！你们要研究你们对应的行业制高点在哪儿，我们的学生出去不能落后，至少要知道行业的前沿，有一点儿前沿的知识和实践。

三、打造新形势下具有"显性指标意义"的拳头产品

对于我们这类学校，亮点越突出，话语权才会更强。王丽丽（通识学院副院长）讲到了这个，提出了"显性指标"的问题。一直以来我们把质量作为生命线，做的是良心教育，使所有的学生受惠，但这不等于核心竞争力就提高了。在美国，排名前 10 的大学中有 9 所都是私立的，中国为什么不行？有人说是大环境问题，那为什么民办中小学发展得很好？因为中小学有"升学率"这个显性指标。你们要密切关注世界发展的动态。竞争力从何而来？有的要不忘初心，踏踏实实地做；有的要"插列子，摘桃子"，把别人做得好的拿来为我们所用，比如"翻转课堂"不是我们提出来的，人工智能也不是我们提出来的，要学会站在巨人的肩膀上发展。所以我们要思考怎么样抓亮点、突出特点，怎么把我们的良心教育进一步做加法，用社会公众都认可的显性指标来体现我们的竞争力、提升我们的竞争力。比如，高

质量生源和就业、教学名师、国家级和省级重点实验室、教学成果奖、学生高水平竞赛、教师高水平科研等，这些是教育部和社会公众认可的显性指标。同时，我们还要进一步把我们的特色用显性指标更好地体现出来。这个问题希望每个单位都好好思考和筹划一下。

四、电子学院和工商学院的案例及其启示

电子学院放假前发生了三件事：一是成都信息工程大学专家教授访问团来访，对我校"未来型"战略、追踪新技术革命前沿的理念和做法高度赞赏；二是西华大学师生访问团300人来访，听报告，高度评价我校的"翻转课堂"；三是浙江省637分的高分考生报考了我校电子学院电子类专业，在第一段考生录取中，该分数甚至高于许多985、211高校在浙江的提档线。

工商学院也发生了两件事：一是积极贯彻"产教融合化战略"，今年又增加9个项目，其中不乏重量级项目，如泸州自贸区项目、西南医科大学项目，不管是项目的水平、规模、经费，还是教师、学生的参与度，皆呈现出可喜的发展态势，服务地方的水平在迅速提高，扩大了"锦城"的影响力；二是"国际化战略"另辟蹊径，与泰国商会大学合作，既给老师找到了出路（22人被聘为泰方注册硕士生导师，获得了国际化的经验），又给学生找到了出路（培训了2期共39名学员），同时丰富了学校的国际化项目，实现了学校、教师、学生的三个增值。

这五件事说明了什么？首先，学校提出的一系列战略导向是正确的，关键看理解得怎么样，贯彻得怎么样。其次，出奇才能制胜，要

把别人想不到、做不到的事情想到、做到、做好。最后，要抓住亮点，做好文章。电子学院扩大了在同行中的影响，工商学院扩大了在国外和业界的影响，都不简单。其他学院也有类似的事，都要做好文章。

五、关于加强大学管理的问题

现在都在呼吁"去行政化"，我校为什么要强调管理？

"去行政化"不是"去管理"。大学"去行政化"首先是政府的问题，政府不能把大学当行政机构，大学是教育、学术机构，所以"去行政化"的本质是要改变学校沦为官僚机构的倾向，还原大学作为教育、学术机构的本来面目，即培养人才和研究高深学问。

而管理是普遍存在的，哪里有组织，哪里就有管理，学校不是例外。管理是生产力，管理出效益，一流的大学必须有一流的管理！管理包括学校层面的管理，也包括学院的管理。管理在宏观上的作用是确定目标，组织去实施目标；在微观上的作用是组织、调度各种资源，实现我们的使命和任务。管理的内容很多，例如人事管理、财务管理、后勤保卫管理等；管理的对象很多，例如对老师的管理、对学生的管理、对教辅员工的管理等；管理的面也很宽，例如校内管理、校外管理，包括外交和公共关系等。但就大学的内部管理而言，我重点要强调两条。一条是靠什么管。靠制度，制度管人、管事才靠得住。因此制度要健全、要完善，凡事必有规章制度，绝不许留下空白点。另一条是如何"理"。"理"就是检查、评估、考核和落实。没有严格的考核怎么会落实？因此所有管理机关、二级学院、全体管理人员都要把这两件事做好，不许有丝毫怠慢。我们现在需要精干的、专业的、忠诚的、高效的管理队伍，而当前管理队伍最大的问题是不认真、不负责、不主动、不在状态，这种状况不改变就只能被淘汰。所以这次会议之后，学校和二级学院都要清查一次规章制度、岗位职责和考核办法，缺位的，快加，不适应的，快改。

六、关于"钢班子"带"铁队伍"

我们现在已经是在校生规模超过20000人的大学，教职员工也超过了1000人，可以说是一个庞大的队伍了。人员多了，队伍大了，问题也就多了，带队伍的问题就提到日程上来了。带好教职员工这个队伍是办好学校的关键。怎么带好队伍？首先要有一个"钢班子"，"钢班子"才能带出"铁队伍"。什么是"钢班子"？就是政治上要强、业务上要强、职业操守和主人翁意识要强，"三强"才能成"钢"。有人说我们人少了，人数少和"钢"不"钢"没关系。张志敏（计算机学院院长）说我们创业初期一个系主任带着一批新进的年轻人就把工作干起来了（那时也没有教研室、机关）。"5·12"汶川大地震我们也经受住了考验，临危不乱，顺利地渡过了难关。

现在人多了，机关建起来了，有些就不那么"钢"了，变成"泥巴"了。具体表现就是三条：

第一条是好人主义。治军不严，管理松懈，考核"放水"，没有负责精神。有些人包庇下属，对那些消极怠工、不负责任的现象听之任之，不管不问，睁一只眼，闭一只眼，想当老好人；还有些人对下属何时来、何时走，下属做了什么，对岗位职责履行了没有，一概不知。有一种现象，被群众戏称为"借窝下蛋"。他（她）刚毕业时，找不到工作，"锦城"收留了他（她），培养了他（她），给他（她）创造条件，待孩子生了，研究生读了，职称评了，他（她）自觉翅膀硬了，抬起腿来走了。对这种不领情、不感恩、不讲良心的行为要敢于批评，造成正确的舆论。

第二条是尾巴主义，对错误思想、落后言论、违纪行为不引导、不批评、不斗争，听之任之，随其蔓延，甚至还跟在后面发点牢骚。俗话说，领导领导，要领要导。"领"就是站在前面领着大家走，"导"就是要疏导、开导、引导。领导如果走在群众后面，按毛主席的说法，就是尾巴主义。

第三条是保守主义。思想不解放，感觉不灵敏，对日新月异的新技术革命不敏感，反应迟钝；对新技术带来的教育变革不学习、不讲究、不组织落实，满足于传统的一套不肯改变。这样的班子怎么会不落伍？

带"铁队伍"，这个队伍要有攻无不克的斗志，战无不胜的战斗力，团结一致的凝聚力，百折不挠克服困难的精神。如果这个队伍松松垮垮，玩忽职守，言不信、行不果，如何办好学校，如何培养学生？特别要警惕有些消极因素，有的人散布一些瓦解斗志、不利团结、影响学校荣誉的东西，这是不允许的。你有意见可以提，但要是建设性的，不能是破坏性的。你们要在队伍中树立一个信念，让教职员工相信学校的发展、改革对他的成长有好处。有的老师说没有安全感，我看是没有危机感。任正非说过，感情靠不住，还是要靠制度、靠理想、靠合同。

七、抓典型、树榜样，鼓励拔尖人才和单位"冒出来"

抓"典型"带"一般"是我们一贯的工作方法。焦裕禄同志说，榜样的力量是无穷的。所以我们也要把"锦城"的榜样和英雄人物树起来，如"教学名师""科研能手""育人模范""服务标兵""管理之星""贯彻五大战略先进单位"等，对这些个人和单位进行奖励表彰，在全校范围内形成带动、示范作用，形成一个你追我赶的氛围，要学有"榜样"，追有"标兵"，前面有"旗子"。这个问题大家回去讨论一下评判条件是什么，每一类榜样都要有一个评选办法。

八、学校给学生的"软教育"

传授知识，培养技能，锻炼能力，这是学校的"硬教育"。除了这些以外，我们还要给学生"软教育"，也就是教学以外的教育。我觉得主要有以下三个方面：

一是要给学生爱和温暖。苏霍姆林斯基说过，"没有爱就没有教育"。要让学生热爱学校、喜欢教师、认真学习，学校就要给他们爱与温暖，能让他们亲其师、信其道。一进学校，老师给他的是什么？辅导员给他的是什么？食堂、宿舍阿姨给他的是什么？要让他们有归属感、幸福感，爱校如家，周末也在学校学习和参加活动。老师既要有威严又要有慈爱。

二是要给学生尊严和尊重。从管理者到老师再到后勤人员都必须对学生给予尊重，不准有任何歧视性言论和行为。学生得到了尊重就会增加自信。在我们这样的地方院校，学生有自信比什么都重要。2005年我就指示各系主任，在课前教育中务必使学生提高两个信心：对自己有信心，对学校有信心。提高信心是我校学生大踏步前进的起点，要让他们觉得自己并不比985、211高校的学生差，让他们在"长板原理"的指导下发现、发挥自己的一技之长。

芬芳桥景：长桥卧波，水天一色（岳福林　摄影）

三是要给学生创造一个优良的校园文化。这次袁泉（办公室副主任）、苏斌（学工处副处长兼团委书记）、傅仕彬（文传学院副院长）讲的校园文化建设都不错。以你们的发言为基础，建立一个"校园文化规划小组"，竞选一个主席，落实校园文化的再建设。比如这次回去，袁泉就可以着手把你提议的"长板坡前铸长板，芬芳桥外满芬芳"刻出来，挂到长板坡的亭子上去。我觉得你们设想得很好，但是要具体规划，让学生一进门，到处都能感觉到"锦城文化"的存在。校史、系史、人物志都可以写，对有成就的校友要大力宣传。氛围、文化也是种"软教育"，和上课一样重要，大家回去把这个小组成立起来，统一规划，分步实施。

九、正确处理四个关系的问题

（一）执行力和创新力的关系

对我们这种新建的学校，执行力是我们的效率和优势所在。没有执行力就没有生存力，没有创新力就没有发展力，所以我们首先要加强执行力，同时要发挥创新力。

我们的执行力不行，发言的时候很多同志罗列了建校以来我们提出的行之有效的、时间证明是正确的东西，像"创业教育"、"三讲三心"明德教育、应用型办学等等，但是落实得不是很好。比如"三个全覆盖"，有的就没有做；"两课设计"，设计的八个方面我都讲了，还是有人不做；"大数据中心"和各类研究所成立了不少，但成果不显著。我们这类学校没有资格像某些公办学校一样坐而论道，更何况马继征（招生处处长）说，公办学校都已经变成早起的鸟儿了。我们必须提高执行力，已经提出的理念决不能再放在口上、纸上、PPT上，而要真正落实到我们的人才培养上、教育改革上、校园建设上。

（二）从严要求与宽松氛围的关系

在管理上，我们必须从严要求；在学术探讨上，我们必须营造宽松的氛围。氛围宽松，有利于师生仰望星空，有利于师生独立思考、追求真理；管理严格，能够保障学校运转和各项改革举措的高效执行。我们对教师和学生没有严格的要求，学校的水平很难提高。我们看到的成功的大学，管理都是严格的，但氛围是宽松的。美国高校提倡独立思考，自由表达，但是对抄袭等学术不端行为会采取严厉的惩罚甚至开除。如果我们的老师上课来，下课走，甚至迟到早退；我们的学生下课出去玩儿，周末就回家，这就"水"了。所以新员工培训、新生入学报到一开始就要教育好，这才符合我们高度负责、严格管理的风范。

（三）一般规律和"锦城特色"的关系

教育的一般规律包括了学科发展规律、学生身心发展规律等，比如有条不紊、循序渐进。教育部根据这些规律制定了一系列的指标、要求，这些是我们必须遵循的，不然教育部的评估我们通不过。但是，我们也要思考如何兼顾教育的一般规律和"锦城特色"，完全按教育部的要求来，没有"锦城特色"也不行。所以我们必须在办学定位、办学思想、办学理念、人才培养、教学改革、学生管理等方面加大创新，体现"锦城特色"，每个学院都得研究怎么与众不同。

（四）必修与选修、主修与辅修、线上与线下的关系

我是赞成减少必修课、扩大选修课的，但客观上大家又不放心，怕学生只选容易得分的课程，所以这是个矛盾。主修专业和辅修专业的问题，我主张扩大辅修专业的范围，但要减少课程的数量，重点修满核心的专业课程，去掉重复的课程。线上与线下的学习内容和时间的比例也要科学规划。总的精神是逐步扩大选修，扩大辅修，线上线下相结合。

十、关于"五个刚性"

"刚性"就是要求大家必须去做的。最后，我强调一下"五个刚性"。

1. "五大战略"是刚性的。贯彻"第二个十年规划"，实施"五大战略"，这是刚性的，是必须做的。只是重点是什么、一般是什么的问题，不是贯不贯彻的问题。

2. 抓前沿是刚性的。像我们这样的学校，没有悠久的历史，没有强大的靠山，没有雄厚的资金，我们唯一有的是追踪前沿的决心和能力。因为只有追踪前沿，才能和高水平院校站在同一起跑线上，才能抢占竞争的制高点。

3. 软硬兼施是刚性的。思想政治工作方法要软，执行制度要硬。光靠制度，不做思想工作不行；光靠思想工作，不用制度约束也不行。管得太松，误人子弟；管得太死，会扼杀创造力；放得太开，会影响执行力。所以，我们主张软硬兼施。

4. 资源共享是刚性的。有限的资源用好了、共享了，就会发挥无限的作用；无限的资源没用好、没共享，无限也只能是有限。现在讲"共享经济"，我们也要"共享教育"啊。我们的资源，包括人力资源（师资、生源、校内外人才等）、物力资源（实验室、图书馆、教学用房等）、社会资源（社会关系、客户等）都要共享。我们的资源不能说很丰富，但我们更缺乏的是对现有资源的利用率。比如我们现在都讲信息化，我们能不能建立一个共享的数据库，教学、科研、教师、学生等基础数据都在一个共享的数据库里，不用各单位各自收集和掌握一套数据？再比如要争取教育部的"新工科"课题，就把全校的师资、实验条件统一利用起来去申报。

5."三个全覆盖"是刚性的。我们刚开始提出"三个全覆盖"时遇到了一些阻力，但是现在坚持下来了，效果也就出来了，所以必须继续坚持贯彻"三个全覆盖"，这是刚性要求。

还有个问题，我与大家商量，你们愿意的话，可以每个学院都建一个校图书馆分馆。学校的是中央图书馆，各学院办的是学科或专业图书馆。我出房子和书架，书你们可以发动大家捐，也可以筹钱买，总之，自己想办法。

同志们，今天我讲的十条，关系到我们如何更好地落实《"锦城2025"规划》，希望每个单位下来都认真思考怎么做到、做好这十条，为我们抢占未来竞争的制高点下足功夫。

心怀三种精神，践行教育责任

——在锦城学院与四川省紫坪铺开发有限公司座谈会上的讲话

（2017年8月24日）

今天，在紫坪铺公司的盛情陪同下，我们参观了宏伟的水利枢纽工程，观看了公司的宣传片，并进行了诚恳的座谈。在我看来，主要有两大收获。

第一个收获，是我们要学习紫坪铺公司的三种精神。

一是艰苦奋斗的精神。现在大家看到的紫坪铺水利枢纽工程恢宏大气，交通便利，环境宜人。但是建设时期不是这样子的，没有像样的水泥路，吃住都不像样，工作环境很差，但是他们通过艰苦奋斗把这个工程建成现在这个样子，不简单啊。当然我们学校在建设的时候，大家也是艰苦奋斗过来的，现在条件是好些了，但是奋斗的路还很长，艰苦奋斗的精神不能丢，学校因艰苦奋斗而强，个人以艰苦奋斗而立。所以我们首先要学习他们艰苦奋斗的精神。

二是科学严谨的精神。大家参观的时候都看到了，各个环节是一步都不能出错的，必须一丝不苟地按照水利水电工程的规范来办。建设的质量不好，洪水一冲就垮了，地震一晃就塌了，那怎么行？紫坪铺这个工程经受住了"5·12"汶川大地震的考验，说明质量是过硬的。我们作为教育工作者，干的是育人的工作，更没有推倒重来的机会，必须秉承科学严谨的精神，保障我们人才培养的质量。

三是在抗震救灾时表现出的极高的职业操守和职业精神。"5·12"汶川大地震的时候，山崩地裂，危险重重，李洪（总经理）、宋彦刚（常务副总经理）、由丽华（副总经理），他们这几位都坚守在现场，带领员工不分昼夜抗震救灾，把大坝的安危看得比自身的安危更重要。这就是一种高尚的职业操守、职业精神。干什么就要对什么负责，不要讲条件、讨价还价。那个时候还讨什么价啊！救灾第一，个人安全都被放在第二位了。刚才李洪总经理讲了，迟疑一秒就可能要出大问题。我干工作也是这样的，年轻时在长钢，炼钢车间的电炉一响，就把其他的事都放在一边了；在省政府工作的时候，遇到大桥水库洞子垮沙，我第一时间就带着专家进去了，垮沙是很严重的事故，人进去了也许就出不来了。明知道这样，为什么还要去？这就是职业操守、职业精神，你管这个事你就得去。教育工作者也要有职业操守、职业精神，对学生、对自己的工作高度负责。

邹广严校长在政府工作期间，长期领导四川水利建设，对水利工程十分熟悉。图为在紫坪铺参观时，邹广严校长为"锦城"干部讲解水利知识（李秀锋 摄影）

第二个收获，就是我们和紫坪铺开发有限公司的校企合作迈出了一步。刚才李洪同志表态了，说我们可以把这里作为实习就业、科研基地。这个事情由张明高同志负责，就业处和相关学院积极配合执行，共建实习就业基地、科研基地。别人表态表得很好，敞开大门欢迎我们，你们要本着互惠互利的原则，构建合作共赢的关系，不能说只能对我们学校有利，我们也得对人家的公司作出贡献。

最后，我代表"锦城"全体教职员工向以李洪同志为首的领导班子、紫坪铺公司的同志们表示衷心的感谢！

"锦城"选择

——在2017级新生开学典礼上的讲话

（2017年9月4日）

尊敬的各位来宾，老师们，同学们，家长们：

今天，我们在这里隆重举行2017级新生开学典礼，我谨代表全体师生员工向进入锦城学院学习的新同学们表示热烈的欢迎和衷心的祝贺！向长期以来支持学校发展的四川大学、各股东单位、用人单位、合作办学友好单位、奖（助）学金设立单位和个人表示衷心的感谢！同时，也向充分信任锦城学院的广大家长们表示诚挚的敬意！

同学们，今天我要向你们讲授"第一课"，主题是"选择"。为什么要讲"选择"？美国斯坦福大学的著名教授迈克尔·雷写了一本书，名字叫《成功是道选择题》。其实人生就是道选择题：成功是选择，失败也是选择；光明是选择，黑暗也是选择；幸福是选择，痛苦也是选择。每一次选择，去留之间，取舍之中，考验着智慧，决定着方向，影响着结果。

从规划人生的角度，你们要选择人生的目标，以及实现这个目标的道路和方法。高中毕业到大学毕业，是你们人生中一个极其重要的阶段。这个阶段你们会遇到许多选择，其中最重要的有三个。

第一个选择——读什么样的大学

人生目标确定之后，道路和方法就十分重要。选择一所什么样的大学，就是选择了一条什么样的人生道路。锦城学院是培养未来工程师的摇篮，是培养未来银行家、企业家的沃土，是培养优秀的文化艺术工作者的园地。你要运用现代科学文化知识去改造世界、成就大业，"锦城"是你的最佳选择。所以，你选择了"锦城"，就是选择了一条光明大道！

马云，毕业于杭州师范学院；马化腾，毕业于深圳大学；乔布斯，曾就读于美国一所文理学院——里德学院……可见，英雄不问出处，成功不看门第。选择没有绝对标准，适合自己的就是最好的！百年老校能培养社会精英，后起之秀也能培养国家栋梁！

所以，同学们，我要特别祝贺你们，在填报"锦城"的那一刻，你们就做出了最正确、最明智、最适合自己的选择！

选择"锦城"，就是选择了"锦城"的办学思想和理念；选择"锦城"，就是选择了"做人第一，能力至上"的人才培养标准；选择"锦城"，就是选择了"锦城"的应用型、创业型定位；选择"锦城"，就是选择了追踪新技术前沿，成为"未来型人才"；选择"锦城"，就是选择了追求事实，追求真理，追求至善的"锦城精神"！

这就是"锦城"，这就是你们的选择。从今天起，你们的未来将与"锦城"联系在一起，成为"锦城生命共同体"的一员，我为你们的加入感到骄傲。此刻，也请你们为自己明智的选择鼓掌欢呼吧！

第二个选择——怎样读大学

如果说选择什么样的大学是对道路的选择，那么，怎样读大学，就是对如何走好这条道路的方法的选择。同样的大学，同样的空间和时间，却会有不一样的学习和生活方式，也将收获不同的成长和进步。一所大学大师云集，条件完善，但学生能从其中得到什么，这很大程度上取决于同学们对"怎样读大学"这个问题的选择。选择不同，轨迹不同，结果也就不同。

例如，你们是选择松松垮垮地混大学，还是争分夺秒地读大学？

所谓松松垮垮地混大学，就是没有目标，没有动力，对自己的要求低，只想混个文凭了事，学业得过且过，但却热衷于谈恋爱、耍朋友，热衷于吃喝玩乐、逛大街，热衷于玩电脑、打游戏。数年前，四川南充有位"考霸"张某，第一年考入北大，不久后被退学，第二年考入清华，没多久又被退学。原因就是他沉迷网络游戏，学业不达标。

"见不贤而内自省"，同学们，你们要明白，大学不是辛苦的结束，而是拼搏的开始。争分夺秒地读大学，才是"锦城生活"正确的打开方式。你们有一个学姐叫李彬，财会学院ACCA专业方向2008级学生，入学成绩一般，进入"锦城"后刻苦攻读，两年就通过了ACCA全部14门考试，这在重点大学也是不多见的，她现在就职于世界著名的四大会计师事务所之一的德勤会计师事务所，任经理级高级审计师。同学们，你们要像李彬学姐一样，投入更多的时间、精力和努力到学习中去；要对外界和内心的各种干扰说不；要管好自己，学会自主学习、自律管理、自觉实践；要用勤奋努力，赋予每一秒"锦城时间"更多的价值！

有一个有趣的数学现象：1.01的365次方约等于37.8，而0.99的365次方只有大约0.03。同样的365天，你们用在学业上的时间和精力是大于1还是少于1，效果是大大不同的。你们是选择振奋精神，一步步攀上学业和人生的高峰呢？还是松松垮垮，慢慢地滑向一事无成的深渊呢？时间是扩大差距的杠杆，也是最铁面无私的法官，它会慷慨地奖励你的每一分努力，也会无情地惩罚你的每一次怠惰。同学们，"莫等闲、白了少年头，空悲切"，趁着青春作伴，全身心投入学习吧！

还有，你们是选择甘于平庸，还是突出亮点？

德国著名的数学家、哲学家莱布尼茨说过："世界上没有两片完全相同的树叶。"每个人都有自身的特质，都可以做到与众不同。

"锦城"提倡"学校谋特色，学生谋特长"。我们提出了教育学上的"长板原理"，认为一个人在基本面（德智体美劳）合格的情况下，其成功取决于他所具有的最长的那块"板"。学校和教师的重要任务，就是帮助同学们发现、发展、发挥自己的特长，使得"锦城"学子人人有长板、个个有亮点。在"长板原理"的指导下，"锦城"涌现出了一大批有特长、有才华、与众不同、亮点突出的学子。

电子学院的余晟睿同学在老师的指导下，自主研发制作了高精度的3D打印机，并坚持改良技术，不仅拿下首届中国"互联网+"大学生创新创业大赛的四川省金奖，还获得了蓝光集团董事长伸出的高薪职位的"橄榄枝"。但他最终选择了科技创业，其创立的3D打印快速样品中心现已成为富士康集团的A级合作商。

　　财会学院的吴冕同学在校期间担任魔术社社长，出于对魔术的热爱，并凭借良好的英语功底，翻译了世界魔术史上首屈一指的畅销书籍 *Card College*（《纸牌大学》），他也成为该书在英、德、法、日、西班牙语版本后，中文版翻译的第一人。

丰富多彩的第四课堂活动让"锦城"学子绽放天赋、发展特长。图为"唱响锦城"校园歌手大赛现场（校团委　供图）

　　金融学院的王甜甜同学钟爱书法，在校期间就举办了个人书法展，毕业后她作为文然书院的书法教师，在今年"全国教师现场书法创评"中，从2000多名书法教师中脱颖而出，荣获一等奖。

　　我校自2009年开始有第一届毕业生，短短8年内，"锦城"校友就在各行各业崭露头角，例如在金融行业，就有来自财会、金融、计科、文传等学院的几十名校友当上了区县级银行的小行长，相信在不久的将来就会突破100位，我们已经准备为他们开庆功会。

　　这些同学的成功有一个共同的特点，就是找到了自己的热爱，形成了自己的"长板"，发掘了自己的潜能，并努力做到极致。如果你们渴望和他们一样，拒绝甘于平庸、混同一般，想要突出亮点、发展"长板"，那你们就来对了，"锦城"支持你们！

再者，你们是选择只顾书本学习，还是拓展多元能力？

重视课本知识，重视记忆能力，重视考一个高分，这当然是一种学习方法。但是，大学是培养"未来型人才"的地方，未来社会更需要"复合型人才"，只有具备知识的集成性、能力的多元性和素养的全面性等特征，你们才能在未来的竞争中抢占制高点。因此，你们需要理论联系实际，通识与专业结合，并拓展多元能力。

"锦城"打破学科壁垒，提倡文科生要学一些技术，工科生要懂一些人文，艺术生要学一些管理常识，并在课程体系上做了相应的调整和安排。学校提供丰富多样的必修、选修课程，鼓励同学们辅修第二专业，同学们可以到任何一间教室，旁听任何一门自己感兴趣的课程。我相信这对大家知识的集成大有裨益。

"锦城"有"五个课堂"，是同学们拓展多元能力的广阔平台。你们可以在"教室课堂"中获得新知、打开思维；在"实验室课堂"里培养严谨创新的科学精神；在"生产基地课堂"里知行合一，学用结合；在"学生组织和社团活动课堂"中锻炼沟通表达、组织协调、领导指挥等才能；在"网络在线教育课堂"上锻炼数字化时代的学习本领。

同学们，素养的提高，既要靠教育的加持，又要靠自身的修炼。希望你们能够做到内外兼修，既下足完善人格、提升修养、增广见闻等内在功夫，又下足锻炼体魄、塑造形象、提升气场等外在功夫，全面提升自身素养和多元能力，做引领社会风尚的一代新人！

你们还要思考，是选择个人奋斗，还是与师友同道？

大学之大，不在于建筑的宏伟、乔木的高大，而在于有高深的学问、传道授业的大师，以及志同道合的朋友。理想的大学生活，正如《礼记·学记》中所说的那样，"安其学而亲其师，乐其友而信其道"。建立健康活泼的人际关系也是大学的一门必修课，其中有两个要点值得注意，一是亲近良师，二是广交益友。

亲师可以促进学问。著名教育家梅贻琦先生曾提出"从游"的观点，他认为："学校犹水也，师生犹鱼也，其行动犹游泳也。大鱼前导，小鱼尾随，是从游也。从游既久，其濡染观摩之效，自不求而至，不为而成。""锦城"提倡建立健康的、密切的师生关系，学校为每一位老师准备有校内办公室，就是为了方便同学们课后与老师探讨问题。我们还实行独具特色的"三助计划"，鼓励同学们担任老师的助教、助研、助管。这是学校为大家的"从游"提供的制度性安排，希望同学们能够从良师而游，相信你们一定能收获别样的"濡染观摩之效"。

"独学而无友，则孤陋而寡闻。"一群志同道合的同学经常在一起交流见闻，增长见识，活跃思维，探索真理，这是一大幸事。我们提倡同学们广交益友，相互切磋，互勉互励，共同进步。这样，同学们不仅能收获学业的成功，还能收获人际的和谐、人生的精彩！

同学们，关于怎样读大学的选择还有很多，我今天只分享了主要并常见的四条。在未来的学习生活中，"锦城"教师会为你们的每一次选择提供参考意见和帮助，而你们也会在成长过程中，读懂选择的真谛，掌握选择的本领。

第三个选择——毕业后干什么

你们也许会觉得谈这个问题为时过早，但"凡事预则立，不预则废"，必先有明确的目标，然后有清晰的路径和正确的方法。你们毕业后的选择，大致是三条路——就业、创业和深造。无论选择哪条路，都离不开你在大学期间充分的准备，离不开你从现在起就对自己的发展进行科学合理的规划，而不是等到毕业时再临时抱佛脚。

如果你选择考研，现在起就要在基础学习上多下功夫；如果你选择出国，现在起首先要攻克外语关。你们的学长，2009级金融学专业的李宣就是榜样，他高考英语不及格，但入学后确定了去美国商学院读研深造的规划，他每天早起晚睡，坚持学习英语，以高分通过四、六级和托福考试，最终拿到美国罗切斯特大学的录取通知书。所以，选择深造，就要有锲而不舍、水滴石穿的治学精神，有"咬定青山不放松"的专注劲头！

如果你选择就业，现在起就要关注行业发展、岗位要求，不断追踪科技前沿，成就"人无我有、人有我优"的核心竞争力。在这方面，我校最近出版的《新常态下就业岗位调查报告》和对未来新岗位的预测，会给你帮助和参考。这套书还会告诉你，要实现高端就业，找个好工作，在专业能力之外，你还要练就快速适应的能力、沟通表达的能力、团队协作的能力、实践创新的能力、综合判断的能力和终身学习的能力；除了智商，你还要提高自己的情商和行商，立身处世知书达礼，待人接物言行得体……这些都做到了，你就会成为未来职场的佼佼者！

如果你选择创业，创新创造的思维、艰苦创业的精神、运筹帷幄的领导力，都是"必修课"。在"锦城"，你们有着得天独厚的优势，我校开展了逾十年的"创业教育"会为你们的"创业选择"注入敢为人先的勇气、鲲鹏展翅的梦想和独一无二的基因！你们的许多学长用自己的实际行动证明了"锦城创业先锋"的卓尔不群，未来，你们也必将成为开拓创新、攀登顶峰的"锦城精英"！

同学们，只有伟大的目标，才能产生持久的动力。正如习近平主席所说："青年一代有理想、有担当，国家就有前途，民族就有希望，实现我们的发展目标就有源源不断的强大力量。"

同学们，选择是权利，也是责任。你们已经成年，要成熟而明智地面对选择，理性和清醒地做出选择，用正确的选择去创造精彩的大学生活和远大的人生前途吧！

谢谢大家！

发扬尊师传统，加强教师修养，
学生尊师的三个层次和教师修养的三重境界

——在锦城学院纪念孔子2568周年诞辰暨国庆、中秋、"锦城尊师节"三节同庆座谈会上的讲话

（2017年9月28日）

今天是孔子诞辰2568周年纪念日，也是"锦城尊师节"，不久又是国庆、中秋佳节，所以，今天可以说是三节同庆。今年的座谈会以"尊师"为主题，我们边品茶点边交流，真是其乐融融。以往的座谈会是大家先讲我后讲，今年变一变，我先讲一讲我的看法，然后大家畅所欲言。

一、国将兴，必贵师而重傅

大儒荀子曾说："国将兴，必贵师而重傅，贵师而重傅，则法度存；国将衰，必贱师而轻傅，贱师而轻傅，则人有快，人有快则法度坏。"大意是说：一个国家要兴旺，一定要尊重老师，贵师而重傅，人们就懂得敬畏，法度就不会遭到破坏；反之，贱师而轻傅，人们就缺乏敬畏，就会放肆，国家的法度就会混乱，国家就将走向衰落。这是我国传统经典里关于尊师重傅的非常重要的一段话，把对尊师问题

北宋宰相王文康公曰：

天地君亲师五者並列，师位何等尊重？后生以师子我，则终身成败荣辱，惧我任之。若不尽心竭力，误人子弟，与庸医杀人等罪。"

（王文康公即寇准的女婿、宋仁宗时的宰相、枢密使王曙）

邹广严校长摘录的尊师重道文献

的认识提高到了国家治乱兴衰的高度，极具真知灼见。

我国的历史，大体上印证了这句话的正确性。改革开放以后，我们高度重视教育事业，邓小平同志就曾讲过："不抓科学、教育，四个现代化就没有希望"，强调"一定要在党内造成一种空气：尊重知识、尊重人才"。所以改革开放以来，我们国运昌隆，不到 40 年的时间，就建设成为世界第二大经济体。用习近平总书记的话来说，"我们比历史上任何时期都更接近中华民族伟大复兴的目标"。反观之前的历史，特别是"文化大革命"时期，知识分子被贬损为"臭老九"，"四人帮"鼓动学生造反，学校秩序受到严重冲击，甚至发生了学生批斗、殴打老师等触目惊心的事件……斯文扫地、人才断层的同时，国家的规矩也被破坏殆尽，秩序大乱，国民经济几乎到了崩溃的边缘。历史的教训深刻啊！

事实上，凡是文明的国家、强大的国家、发展快的国家，无一例外都是重视教育、尊重教师的。

最著名的是以色列，这个国家在国土面积、自然资源等方面是没有什么竞争优势的，有竞争力的是人才和教育。这样一个人才强国，正是通过对教育的高度重视来塑造的，犹太人有一句古训，叫"尊师如敬上帝，教师重于父亲"，这句话里所体现的对老师的尊重，可以说到了无以复加的程度。

美国是世界上大学最多的国家，有4000多所高等教育机构，而美国只有3亿多人口；我国有13亿多人口，大学还不到3000所。国家之前搞扩招，扩到2000多所大学的时候就有人说"大学生过剩了""扩招搞错了"……世界发达国家高等教育的毛入学率几乎都在70%以上，而我国还不到40%，多了少了不是显而易见吗？

战后的日本能在废墟上快速崛起，一个重要原因就是抓好了教育，这在很大程度上得益于美国占领军的"威逼"。日本战前只有小学六年的义务教育，在占领军的强烈要求下，日本人在1947年开始实施九年义务教育，大大提高了国民素养和劳动者素质。日本又很好地抓住了冷战、朝鲜战争等国际政治、军事格局变化带来的外部机遇，于是就很快地发展起来了。日本从明治维新以来，就一直保持尊师重教的好传统，就连师范生也有一种光荣感和自豪感，在公共汽车上，人们即便是看到穿教师服的师范生，都会起立让座。20世纪70年代，日本国会通过一个旨在保证中小学教师队伍不断充实优秀人才的《人才确保法》，以法律形式规定了中小学教师工资待遇要高于国家一般公务人员。

韩国大学的毛入学率达到了80%左右，和美国差不多。韩国作为"亚洲四小龙"之一，并不是像我们某些网友所说，是靠我们中国人去韩国旅游才发展起来的。中韩建交以前，韩国就已经是"亚洲四小龙"了。事实上，韩国是靠教育、科技发展起来的，韩国的电子工业、造船工业、汽车工业、纺织工业、文化产业等都位居世界前列。韩国也是高度尊师重教的国家。韩国教师节和韩国历史上最受尊敬的世宗大王的生日是同一天。在许多大学校园里，学生见教授，毕恭毕敬，90度鞠躬。教授到校长或院长办公室办事，一进门即被热情招待，安排就座，敬上香茶或咖啡，校长或院长即刻停下手头工作，笑容可掬地接待，教授享有的礼遇水平是很高的。

我国也有悠久的尊师传统。早在《国语·晋语》，就将师与君、亲并列，荀子进一步将师与天、地、君、亲并列，最早提出了"天地君亲师"的序列。对于尊师的必要性，《学记》中阐释说："凡学之道，严师为难。师严然后道尊，道尊然后民知敬学。"这里的"严"字是尊敬的意思，认为只有老师受到尊重，他所传授之道才可能受到尊重；道受到尊重，老百姓才知道敬重学业。这样，国家的文明进步、繁荣昌盛才会有牢固的基础。

即便是在等级森严的古代社会，臣子也在两种情况下可以不对国君行臣礼，一种是在祭祀中担任祭主时，另一种就是担任君主的老师时。

"尊师节"上，学生代表向老师献上鲜花和礼物，感谢老师们的谆谆教诲（宣传处 供图）

汉武帝"罢黜百家，独尊儒术"，定儒家学说为国家主流意识形态，用现在的话来讲，就是当时的"指导思想"。为加强对"指导思想"的研究、教育、普及，汉武帝置五经博士，博士与二千石一级的官员有着同等的政治地位，是皇帝在政治上的高级顾问，皇帝遇有重大问题需延问群臣时，每每把经学博士与列侯、二千石并列，可见对博士的尊重。唐太宗李世民更是尊师的典范，据《贞观政要》记载，贞观三年，太子少师李纲脚痛，不能走路，唐太宗赏赐他一顶代步轿，命令侍卫抬轿进入东宫，还下诏命令皇太子亲自迎接老师上殿，行礼作揖，以示对老师的尊重。贞观十七年，他对长孙无忌、房玄龄说，三师是以德行来教导太子的人，如果三师的身份卑下，太子就没有学习的榜样。于是下诏，让人制定太子接待三师的礼仪制度，规定太子要走出殿门迎接师父，先礼拜三师，然后三师答拜。每当过门时要让三师在前。三师坐下后，太子才能坐。写给三师的书信，前边称"惶恐"，后边再写上"惶恐再拜"……可见，即便贵为太子，在老师面前也得是毕恭毕敬的，体现了帝王之家对老师的尊重。

具体到我们锦城学院，尊师重道、尊师重教、尊师爱生始终是我们所强调的，是学校的"主流意识形态"。但笼统地谈尊师重道、尊师重教、尊师爱生似乎还不够深入。我们要提倡讲两句话：第一句话，学生发扬尊师传统，尊师重傅，这里面包含三个层次；第二句话，教师加强自身修养，对应的，也包含三重境界。合起来就是"锦城"学生尊师的三个层次和教师修养的三重境界。

二、"锦城"学生尊师的三个层次和教师修养的三重境界

（一）"喜欢"的层次和"良师"的境界

《学记》有云："安其学而亲其师，乐其友而信其道。"这句话是"互文"结构，可以理解为：亲近他们的老师，喜欢他们的朋友，才能安其学、信其道。指出了良好的师生、学友关系对学习活动的促进作用。荀子也指出"学莫便乎近其人""学之经莫速乎好其人"，这里的"其人"，就是学习的对象，就是老师。"近其人"，就是亲近老师；"好其人"，就是喜欢老师。荀子的意思是：没有什么比亲近、喜欢自己的老师更便捷的学习方法了。这些经验之谈，经受了千百年教育实践的考验，至今仍是至理名言。

一般来说，学生喜欢老师，会提高对老师所授课程的兴趣，提高学习的积极性、主动性，进入"好知"和"乐知"的状态。老师也会因此感到教育过程的愉快，教与学就容易在同一频率上"同频共振"，进而取得教学相长、教学效果最优化的效果。

学生喜欢老师有些什么表现呢？最集中也是最首要的表现是在课堂上专心听课，积极与老师互动。通识教育中心的李海艳、柴莎莎、唐世福等老师的课堂就很受学生喜欢。其次是在课外，会学习更多的与本科目相关的其他知识，会更深入地思考、探究老师提出的问题。最后是在生活中，在面对学业、事业以至交友、爱情等问题时，会更愿意向自己喜欢的老师倾诉，听取老师的意见，也更乐意向老师分享自己成长进步的喜悦。总之，把老师当成是自己的

良师益友。

能够赢得学生的喜爱，成为一名好老师，这是教师修养的第一重境界，我称之为"良师"的境界。

怎样才能称为"良师"呢？大家都应该看过《第56号教室的奇迹》吧？美国的传奇教师雷夫·艾斯奎斯二十多年如一日，在同一所学校的同一间教室教同一个年龄段的学生，把一批批出身贫困家庭、移民家庭的孩子培养成能在全美标准化测试中成绩排名前5%的优秀学生，这些学生长大后，很多都进入了哈佛、普林斯顿、斯坦福等知名大学。雷夫·艾斯奎斯获得的荣誉不计其数，给他提供捐助的人也不计其数，他的事迹轰动整个美国，而且还被拍成纪录片，他的著作《第56号教室的奇迹》成为全球最热门的教育畅销书之一，但他仍然坚守在他的第56号教室，证明着一个人能够在最小的空间里创造出最大的奇迹。像雷夫这样的老师，就称得上是"良师"了。

怎样才能达到这样的境界呢？有两点非常重要：

首先是态度。我小时候，村里有一位代课老师给我们上了几个月的课，学生们都很喜欢他，老师离开学校的时候，我一直把他送到十几里以外他的家里。我们为什么喜欢这位老师？因为这位老师态度好，让人如沐春风。我校通识教育学院的几位数学老师给学生讲基础课，并非深奥的学问，但课堂气氛好，学生很喜欢。所以，想要赢得学生的喜爱，首先要有好的态度，具体来讲，要有爱心、专心和耐心。正如习近平总书记所强调的："做好老师，要有仁爱之心。"爱是教育的灵魂，没有爱就没有教育。有爱心，一切从关心、关爱学生出发，学生才会亲近你、喜欢你；专心专意，认真负责，全身心投入，才能把教书育人的事业干好，让学生有更多的成长感、获得感；有耐心，才能心平气和、有条不紊、持续深入地处理好具体的事务。著名作家汪曾祺回忆自己的老师沈从文时，就称赞沈老师很"耐烦"，写作也"耐烦"，教书育人也"耐烦"。他给学生讲写作课，为了给学生做示范，会预先自己动手写范文，给学生改文章改得满篇都是圈圈点点。"耐烦"就是有耐心，这是好教师必须具备的修养。

其次，要有必要的方法和技巧。教育教学活动是有自身的规律、方法和技巧的，当老师必须有一套方法和技巧。孔夫子指导学生就很有一套，比如"学而时习""温故知新""学思并重""学以致用""择善而从""举一反三""不愤不启、不悱不发"等，这在当时是先进的，至今也仍然是经典。颜渊是孔子的得意弟子，他称赞孔子说："夫子循循然善诱人，博我以文，约我以礼，欲罢不能。"可见孔子的教育教学方法让学生受益无穷。孔夫子在两千多年前就有那么一套丰富的方法，我们现在如果还只是上课念PPT、念讲义，一念到底，岂不是数典忘祖了吗？当然，我们除了学习老夫子那一套，也要面向世界、面向时代，兼收并蓄。我们现在有"八大教学法"，以后可能要发展到"十大教学法""十五大教学法"等等。总之，只要是好的方法、有进步因素的方法，我们就学过来，消化吸收，形成自己的方法论和方法库，然后因课制宜、因人制宜，根据不同的教育对象、教育目标、教育场景选用不同的方法，这样就一定能成为一名深受学生喜欢的良师。

（二）"尊敬"的层次和"导师"的境界

尊敬老师，这是学生尊师的第二层表现。

"尊敬"就是尊而敬之，"尊"是内心的感情，"敬"是外在的表现。比如历史上著名的"程门立雪"的典故。北宋年间的一个冬天，游酢、杨时去河南见他们的老师程颐（程颐是宋代理学的宗师级人物、大知识分子），两位学生看见老师正在闭目养神，不敢打扰，又想到老师可能随时醒来召见，所以也不宜离开，尽管当时天降大雪，但两人仍在门外恭敬地站着等候，等老师醒来的时候，门外的雪已经一尺深了。这个典故历来为人称道，原因就是它通过环境的烘托，通过对"敬"的行为的描写，传神地表现了"尊师"的情感和态度，是中国"尊师重道"思想的传神写照。

当然，随着时代的发展，尊师的内涵也发生着改变。比如随着学生知识来源的日渐丰富和认识水平的提高，学生通过独立思考、批判思考，对老师的学说、观点有不解或不同看法的情况时有发生，在这种情况下，文明地质疑、平等地切磋也是尊师的表现。尊敬老师从来不是说盲从老师，真正的尊敬是认真思考老师的观点、看法，并能通过严肃的学术切磋达到"教学相长"的效果。但不管"尊师"的内涵如何发展，尊敬之情却是一以贯之的。

和"喜欢"这种感情建立在感性基础上不同，"尊敬"这种态度更多的是建立在理性基础上的。比如，我们发现考试"放水"的老师或许能得到学生一时的喜欢，却难以获得长久的尊敬，学生尊敬的恰恰是那些公道正派、治学严谨的老师。所以，要想赢得这样一群学生的尊重，教师修养就必须再上台阶，进入第二重境界，我称之为"导师"的境界。

梅贻琦认为大学教育的理想状态应该是"大鱼前导，小鱼尾随"，"前导"的大鱼就是"导师"。这个境界的修养，至少包含两个方面。

一是要学识渊博，专业精深。《中国教师报》和《中国青年报》

曾联合举办过一次调研，请学生投出"作为一名教师应具备的最重要的品质前五位分别是什么"。结果显示，学生最看重的品质依次为：学识渊博、专业能力强，对学生公正，责任心强，创新能力强，尊重学生。五项分别占到选票总数的14.4%、13.04%、11.98%、9.81%和8.21%。

从这个调研我们可以看出，教师的学识和专业能力是学生最看重的。习近平总书记说："做好老师，要有扎实学识。"这一点对于大学教师来说尤为重要。正如蔡元培先生曾经指出的："大学者，研究高深学问者也。"没有高深的学问，就不能称其为大学；没有渊博的学识和精深的专业素养，就很难说是一名优秀的大学老师。能够赢得学生尊重的大学老师一定是学识渊博、视野开阔的，他的思想闪耀着智慧的光芒，即便是只言片语，也能给人以智慧的启迪；同时，他也要做到专业精深，在自己的专业领域有足够的积累，有深入的研究，有一席之地。他应该有许多显性的学术成果，正如人们喜欢称赞一位教授"著作等身"一样，成果多说明他是这个专业的行家。只有面对这样的老师，学生才会肃然起敬。

所谓"学高为师"，要想赢得学生的尊重，老师要在学识、专业上让学生信服。"信"就是相信，"服"就是佩服，相信、佩服老师的知识素养、专业水平，以及"传道授业解惑"的能力。尽管老师并不是真理的化身，也不是知识的唯一传播者，但是我们仍然希望每位老师都能够让学生建立起对你渊博学养和专业水平的信任。尽管孔夫子曾教诲，"知之为知之，不知为不知"，但是我们还是希望各位老师"知"的多些，"不知"的少些，对于学生提出的问题，能够做到胸有成竹、应答如流。如有确实不懂的问题，就诚实地回答"不懂"，这也能取得学生的尊重。

二是要师德高尚，教风严谨。苏霍姆林斯基曾说："教师的人格是进行教育的基石。"师德是教师的灵魂，也是教书育人的根本。陶行知先生有句名言曰："身正为范。"什么叫"身正"？为人正派、处事公正就是身正，学风谦虚、教风严谨就是身正。有调查显示，学生非常重视教师是否公正，为什么"放水"的老师得不到学生的尊重呢？一个很重要的原因就是这种做法有失公正，教风不严谨。

师德的内涵非常丰富，比如责任、尊重、公平、公正、同理心、宽容等，这些品德的养成，主要靠教师的思想觉悟和内在修炼。优秀的教师一定善于经常地检视自己、反省自己、管理自己、提高自己，使自己的师德修养不断臻于更高的境界。

在"学高"和"身正"的基础上，达到这个境界的教师不仅善于教书，更善于育人。"锦城"教师要引导学生走上正确的人生道路，指导学生如何做事做人，不仅是"教师"，而且是"导师"。

（三）"敬仰"的层次和"大师"的境界

在"尊敬之"以上，还存在一个尊师的层次，那就是"敬仰之"。

"敬仰"，顾名思义，就是一种心怀崇敬的仰望。就好像一个人站在连绵万里、耸入云端的高山脚下，看见雄伟的山势，顿时感到自己的渺小，从而生出的那一种仰望之情。

中国历史上第一位受敬仰的教师当属孔夫子。颜渊就曾喟然叹曰："仰之弥高，钻之弥坚。瞻之在前，忽焉在后。"子贡称赞他："日月也，无得而逾焉。"这些都是含有深深仰望之情的赞美。司马迁晚孔子几百年，也并非孔子门徒，但他读到孔子的书，想见其为人，不禁生出"高山仰止，景行行止，虽不能至，心向往之"的感慨，认为孔子"可谓至圣矣"。汉朝以后，历代帝王追封孔子为"王"、为"圣"者不绝如缕。孔子还是教育行业的祖师，被历代奉为"至圣先师"，我们把孔子的诞辰定为"锦城尊师节"，就是出于民族传统和国际惯例的考虑——因为孔子是教育行业的祖师爷，其被敬仰的程度，千百年来无出其右者。

"锦城"校友总会题赠母校恩师，纪念首届"尊师节"。左一为现任校友总会执行会长刘江（2005级计算机学院信息管理与系统专业校友），右一为现任校友总会副会长、校友商会会长尹柯（2005级工商学院物流管理专业校友）（宣传处 供图）

受学生敬仰的老师往往会缔造出非同一般的师生关系。我一直说，孔子做到的几件事，我们现在很少有人能做到。其一，对于孔子的教诲，学生或郑重其事地"书诸绅"，引为座右铭，或念念不忘，"终身诵之"。现在有几位老师能做到？其二，孔子带着一群学生周游列国，颠沛流离，"累累若丧家之狗"，是很失意的，但还是有以子路为代表的一帮学生死心塌地追随他，不离不弃。其三，孔子过世后，一群弟子在孔子墓边结庐守墓，有的人守三年，子贡守了六年，没有很深的师生感情做不到。其四，孔子过世后，有人毁谤孔子，以子贡为代表的学生能坚决捍卫孔子的学说和地位。子贡说："仲尼不可毁也，他人之贤者，丘陵也，犹可逾也；仲尼，日月也，无得而逾焉。"又说："夫子之不可及也，犹天之不可阶而升也。"对孔子的崇敬、维护之情溢于言表。

要想赢得学生的敬仰，教师的修养就还得更上层楼，进入第三重境界，我称之为"大师"的境界。

所谓"大师"，就是某一领域的第一流人物，他们或是这个领域开山立派的祖师，或是将某个流派发扬光大的集大成者，至少应该是在某一领域里一锤定音的权威。

大师当有第一流的学问。比如近代的陈寅恪先生，他当年在清华大学任教的时候，就曾有"四不讲"的佳话，即"前人讲过的，我不讲；近人讲过的，我不讲；外国人讲过的，我不讲；我自己过去讲过的，也不讲"。那还能讲什么呢？"只讲未曾有人讲过的。"大家想一想，要做到"四不讲"，首先你得全面了解前人、近人都讲过了些什么，这就需要搜集资料、博览群书，单是完成这一项工作，你就成了了不起的大学问家了。你还得了解外国人都讲了什么，要做到这一点，至少得精通多门外语，学贯中西才行，而陈寅恪就会十几门语言。然后还要提出自己的新见解、新研究成果，而且每堂课都要有新见解，这更是难上加难。陈寅恪能做到"四不讲"，真无愧为国学大师、文史泰斗。当时有不少知名教授如吴宓、朱自清、冯友兰等都会去听他的课，所以他又被称为"教授的教授"。傅斯年评价他说："陈先生的学问，近三百年来一人而已。"吴宓评价说："吾必以寅恪为全中国最博学之人。"梁启超谦虚地向人介绍："陈先生的学问胜过我。"季羡林当年去旁听陈寅恪先生的"佛经翻译文学"，感觉"受用终身"。其水平之高，是同仁和后学的公论，这样的人就堪称大师了。

　　大师当有一流的人格。陈寅恪先生一生追求真理，崇尚学术自由，和他同为清华大学国学院"四大导师"之一的王国维投湖自尽后，陈寅恪为他撰写碑文，其中有句话广为流传，影响深远，这就是"独立之精神，自由之思想"。陈寅恪身处动荡的时代，他以生命捍卫精神的独立与思想的自由，一生从未写过一篇媚俗的文章，从未"遵命写作""遵命研究"，也从未昧着良心说自己都不相信的话，真正做到了"富贵不能淫，贫贱不能移，威武不能屈"，有大丈夫的品格。"文化大革命"时期，陈寅恪双目已经失明，行动不便，被扣了顶"反动学术权威"的帽子，造反派要斗他，他的学生刘节就站出来说，我代替我的老师挨斗，你们要斗就斗我吧！批斗大会完毕，红卫兵问刘节有何感想，他回答说："我能代表老师挨批斗，感到很光荣。"这真是了不起啊！没有对老师发自内心的敬仰和爱戴，他怎么会有那么大的勇气？老师若没有伟大的人格力量，又怎么能让学生钦佩、爱戴至此呢？

　　又比如著名教育家陶行知先生，他毕生致力于教育事业，有着"为中国教育寻觅曙光"的伟大抱负与时代责任感，有着"捧着一颗心来，不带半根草去"的奉献精神，有着"有教无类""爱满天下"的博大胸襟，还有"敢探未发明的新理，敢入未开化的边疆"的开拓创新精神，以及"教人求真""学做真人"的高尚师德。这些超凡脱俗的人格魅力是超越时代的，是我们所有教育工作者共同的、宝贵的精神财富。

在近现代中国教育史上，大师级的人物还有很多，例如蔡元培先生、叶企孙先生、季羡林先生、钱学森先生等，他们都用自己的高尚人格和高深造诣照亮了一方天地，嘉惠学林，泽被后学，是我们学习的榜样。

老师们，习近平总书记说："一个人遇到好老师是人生的幸运，一个学校拥有好老师是学校的光荣，一个民族源源不断涌现出一批又一批好老师则是民族的希望。"我今天所讲的良师、导师、大师，就是"锦城"学子的幸运，就是"锦城"的光荣和民族的希望。希望各位老师在治学育人的道路上，能够发扬孔夫子"学而不厌，诲人不倦"的宝贵传统，在教师修养上下足功夫，拾级而上，至少作"良师"，早日当"导师"，争取成"大师"。

谢谢大家。

加强党的建设，落实《"锦城2025"规划》，为建成"西部领先、中国一流、世界知名"的应用型、创业型大学而奋斗

——在中国共产党四川大学锦城学院第二次代表大会上的报告

（2017年9月29日）

各位代表，同志们：

2008年3月14日，我院召开了中国共产党四川大学锦城学院第一次代表大会。今天，我们隆重举行中国共产党四川大学锦城学院第二次代表大会。现在，我代表中国共产党四川大学锦城学院第一届委员会向大会作报告，请予审议。

我院第二次党代会是在国家经济社会正处于"十三五"开局良好的阶段，在我省召开第十一次党代会、四川大学召开第八次党代会后，为进一步贯彻落实有关政策而召开的一次重要会议；也是我院改革发展迈入新阶段，制定《"锦城2025"规划》，全面落实"五大发展战略"，进一步加强和改进党的建设而召开的一次重要会议。

这次大会的主题是：加强党的建设，落实《"锦城2025"规划》，为建成"西部领先、中国一流、世界知名"的应用型、创业型大学而奋斗。大会的主要任务是：高举中国特色社会主义伟大旗帜，以邓小

平理论、"三个代表"重要思想、科学发展观为指导，深入贯彻习近平总书记系列重要讲话精神和治国理政新理念新思想新战略，在党的十八大精神指引下，认真贯彻落实《国家中长期教育改革和发展规划纲要（2010—2020年）》和《关于加强民办学校党的建设工作的意见（试行）》的精神，全面总结过去的工作，科学谋划未来的发展，选举产生新一届中共四川大学锦城学院委员会和纪律检查委员会，团结动员全院党员干部和师生员工，共同做好学院下一个五年发展的各项工作。

一、第一次党代会以来的工作回顾和工作经验

第一次党代会以来，在省委、省政府，市委、市政府领导的关心、支持下，在四川省委教育工委和四川大学党委的正确领导下，四川大学锦城学院坚持社会主义办学方向，紧紧围绕"培养什么人、怎样培养人"和"办什么样的大学，怎样办好大学"这两个根本性问题，精心谋划和推动学院的改革发展。学院党政领导班子团结一心，励精图治，求真务实，锐意进取，团结和带领全院共产党员和师生员工，初步完成了"三步走"战略的第二步，即招生录取线达到省属院校中等水平，成为四川民办高校的排头兵，在应用型大学的基础上，继续向创业型大学迈进。

过去九年，锦城学院旗帜鲜明地办应用型大学，在办学模式、办学特色、办学成果方面形成了一定的积淀，获得了教育界、学生、家长和社会公众的充分认可。下面，我就党的建设和学校发展两个层面向大会作报告。

（一）党的建设

学院第一次党代会以来，特别是党的十八大以来，学院党委深入学习贯彻党的十八大及十八届中央历次全会精神和习近平总书记重要讲话精神，团结带领全院师生员工抓党建谋发展，党的领导和党建工作进一步加强，改革发展取得明显成效，学院的社会美誉度进一步提升。

中国共产党四川大学锦城学院第二次代表大会现场（党办　供图）

一是坚持党的领导，全面从严治党。锦城学院党委牢固树立"四个意识"，严格履行管党治党、办学治校主体责任，充分发挥学院党委的领导核心作用、基层党组织的政治核心作用、党支部的战斗堡垒作用和党员的先锋模范作用。为学院改革发展提供坚强的思想和组织保障，确保学院的和谐稳定大局。

理论学习方面。过去的九年，学院党委始终把党委中心组理论学习常态化、制度化，按照上级党委部署认真开展学习讨论，坚持每周一次中心组扩大学习会，认真组织全校党员师生深入学习贯彻党的十八大及十八届中央历次全会精神和习近平总书记系列重要讲话精神。

主题教育方面。过去的九年，学院党委认真带领全院师生员工围绕中央和上级党组织工作主线，深入开展了党的群众路线教育实践活动、"三严三实"专题教育、"两学一做"学习教育等主题教育活动，深化学习主线，广大师生对以习近平同志为核心的党中央衷心拥护，对党中央治国理政新理念新思想新战略高度认同，对中国特色社会主义和中华民族伟大复兴的中国梦充满信心。

领导班子方面。过去的九年，学院党委在强化自身建设上积极探索，学院领导班子坚持"双向进入、交叉任职"的原则，学院党委书记、副书记兼任院长、副院长，进入党委会、董事会和院长办公会，副院长担任党的委员、副书记，进入党委会和院长办公会，学院各级党组织健全，机构运行灵活舒畅。

党风廉政方面。过去的九年，学院党委持续深化作风建设，用雷霆手段坚决惩治腐败。党的十八大以来，共处理师生群众来信来访188件，学院党委坚持对每一件信访进行批复。对投诉类问题，坚决一查到底；对损害学院或师生利益的相关责任人坚决处理；对建议类问题，认真调查核实，坚决改进完善，较好地回应了师生员工普遍关注的热点难点问题。学院党委支持纪委坚持把违反中央八项规定精神和"四风"问题作为执纪审查重点，先后查办问题13起，对22人次进行了批评教育、诫勉谈话、组织处理和纪律处分，营造了风清气正的校园文化氛围。

过去的九年，学院先后接受了中央巡视、省委教育工委专项巡视、全省高校党建调研等多次检查评议，上级党组织充分肯定了锦城学院党委在管党治党、办学治校、创新工作体制机制等方面取得的成绩。学院党委还承办了"首届全省民办高等学校党的建设工作研讨会"，将"锦城"党建模式和"锦城"党建经验在全省民办高校进行推广。

二是坚持立德树人，把牢办学方向。锦城学院党委始终高举中国特色社会主义伟大旗帜，全面贯彻党的教育方针，坚持正确的社会主义办学方向，切实把立德树人根本任务落到实处，培养中国特色社会主义事业合格建设者和可靠接班人。

党委作用方面。过去的九年，我们通过强化学院党委在党建、思想政治工作和德育工作中的主体地位和领导作用，强化党委在学院办学方向、人才培养中的保障作用，强化党委在学院依法办学、规范办学中的监督作用，不断积累党建工作经验，努力拓展办学治校视野，牢牢把握正确的社会主义办学方向。

意识形态方面。过去的九年，学院党委高度重视意识形态建设，认真落实意识形态工作责任制，成立了三支政治强、业务精、纪律严、作风正的意识形态工作队伍。一是强有力的领导管理队伍，学院成立了落实意识形态工作责任制领导小组，学院党委书记、院长邹广严任组长，党委委员、宣传部部长张明高任副组长，宣传部牵头、其他部门协调配合，有力地推动意识形态责任落实到位；二是反应迅速的舆情工作组，由党委宣传部成员和院内各二级单位宣传员组成，重点收集网络报刊、社会各界、师生家长的言论和意见，用领导小组工作网、信息报送工作网、舆情信息工作网保障信息灵敏、高效地传递到党委会；三是弘扬正气的网络红客队，在宣传部、学工部和团委的共同领导下，由各学生组织的骨干成员成立了24小时监控网络信息安全和学生舆情项目，敢于发声，引导舆论，廓清网络生态，为学院的安全稳定保驾护航，该项目还获批团中央课题立项并顺利结题。

思想建设方面。过去的九年，学院党委坚持以社会主义核心价值观统领思想政治理论课建设，把思想政治理论课作为对大学生进行马克思主义理论和思想政治教育的主渠道和主阵地。经过多年的探索和实践，形成了"思想政治理论课教育+'三讲三心'明德教育+多层次、全覆盖实践教育+全员育人、全方位育人、全过程育人"的"大德育"模式，创造性地构建了一整套思想政治教育的"六进"工程，进一步推进思想政治理论课建设和特色明德教育，已形成一整套较为完善和创新的思想政治课程教育教学体系，促使学生通过学校教育和自我教育转化思想，达到提高个人思想道德素质和责任感的目的。

三是坚持改革创新，夯实基层党组织建设。学院党委认真抓好基层党组织建设，本着"抓关键、讲实效"的原则，健全了党的组织机构，配齐专兼职党务工作人员，优化了学生党支部设置，选优配强学生党支部书记，较好地落实了"三会一课"制度，做好在青年师生中发展党员的工作。截至目前，锦城学院党委有党办、组织部、宣传部等8个院级党群部门，有11个党总支、7个机关直属党支部，另有11个教工党支部、34个学生党支部。学院现有师生党员1086名，其中组织关系在校的教职工党员446名，现有党委委员7人，机关党务工作人员28人，专职党总支书记11人，专职党总支组织委员11人，专职辅导员106人，兼职组织员11人，还有党支部书记、副书记等其他专兼职党务工作人员共200余人。

制度建设方面。过去的九年，学院党委高度重视制度化建设，在议事规则、发展党员、支部建设、宣传工作、党风廉政、统一战线、工会和共青团等方面建立健全党内规章制度31个。认真贯彻落实中央和上级党组织决策部署，按照《四川大学基层党建工作考核办法》要求，强化领导班子和干部队伍建设，夯实基层党组织和党员队伍建设，落实意识形态工作责任制，做好大学生思想政治教育与教职工思想政治工作等。

发展党员方面。过去的九年，学院党委高度重视在青年师生中发展党员工作，按照控制总量、优化结构、提高质量、发挥作用的总要求，开办入党积极分子培训班33期，培训积极分子19000人，发展师生党员6000余名。学院党委高度重视党员的教育、管理、监督和服务，为了更好地发挥全体党员的先锋模范作用，学院党委坚持开展"党员评议"工作和表彰先进基层党组织和党员，坚决处置不合格党员。

组织生活方面。过去的九年，学院党委高度重视严格党的组织生活，加强党员领导干部党性修养，加强党内民主监督，增强党组织的活力。党的十八大以来，学院党委组织院内各级党组织和党员认真开展"党的群众路线教育实践活动"、"三严三实"专题教育、"两学一做"学习教育专题民主生活会和组织生活会，各党支部严格执行"三会一课"制度，领导干部带头讲党课，执行双重组织生活制度，创新党组织活动，激发广大党员师生干事创业的热情和全身心投入教学、实践的强烈愿望。

（二）学校发展

我院自建校起就坚持以"学校错位竞争，人才分类培养""学校谋特色，学生谋特长"等理论为指导思想，旗帜鲜明地办应用型大学，培养高素质、复合型、经世致用、具有较强创新创业能力的应用型人才。2008年以来，我们坚持改革创新，构建应用型大学建设的"锦城模式"，学校综合实力持续增强，核心竞争力和社会影响力大幅提升，各项事业呈现出蓬勃发展的良好局面，应用型大学建设上台阶、上水平，在以下十个方面彰显成果。

一是办学规模不断扩大。一方面，我们的在校生数量从2007年底的近9000人，发展到现在的近2万人，其中，本科生16000余人；另一方面，我们加强学科建设和专业建设，从2007年底的8个系、29个专业、80余个专业方向，发展到现在的13个教学单位、50个本科专业、15个专科专业、100多个专业方向，形成文、工、经、管、艺多学科协调发展的办学格局。其中，网络与新媒体、软件工程、市场营销专业获批"四川省普通高校应用型本科示范专业"，金融学、会计学、机械设计制造及其自动化、物联网工程专业获批"四川省民办高校重点特色专业质量提升计划项目"，土木工程、软件工程、工程造价、计算机科学与技术专业获批四川省教育厅"综合改革"及"工程人才培养模式"特色、试点专业。

二是教育教学条件明显改善。从2008年的三栋教学大楼，到现在的忠孝、仁爱、信义、和平四栋教学实验办公大楼和4万平方米的图书馆，以及新增的体育馆等一批运动设施，进一步满足了教师教学需要和学生生活需求。我们的图书馆藏文献总量从2008年初的近70万册增长到现在的200余万册，十年增长近3倍。图书馆荣获"四川省高等学校先进图书馆""创新与创新管理服务型数字图书馆"等称号，并与地方政府共享图书资源，对社会开放，成为"成都图书馆图书分馆"。校、院两级的实验室从2008年初的10个基础性实验室增加到现在的覆盖大部分专业的 52 个实训实验室。同时，学校紧跟时代步伐，积极追踪新技术前沿，注重与企业共建、共享、共用、共管实验室，例如：与中国电信四川分公司共建云计算和物联网实验室、量子通信局域网，与成都时代星光科技有限公司共建无人机实验室，与香港图软公司共建 BIM（建筑信息管理模型）中心；特别是与用友软件、金蝶软件等企业共建的现代企业管理实验教学中心和与中国电信四川分公司共建的物联网与通信工程实验教学中心已获批"省级示范实验教学中心建设项目"。

三是人才培养特色鲜明，成效显著。2008 年以来，我们根据经济社会发展实际和未来趋势，紧密围绕社会对人才的需求，进一步完善和创新人才培养机制，形成了独具特色的"一二三四五六"应用型人才培养的"锦城模式"，即坚持"做人第一，能力至上"的"一项标准"，打造劳动和创业教育"两项特色必修"，开展明德、知识和实践"三大教育"，实施"四大计划"，保证"五个统一原则"，创新"产教六项融合"。力图通过全员育人、全方位育人、全过程育人，成为改变学生一生的学校。近年来，学生的专业能力和综合素质不断提升。据不完全统计，近五年，我院学生在国家级、省级、市级各类科技实践比赛中共获奖 289 项、985 人次，其中国家级奖项 102 项、245 人次，省级奖项 156 项、412 人次，包括世界电子竞技大赛冠军、全国高校商业精英挑战赛品牌策划竞赛冠军、全国信息技术应用水平大赛一等奖、全球华人广告金犊奖、中国"互联网+"大学生创新创业大赛铜奖等好成绩。学生申请专利 496 项，其中，43 项获批国家实用新型专利。学院连续九年向社会输送 3 万余名毕业生，就业率高达 98% 以上，高端就业率近 50%，毕业生遍布党政机关、事业单位、国有企业、中外合资企业、股份制企业、民营企业、自主创业等领域，并逐渐成长为其中的管理者和中流砥柱，在社会经济发展中崭露头角，更有千余名毕业生考取北京大学、哥伦比亚大学等国内外知名大学研究生，真正实现了"就读锦城，锦绣前程"。

锦城学院在首届中国"互联网+"大学生创新创业大赛中夺得优良成绩（创新创业学院 供图）

四是教师队伍建设迈向"双师、双能、双高"。2008年以来，学院持续加强师资队伍建设，通过内培和外引，建立了一支老中青结合、专兼职结合、业界精英与高校学者结合的"三结合"的师资队伍。学院的专任教师队伍由2008年初的506人壮大为现在的上千人，生师比达到17.92∶1。教师队伍开始呈现"双师、双能、双高"的特点。我们出台《教师双向进修制度》，促使业界人士"讲台上讲得好"，高校教师"实战中做得好"，让每位教师都"既是能工巧匠，又是专家学者"，"双师型"教师已有近500人，占比近50%；我们出台《专业顾问委员会制度》，实施"学科双带头人制"，即在原学术带头人的基础上，增设业界实践带头人，现已引进和培养学科带头人105人；我们的师资结构继续朝"双高"（高职称、高学历）发展，任课教师中具有高级职称者的比例为近50%，具有硕士及以上学位者的比例为近80%，特别是获得博士学位的教师数大幅提升，已近百人。我院的优秀骨干教师也正在成长为专家。金融系的青年教授梁剑率先开发出"互联网金融"课程，被全国金融职业教育教学指导委员会聘为互联网金融专业专家组成员，参与国家互联网金融专业教学标准制定；计算机系王建、李昕昕、王赛兰3名副教授，获批为四川省评标专家，被推荐进入国家综合评标专家库。学院发展到一定阶段，在各行业出一批专家，这对学院发展来说是很好的。

五是全面深化教学改革，提升教育质量。建校以来，我院就把教学质量作为学校发展的生命线。2008年以来，学院坚持改革与创新，全面深化教学改革，通过"三大举措"提升教育质量。一是围绕"一个中心"，即"锦城课堂大于天"，开展教室课堂、实验室课堂、生产实习基地课堂、课外活动课堂、在线教育课堂这"五个课堂"的教学，要求全体教职员工做到"课堂教学六个像"；二是实行"两个设计"，即"课堂与课程设计"，要求教师对课程和课堂教学精心设计、精心实施、精心评估、精心改进，让教学过程精细化；三是实行教学内容、教学方法和教学评价的"三大教改"，促成师生共振共鸣。近日，我们的教改举措登上了教育厅官网"喜迎十九大"专栏，四川省电视台科教频道还对此进行了专题采访。近年来，我院建设了"新媒体概论""中国民俗学""应用写作""创业管理""市场营销"5门省级精品资源共享课程；教师公开出版教材逾百部，其中"十二五"规划教材5部、"十三五"规划教材1部；获得省级教学成果奖1项。

六是科研工作实现"爆发式起飞"。自建校之初，我们就明确提出了应用型大学必须有科研。2006年就出台了《大学生科研计划实施办法（试行）》（川大锦院教务〔2006〕109号）。2010年，我院成立科研处，随后出台了《科学技术研究经费管理办法》（川大锦院教务〔2011〕93号）、《科研工作量计算管理办法（试行）》（川大锦院科研〔2016〕168号）等文件，使科研工作在制度上有了保障，并极大地调动了全体教职工积极参加教学科研的热情，促成科研工作实现"爆发式起飞"。九年来，学院成立了景区规划设计研究所、知识产权研究所、新媒体研究所、儒学研究中心、云计算与大数据应用研究院、现代金融与投资研究所等十余个研究机构。科研经费已逾千万，教职员工公开发表的科研论文有1700余篇，核心期刊论文已近300篇。特别是去年以来，我院科研覆盖率达到91%，获批纵向课题138项，其中省部级以上项目67项。承接横向项目14项，横向项目到账经费137万余元。论文总量增幅高达110%，核心期刊论文增加50%，高水平论文增长45%。应该说，我们正从应用技术型向应用研究型开始过渡。

实施产教融合化战略。邹广严校长应邀访问成都地铁公司。图为该公司总经理沈卫平（左一）向邹广严校长介绍情况（摄影 李秀锋）

七是产教融合、协同育人达到新高度。教育部于2015年提出应用型本科高校、职业院校要推进产教深度融合，而我院自建校起就注重与企事业单位开展合作。九年来，通过推进"六项融合"，使产教融合、协同育人达到了新高度。一是基于"四大合作"的"平台融合"，积极开展校地、校会、校企、校校"四大合作"，修筑学生实习就业的"四条高速公路"，近700家量多质优的合作单位与锦城学院形成了一个良性互动的"产教融合生态圈"；二是基于"共享共建"的"硬件融合"，学院与政府、行业、企业共建实验室（中心），贴近产业、行业前沿，为应用型教学、科研提供硬件支撑；三是通过建立校外协同研究基地、校内产教融合中心、校内外联动专业班，实现基于"协同育人"的"机制融合"；四是基于"双向进修"的"师资融合"，实现了产、教两界在人才交流上的"你中有我，我中有你"；五是通过"项目+人才打包式培养""虚拟创业驱动式培养""自主产品产学研用培养"等多种方式，促成了基于"培养方式"的"教学融合"；六是充分发挥"专家资源、学生资源、品牌资源、客户资源、政府资源、产业资源"等六大资源优势，将"智力、产品、人才"三大产教融合成果实现转化和有效输出，融合到为地方社会服务中去，实现了基于"精准服务"的"成果融合"。

八是"锦城教育"开启了国际输出。近年来，学院与美国、英国、加拿大、爱尔兰、法国、瑞典、日本、韩国等国家，以及中国香港、澳门等地区的70余所知名高校建立了紧密的合作关系，其中不乏纽约大学、华盛顿大学、迪肯大学等世界名校。通过与国际高校开展专升本、本科双学位（2+X）、本硕连读（3+X）、硕士直通车（4+X）等合作项目，为广大学子提供广泛优质的国际化发展平台。此外，我们还聘请了一部分外教，开设了雅思和托福的培训，进一步加快国际化进程。自2011年我院成立中国—瑞典企业社会责任教育培训中心开始，到2013年年底我院教师团队为柬埔寨王国旅游部、商务部选派的20名高级国家干部提供旅游管理和贸易促进培训，"锦城教育"已经开启了国际输出的新路子。特别是去年以来，我院携手泰国商会大学（UTCC），以"联合培养工商管理硕士项目"为主，培养"一带一路"人才，共派出共享师资48人，其中22人被确定为硕士生导师，九个方向学术代表均为博士、教授，实现了"锦城教师、锦城课程、锦城经验、锦城智力"的全方位国际输出，使我们的国际化水平登上了一个新台阶。

九是社会声誉大幅提升。九年来，我院优质生源数量和新生录取分数逐年提升，社会公众向往度高。2008年，我们仅录取学生3944人；2012年，我院进入省内二本招生；2015年，审计学（ACCA）开始一本招生。锦城学院高质量的办学水平广受认可和赞誉，是教育部指定信息平台中国高等教育学生信息网评选的"学生最满意的十大独立学院"之一。团中央授予学校"全国五四红旗团委""全国社会实践先进单位"荣誉称号，中国校园安全行动办公室授予学校"全国创建'平安校园'示范学校"荣誉称号，中国民办教育协会授予学校"中国民办高等教育优秀院校"荣誉称号，四川省教育厅授予学校"整体转型发展改革试点单位""地方属高等院校人才培养模式创新实验区建设单位""普通高等学校毕业生就业工作先进单位"等称号。《中国教育报》头版头条、《中国青年报》专版，以及人民网、新华网等各大媒体都报道了锦城学院办应用型大学的特色经验，学校的社会声誉大幅提升。

十是"锦城特色"走在前列。过去九年，我们不断凝练办学特色，"锦城经验"和"锦城特色"已经走在前列，成为教育改革的排头兵，主要体现在八个方面：第一，应用型大学定位早、定位稳，不攀比、不跟风，形成了一套较为完整的应用型大学建设方案和应用型人才培养体系；第二，我院从2006年就把创业教育作为必修课，覆盖全体学生，毕业生创业率高于全国高校平均水平，涌现了一大批优秀的创业校友；第三，劳动教育作为必修课覆盖全校学生，不仅培育学生劳动本领，而且培养学生崇尚劳动、劳动光荣的高尚品质，学生、家长、社会公众赞誉有加；第四，建校起我们就提出"三讲三心"明德教育，编纂《百家经典选读》等教材，重视中华传统文化教育，并将其纳入教学计划；第五，紧跟世界教育变革潮流，走在慕课、"翻转课堂"等教育信息化变革的前列，开展线上与线下结合的混合式教学，实现了"全覆盖、全程式、全员参与"和"智能化、多样化"的"三全两化"的效果；第六，在全国高校范围内率先开展了就业岗位调查，进行专业建设的"逆向革命"，去年又开启第二轮岗位调查，使我们的教育再一次追踪新技术前沿，力争走在时代前列；第七，我们不断创新教育教学改革，"锦城课堂大于天""两课设计""三不放水"等措施，保证了应用型大学教育质量的高水准；第八，率先提出积极拥抱以移动互联、大数据、云计算、人工智能等新技术为代表的第四次技术革命，着手"建设未来型学校，造就未来型教师，培养未来型人才"，进一步彰显了我院再一次走在教育教学改革前列的坚定信心。

锦城学院自2006年起，就把创业教育列为覆盖全体学生的必修课，图为创业大赛现场（创新创业学院　供图）

各位代表，过去的九年是锦城学院励精图治、只争朝夕的九年；是全体党员干部和师生员工同心同德、拼搏奋进的九年；更是学院各项事业蓬勃发展，品牌知名度不断提升，实现历史新跨越的九年！九年来的办学成绩，是各级领导、教育界同仁亲切关怀的结果，是社会各界、广大校友大力支持的结果，是领导班子艰苦奋斗、辛勤奉献的结果，更是全体共产党员和全校师生员工奋发图强、锐意进取的结果！我相信，我们大家永远不会忘记过去九年一起工作和战斗过的日子。这九年，我们风雨同舟，和衷共济；我们勇往直前，全力以赴。办学成绩和社会认可使我们的干部和职工都无愧于这九年！在此，我谨代表学院党委，向全院共产党员和广大师生员工，向所有关心、支持锦城学院建设发展的各级领导、各界朋友、校友们和同志们表示衷心的感谢，并致以崇高的敬意！

同志们，在下一个新阶段，我们要紧紧围绕中共中央统筹"五位一体"总体布局、协调推进"四个全面"战略布局的核心任务，进一步加强民办高校党的建设，全面贯彻落实我院制定的《"锦城2025"规划》，抓住新机遇，面对新挑战，推进新业绩，实现新跨越。我们要充分重视和珍惜学院改革发展长期积累的六条宝贵经验，那就是：第一，只有坚持正确的指导思想和办学方向，才能肩负好传承知识、科研创新、服务社会的历史使命；第二，只有坚持抓好党的建设，才能为学院的改革发展和稳定前进提供坚强有力的政治保证；第三，只有坚持以高质量教学和高水平服务立校，才能实现学院的内涵式发展；第四，只有坚持以应用型人才培养为中心，才能办好人民满意的学校；第五，只有坚持改革创新、特色兴校，才能实现学院的跨越式发展；第六，只有坚持全体师生员工全身心投入"锦城"的教育事业，才能带领学院创品牌、建名校。我们要长期坚持和发扬这六条宝贵经验，并在今后的实践中不断丰富和发展。

二、今后五年的奋斗目标和主要任务

今后五年，是我国全面建设小康社会的关键时期，是深化改革开放、加快转变经济发展方式的攻坚时期。教育领域综合改革的深化与《民办教育促进法》修正案的出台，都给我们未来的发展带来了新的机遇和挑战。面临新形势、新要求，学校要承上启下、继往开来、再接再厉、乘胜前进，我们必须抢占先机、发挥优势、发挥长板、加快发展。

习近平总书记在清华大学作重要讲话时指出："建设中国特色世界一流大学，要做到六个'必须'。一是必须坚持正确的办学思想，二是必须努力培养世界一流的学生，三是必须造就世界一流的师资队伍，四是必须创造世界一流的学术成果，五是必须不断创新办学机制，六是必须充分发挥我们的政治优势。"

锦城学院在下一个五年，要重点抓好两件大事：一件是坚持全面从严治党，加强学院党的建设；一件是贯彻《"锦城2025"规划》，建设一流应用型大学。

（一）坚持全面从严治党，加强学院党的建设

习近平总书记指出，做好高校党建工作，对于高等教育科学发展至关重要，进一步加强和改进新形势下高校党的建设，是坚持社会主义办学方向、促进高校改革发展、培养社会主义合格建设者和可靠接班人的根本政治保证。在未来的工作中，锦城学院党委要在思想教育、组织建设和作风建设上持续推进全面从严治党要求，高度重视、切实抓紧抓实抓好。

一是高举中国特色社会主义伟大旗帜，加强思想建设，抓好理论武装。党的十八届六中全会通过的《关于新形势下党内政治生活的若干准则》，明确提出："党的各级组织必须坚持不懈抓好理论武装，广大党员、干部特别是高级干部必须自觉抓好学习、增强党性修养。"在未来的工作中，锦城学院党委要进一步加强和改进思想政治工作，坚持用马克思主义中国化的最新理论成果武装党员、教育师生，坚持用锦城学院"一中三全"教育理念做好师生思想政治工作，引导广大师生员工对以习近平同志为核心的党中央拥护信任，对党中央治国理政新理念新思想新战略高度认同，坚定不移走中国特色社会主义道路，为全面建成小康社会、实现中华民族伟大复兴贡献"锦城力量"。

二是围绕学院发展改革目标，继续加强基层党组织和党员队伍建设。习近平总书记指出，高校基层党组织建设和党员队伍建设是高校党的建设的基础工程，是团结、组织广大师生党员的凝聚力工程。在未来的工作中，我们要强化党务工作和大学生思想政治工作队伍建设，按照德才兼备和专兼结合的原则，选拔和培养一批政治素质高、思想作风好、热爱党务工作、善于做群众工作、具有较高学术造诣和较强组织管理能力的党员干部。我们要继续按照中共教育部党组《普通高等学校学生党建工作标准》要求，继续优化党支部设置，选好配强党总支书记和党支部书记。落实"四个合格"目标，有效开展"学习型、服务型、创新型"党组织建设，领导和支持各级党组织发挥好组织带动、工作带动、队伍带动、榜样带动的作用。

三是深化作风建设，促进学院党的作风和校园风气持续好转。党的十八大以来，习近平总书记关于加强作风建设特别是深入落实中央八项规定精神、坚持不懈纠正"四风"的重要论述，深化了对马克思主义执政党作风建设的规律性认识，赋予了新的时代内涵，为新形势下加强和改进党的作风建设提供了基本遵循和行动指南。在未来的工作中，我们要继续认真学习、深刻领会习近平总书记的重要论述，深入落实中央八项规定精神、坚持不懈纠正"四风"，创新开展党性党风党纪教育，健全科学的选人用人机制，强化权力运行的监督制约，抓好上级精神的贯彻落实，以高度的政治责任感、良好的精神状态和扎实的工作作风投入学院新的伟大征程。

（二）贯彻《"锦城2025"规划》，建设一流应用型大学

《"锦城2025"规划》是学院未来中期发展的一个重要的纲领性

文件。学院各项工作和事业都要围绕《规划》制定的发展目标和战略措施来开展。我们要把学院建成西部领先、国内一流、世界知名的一流应用型大学；要建设形成一批高标准、高水平、高质量的一流应用型专业集群，在此基础上，"建设未来型学校，造就未来型教师，培养未来型人才"。具体而言，必须做好以下五个方面的工作。

一是必须坚持正确的办学指导思想，把握好社会主义办学方向。学院要坚持党的教育方针，以服务中国特色社会主义事业为办学的根本宗旨，以培育社会主义建设者和接班人为办学的根本目标；要坚持把立德树人作为中心环节，把思想政治工作贯穿教育教学全过程，实现全员育人、全程育人、全方位育人；要坚持不懈地传播马克思主义科学理论，抓好马克思主义理论教育，为学生一生成长奠定科学的思想基础；要坚持不懈地培育和弘扬社会主义核心价值观，引导师生做社会主义核心价值观的坚定信仰者、积极传播者、模范践行者。同时，我们要坚持"传承知识、培养人才、引领社会、服务大众"的办学宗旨；坚持以"培养人才"为一个中心，以"教、学、管"为三个基本点；坚持做人与做事相结合，传统与现代相结合，通识与专业相结合，严格与宽松相结合，秩序与自由相结合，传承与创新相结合的"六结合"办学思想和治校理念；坚持"止于至善"的校训和"三追两谋"的"锦城精神"。这些办学思想是我们过去取得辉煌办学成绩的法宝，更是我们今后建设一流应用型大学的重要"指挥棒"。

二是必须坚持"五大发展战略"，培养一流的应用型、未来型人才。习近平总书记说："只有培养出一流人才的高校，才能够成为世界一流的大学。"我们要建设一流应用型大学，必须牢牢抓住全面提高人才培养能力这个核心点，并以此来带动其他工作。要提高我们的人才培养能力，就要全面贯彻落实《"锦城2025"规划》提出的"五大发展战略"，即：落实"差异化发展战略"，走个性化、多样化、特色化发展道路；推行"国际化发展战略"，走开门办学、开放办学、请进来、走出去的道路；实施"信息化发展战略"，走用信息技术改造教育、改造学校、改造专业、改造课程的道路；推动"复合化发展战略"，走跨学科、复合式的人才培养之路；施行"产教融合化发展战略"，走依托社会、依托企业、产教融合、工学合作的办学之路。"五大发展战略"是刚性要求，全院所有单位都要"全面贯彻"，但是允许"重点突出"。在此基础上，我们要不断完善独具特色的应用型人才培养的"锦城模式"，要按照"分类培养、人人成才"的教育方针，给每个学生提供优良的教育；要使学生达到"学有所思、学有所用、学有所成"的效果，实现学生满意、家长满意、社会满意；要对优质生源形成更强的吸引力，进一步打造我院应用型人才培养的品牌。未来，面对新技术、新工艺、新产业、新岗位的变化，我们还要对人才培养形势的变化有所预见，对世界范围内的"工业4.0"、联合国的《教育2030行动框架》、我国的"互联网+"和《中国制造2025》做出响应，注重发展学生的个性化和自主学习能力，进一步提高学生的专业纵向提升和横向迁移能力，以及国际交流能力、创新思维能力、跨学科解决问题的能力，培养具备新思维、掌握新科技、服务新产业、胜任新岗位的"未来型人才"，以抢占未来人才竞争的制高点。

三是必须坚持抓好师资建设，造就"未来型教师"。高水平、高质量的师资是学校人才队伍的核心要素。要结合国家战略的实施和我院规划的方向，深入实施人才强校战略。我们要进一步加强师德师风建设，帮助每一位教师成为学生热爱、尊重和敬仰的教师，"学为人师，行为世范"；我们要坚持"内培、外引、激励三结合"的机制，进一步优化师资队伍结构，提升高级职称教师比例，实现专职专任教师的"百人博士团计划"目标，实施"三百精英计划"，做好高层次和紧缺专业人才建设，争取到2025年，专职专任教师中"双师型"教师比例实现全覆盖，"专业双带头人"实现全覆盖。同时，为了应对新技术的发展、跨学科的交融、国际化的交流，我们要在师资来源上争取多元化，促进教师之间的思维碰撞、学术争鸣和团结合作；探索"教师分类培养机制"，将教师分为教学为主型、科研为主型、复合型等专项类别，发扬"长板原理"，实行分类培养；提升教师的信息化技术水平和国际视野，促进教师复合型成长；建立适应"未来型"办学的教师职称晋升机制和评价体系。有一流的教师，必有一流的学校。

四是必须创造一流的应用型学术成果，促使学院由"应用技术型"向"应用研究型"转变。对我们应用型大学而言，必须有科研，不但要有，还要努力创造一流的应用型学术成果。下一个阶段，学院要从"应用技术型"转变为"应用研究型"。工作重心由以教学为主转变为教学、科研两手抓，在科研中特别强调以为地方经济发展、为企业排忧解难的应用研究为主，力争教研水平上新台阶。在"应用型"科研的基础上，要加强产教融合的"服务型"科研和追踪新技术前沿的"发现型"科研，形成一个互动型、产教链、服务地方发展的新型智库。我们要争取更多数量和更高质量的纵向科研课题，发表高水平论文；争取国家级、省级教学成果奖，科学技术进步奖，哲学社会科学优秀成果奖及其他各类科研成果奖；争取实现国家社科基金、国家自然科学基金零的突破；鼓励师生组团参加国家和省、部组织的竞赛，申请发明专利，使我院由科研项目、科研论文、科技竞赛和发明专利组成的大科研达到一个新水平。同时，学院还将积极创造条件，开展学术交流计划，促进与国内外学术机构的交流与合作，以提高我院的学术地位和社会知名度。

五是必须不断创新办学机制，改革我们的教育。我们既要发挥自身的优良传统，又要借鉴国际、国内高水平应用型大学的有益经验，不断创新教育教学方式。我们要坚持搞好"三大教育""四大计划""五个课堂"，坚持"两个设计""三不放水""三大教学改革"；我们要进一步在那些社会公众和教育界都认可的"显性指标"上下足功夫，如应用型示范专业、教学名师、教学成果奖、国家级省级重点实验室、核心期刊论文、学生高水平竞赛、高质量生源和就业等，以此来体现竞争力，提升竞争力；我们要追踪新技术革命前沿，创造一个既多元开放、又不失磁性的"学习场"，抓紧抓好"智慧校园"建设，争取"人工智能""网络空间安全"等新专业的申报，结合云平台、智能制造、VR、AR 等前沿技术建设实验室，这样才能使我们的教育始终走在前列；我们要进一步加强对外交流，以提供人才支撑和智力支撑为主线，持续服务地方经济建设和社会发展；建立现代高效的管理体制，优化组织管理，提升服务水平，加强校风建设，凝练"锦城文化"。

总之，通过贯彻《规划》，我们定会进一步增强办学活力和发展动力，提升办学水平，实现"锦城 2025"愿景：使锦城学院成为一个应用型、高品质、服务定制化的人才培养基地；一个智慧型、开放性、资源共享化的深度学习空间；一个创新型、特色性、充满人文关怀的校园社区；一个互动型、产教链接、服务地方发展的新型智库；一个"近者悦、远者来"的百年常青的高等学府！

中国共产党四川大学锦城学院第二次代表大会选举现场（党办　供图）

各位代表、同志们，回顾过去九年，我们感到由衷振奋和欣慰；展望未来九年，我们充满必胜的信心和力量。面对新的机遇和挑战，我们要继续发扬艰苦卓绝、奋发图强、拼搏进取、只争朝夕的创业精神。因为要奋斗就会有艰辛，有艰辛也就孕育着新的发展。我坚信，只要我们有自强不息的雄心壮志、敢于争先的精神状态、全身心投入的工作作风和知难而进的无畏气概，不断创造新优势，谋求新发展，推进学院各项事业又好又快发展，我们的目标就一定会实现！我希望，全体共产党员和教职员工以本次党代会为起点，同心同德、振奋精神、开拓进取、扎实工作，为把我院建设成"西部领先、中国一流、世界知名"的应用型、创业型大学而努力奋斗！为谱写中国梦的教育篇章而努力奋斗！以更加优异的成绩迎接党的十九大的召开！

谢谢大家！

面向未来的教育

——《大学生就业岗位调查报告（第二版）》序

（2017年9月30日）

2010年，锦城学院开风气之先，在全国高校中率先开展与学校专业有关的岗位调查，对2000余个就业岗位进行了深入的调查和分析，并对这些岗位所需要的知识、技能和素养进行了准确的描述，其成果于2012年结集出版为《大学生就业岗位调查报告》（四卷本）。

《报告》出版后，社会各界对其赞誉有加，称其对中国当代大学教育有三大贡献。

其一，促进了大学，尤其是应用型大学教育与社会需求的精准对接。之所以说"精准"，是因为岗位需求是社会需求的细胞，《报告》对社会需求的解剖已经达到了"细胞级"的水平，让社会需求不再抽象、笼统，而是具体、精细。

其二，它颠覆了传统高校专业设置的逻辑和顺序。把传统的"学科—专业—社会就业"的程序颠倒过来，变为"社会需求—专业（方向）—学科（或跨学科）"。这种应用型大学的专业设置不是从学科出发，而是从社会（产业、企业、事业、政府机构等）需求的"细胞"——岗位出发，几个类似的岗位对应一个专业方向，几个类似的方向形成一个专业，几个类似的专业回归到一个学科或跨学科，这就是"专业设置的逆向革命"。它把研究型高校的"学科导向"与应用型高校的"社会需求导向"区分开来，同时也把高等教育界多年来跨学科培养人才的愿望变成了可行的实践。

由邹广严校长担任主编的《大学生就业岗位调查报告（第二版）》共分四卷，2017年9月由科学出版社出版（科研处　供图）

其三，它为广大学子入学时做好人生规划、毕业时有准备地从容就业提供了一个可靠的指南和依据。

现在，我们进行并完成的是新一轮的岗位调查。这次岗位调查的起因是新技术革命。

纵观人类历史上三次重大的科技革命，它们无不深刻地改变了世界；无不是摧毁了一些旧产业、旧岗位，同时催生了一些新产业、新岗位；无不对教育之变革提出最迫切的需求，提供最根本的推动。社会需求变了，产业、岗位变了，人才培养也应当与时俱进地随之而变。当前，第四次科技革命正如火如荼地进行着，以移动互联网为基础的新技术突飞猛进，大数据、云计算、智能制造、虚拟技术等飞速发展，日新月异的新技术变革给高等教育"培养什么样的人""怎样培养人"提出了新的要求。

邓小平同志曾指出："教育要面向现代化，面向世界，面向未来。"教育本质上就是面向未来的事业，不能总是被动地适应社会发展，而必须适当前瞻，把准社会发展脉动，不失时机地作出调整，努力实现从"适应"到"引领"的跨越。

锦城学院开展第二轮岗位调查，就是基于我们意识到了教育既要有"适应性"又要有"前瞻性"，我们提出了"立足现在，面向未来，追踪新科技革命前沿，培育'未来型人才'"的战略思想。我们既调查现有的、传统的需求，又调查潜在的、未来性的需求；既调查社会需求的现状，又分析岗位变化的趋势；既采用抽样调查，又采用科学预测。一个重要的创新是将新技术革命带来的新业态、新岗位、新需求及其对人才培养的要求融进了大学教育中，这为锦城学院打造"未来型学校"，建设"未来型学科"，造就"未来型教师"，培养"未来型人才"提供了科学依据和重要参考。

事实上，近年来，锦城学院一些院系已经在这方面迈出了重要的一步，一批"未来型"的大文科、大工科、大商科和艺术学科正在兴起，新的知识、新的课程、新的教学方式和新的智能环境正在改变传统大学的面貌，一批既满足现实需求又适应未来变化的"未来型人才"正在不断涌现。

我们有理由相信，这份新的《报告》对于指导应用型大学建设和"未来型人才"培养将大有裨益。我们也完全有信心把"锦城教育"和第四次工业革命结合起来，为中国高等教育的改革事业贡献"锦城力量"。

2018年

守正创新强质量

这一年，学校深入贯彻教育部本科教育工作会议精神，以"坚持一批、落实一批、变革一批、突破一批"为抓手，用教学高质量、管理高质量、服务高质量保证人才培养的高质量；

这一年，以"两个相适应"为基本原则，全面改革薪酬体系，鼓励多劳多得、优劳优得，激励教职员工进步增值；

这一年，新建三大学院：劳动学院（升级）、创新创业学院（升级）、人工智能学院。

在守正创新中赢得未来

——2018年新年寄语

（2018年1月1日）

2018年的钟声即将敲响，在这辞旧迎新的美好时刻，我谨代表锦城学院董事会、党委、行政，向辛勤耕耘的教职员工，向勤奋学习的"锦城"学子，向心系母校的广大校友，向所有关心、支持锦城学院教育事业的各级领导、各界朋友致以最诚挚的问候和最美好的祝福！祝大家新年快乐、事（学）业有成、幸福安康！

刚刚过去的2017年是所有"锦城人"不忘教育初心，坚守教育正道，满怀豪情，团结奋进的一年。我们始终不忘办人民满意大学的初心，把满足广大学生和家长日益增长的对优质高等教育的需要作为一切工作的奋斗目标，努力为国家经济社会发展培养栋梁之材。我校广大教职员工继续毫不动摇地坚持把人才培养作为学校的中心工作，坚持"锦城课堂大于天"的理念，坚持"全身心投入锦城教育事业"的原则，坚持"三大改革"的方向，坚持"三不放水"的决心，坚持课程与课堂设计的规范，坚持走在以"翻转课堂"为代表的信息化教育变革的前列，以孜孜以求的精神、严谨扎实的工作，切实提高了我校的教育教学水平，顺利实现了学校、教师和学生的"三个增值"。

这也是我校顺应历史潮流、主动拥抱未来、改革创新、稳中求进的一年。我们精心制定了"锦城 2025"，为我校第二个十年发展擘画了宏伟蓝图，明确了任务目标，指明了发展战略和方向。我们在全国范围内率先旗帜鲜明地提出"走在技术革命的前列，建设未来型学校，造就未来型教师，培养未来型人才"的崭新理念，成功完成了新一轮岗位调查和智慧校园二期建设，以极大的勇气和极大的智慧深化了教育教学、人事、科研等一系列重大制度改革，进一步激发了广大师生的学习、工作活力，"锦城教育"呈现出百花齐放，百舸争流的生动局面。

这还是硕果累累的一年。中央巡视组进校检查，对我校党建工作给予了充分肯定，我们顺利通过了学位复审评估、教育综合改革评估和专业评估，喜获两项"四川省教学成果奖"，建成了四川省创新创业俱乐部，加入了四川省应用型本科高校联盟，三个专业成为四川省首批"地方普通本科高校应用型示范专业"。我们在省国资委的支持下，与更多国有企业展开合作，产教深度融合、校企协同育人水平更上层楼。我们积极融入"一带一路"，加速教育开放，开始了与泰国、尼泊尔、厄立特里亚等国的教育合作。我们追踪科技前沿，抢占制高点，建成了量子通信实验平台等一系列领先的教学科研平台。在全国各大赛事上，"锦城"学子大显身手，夺旗捧杯，不仅为学校赢得了荣誉，还和各大高校的同学结下了深厚的友谊。在祖国建设的各条战线上，"锦城"校友埋头苦干，捷报频传，涌现出一大批银行基层行长、企业基层经理、事业部主管、创业带头人及学术、技术攻关人才等。学生的成长说明了社会对"锦城教育"的认可，学生的成功直接说明了"锦城教育"的成功，校友和学生的增值直接体现了"锦城教育"的价值！

2018年的画卷已经徐徐展开，伟大的中国特色社会主义进入新时代。让我们乘着中华民族伟大复兴的浩荡春风，把握时代发展脉搏，继续面向未来，守正创新，抓住机遇，直面挑战，继续用最大的努力，为"锦城"的教育事业创造更多、更大的辉煌！

迎接未来，拥抱未来，赢得未来，把"未来型教育"的探索和研究推向深入

——在锦城学院"未来型教育论坛"上的讲话

（2018年1月17日）

今天我们隆重举办锦城学院2018"未来型教育论坛"，发言的15位教师代表水平都很高，既有深度，又有高度。去年这个时候，我们也开了一个会，会上提出了"建设未来型大学，造就未来型教师，培养未来型学生"。广大教职员工经过这一年来的努力学习、钻研、探讨、实践，已经取得了初步的成果，今天就是一次成功的检阅。关于面向未来的教育，我再讲三个问题。

一、为什么要重视对"未来型教育"的探索和研究

（一）关注未来，是一个民族有远见的标志

任何一个优秀的民族都是赞赏和鼓励思考未来的。探索未来是一个民族有远见的标志。黑格尔说过："一个民族有一些关注天空的人，他们才有希望；一个民族只是关心脚下的事情，那是没有未来的。"美国人为什么创造了那么多"第一个"？第一台电子计算机、第一个

互联网、第一部手机、第一台数码相机、第一个工业机器人、第一门
慕课等等。因为他们有一部分人在仰望天空，思考未来。

我最近翻阅了一下我的藏书，学术界认为20世纪70年代前后有
三本书对美国"未来学"有巨大的影响，分别是1956年威廉·怀特
著的《组织人》、1970年阿尔温·托夫勒著的《未来的冲击》，以及
1982年约翰·奈斯比特著的《大趋势》。现在读起来，我仍然感到不
可思议，早在20世纪七八十年代，这些书就相当准确地预测了未来
社会的发展。

他们预测了第三次社会变革浪潮的到来。第一次是农业代替畜牧
业，人类走向文明。第二次是农业社会向工业社会演进，工业生产
把工人集中起来了，使人们摆脱了大自然的束缚。第三次革命是什
么？《未来的冲击》准确预测了信息革命，即人类将要进入信息化社
会。信息化社会的核心资源是信息，工业化社会的核心资源是资本。
这本书还预测了我们的教育由于计算机的辅助和电子录像的发展，将
出现学习地点的分散化、时间的自由化等特征。他认为这场变革不仅
内容深刻，而且速度飞快，可以说瞬息万变，变化速度之快已经到了
我们的想象力跟不上的程度。《大趋势》里谈到，美国从1957年后就
转向了信息社会（有的学者将其定义为"后工业社会"或"超工业社
会"），并指出在信息社会里知识是最重要的因素。如果说在工业社
会里，战略资源是资本，在信息社会中，战略资源就是信息，而知识
是未来经济社会的主要驱动力，人们需要创造一种知识价值理论来代
替劳动价值理论。

当然，现在研究和思考未来社会变化的书更多了，如克劳斯·施
瓦布的《第四次工业革命：转型的力量》、乌尔里希·森德勒的《工

业 4.0：即将来袭的第四次工业革命》、克里斯·安德森的《创客：新工业革命》、维克托·迈尔－舍恩伯格和肯尼斯·库克耶合著的《大数据时代：生活、工作与思维的大变革》，还有一大批关于新技术革命推动教育大变革的书籍等。这些学者对于未来的思考和研究，都值得我们去学习和借鉴。

所以，一个民族有一部分人在仰望天空，在探索、预测、规划、设想未来，这个民族当然是有前途的。一个民族如此，一所学校也是一样，我们必须头脑清醒，既要看到现在，又要关心和思考未来。

（二）展望和应对未来，已引起世界各国高度重视

2010 年 7 月，德国发布了《德国 2020 高技术战略》报告。2011年 11 月，德国政府特别提出把"德国工业 4.0"作为《德国 2020 高技术战略》的重心，德国学术界和产业界认为，"工业 4.0"概念即是以智能制造为主导的第四次工业革命。此后，许多国家都发布了类似的战略或规划，如美国的"先进制造业国家战略计划"、日本的"科技工业联盟"、英国的"工业 2050 战略"、法国的"新工业法国战略"和中国的《中国制造 2025》等等，以智能化、互联网化为主导的第四次工业革命浪潮席卷而来。

为主动应对新一轮科技革命与产业变革，支撑、服务创新驱动发展，国际和国内教育领域都迅速做出了反应，制定了未来教育的发展目标，勾勒了未来教育的发展蓝图。

联合国提出了《教育 2030 行动框架》，七大目标勾勒出全球未来教育蓝图；美国教育委员会（ACE）发布了《未来大学生报告》，该报告对未来大学生的沟通习惯、学习行为、思维方式进行了预测，同

时为高校提出了可行性解决方案；美国新媒体联盟发布《2016地平线报告（高等教育版）》，汇集了全球58位教育领域顶级专家的研究成果，共含18个主题，涵盖影响高等教育的新兴技术、促进高等教育技术应用的趋势和阻碍高等教育技术应用的挑战三部分；德国联邦教研部、德国联邦职教所于2016年4月联合提出了"职业教育4.0"的倡议，核心内容是"职业教育中的数字化建设与发展"。

在中国，教育部杜占元副部长在G20峰会教育对话论坛上谈了《面向2030的教育改革与发展》，认为在全球化加速推进和信息化迅猛发展的背景下，面向2030年的教育，应该是更加开放的教育；2016年，世界教育创新峰会（WISE）与北京师范大学中国教育创新研究院在北京共同发布了《面向未来：21世纪核心素养教育的全球经验》研究报告；2017年2月以来，教育部积极推进新工科建设，先后形成了"复旦共识""天大行动""北京指南"，发布了《关于开展新工科研究与实践的通知》《关于推荐新工科研究与实践项目的通知》；2017年10月教育部学校规划建设发展中心发布了《未来学校研究与实验计划》……这些都说明，各国和社会各界对展望和应对未来的问题，已经有了高度的重视和迅速的行动。

（三）发达国家的教育界和学校已经走在未来教育前列

众所周知，美国是信息革命的引领者，很大程度上也是未来教育的先行者。

全球第一所"游学大学"——密涅瓦大学，它没有校园，没有入门课，没有讲授式教学，全部小班在线研讨，学生四年间在全球七座城市游学，它改变了学校的基本形态。

全球第一个慕课远程教育机构——可汗学院，它向世界各地的人们提供免费的在线视频课程，加快各年龄学生的学习速度，而今，世界三大慕课网站Coursera、Udacity、edX均创始于美国，慕课改变了传统的在教室里教师授课和学生学习的方式，把优质的教育资源从大学内部扩展到世界各地。

作为典型的未来型教学方式——"翻转课堂"，从迈阿密大学的《经济学入门》课程和林地公园高中的课堂"翻转"开始，现在在美国大中小学都已普及该教学方式，它使教师从知识的拥有者和传播者转变为教学资源的选择者和教学活动的组织者，增加了学生、教师之间的互动和个性化的接触时间。

VR技术在教师教育领域的应用，应该说做得最早、最好的也是美国。据研究机构调查，现在的美国校园中，23%的老师已经在学校测试或使用过虚拟现实设备，其中谷歌提供的设备应用最多，虚拟现实技术带来了教学体验的改变，推动了知识从经验到体验的转变。

2012年10月，美国教育部发布了针对大数据教育领域应用发展和推广的重要报告——《通过教育数据挖掘和学习分析促进教与学》。此后，众多研究者与实践者将数据挖掘、学习分析、人工智能、数据可视化等先进技术与现代教育现实问题相结合，探索大数据驱动的教育优化和变革，如教育管理科学化、教育个性化、教育评价体系重构、科学研究范式转型、教育服务人性化的实现等等。可以说，大数据的应用带来了教育管理模式的改变，为实现学生的个性化培养奠定了基础……

不只是美国，发达国家都在面向未来的教育领域改革中不断探索，如日本与三星合作，利用Gear VR为学生提供教学；新加坡将大数据列为智慧国家2025计划的关键技术之一，以实现教育的个性化和自主化……

以上不难看出，以美国为代表的发达国家正在如火如荼地推进第三次教育革命。如果说第一次教育革命是农业社会时期经验知识的言传身教，第二次教育革命是工业社会时期知识的体系化和学科化，我们正在经历的第三次教育革命，就是信息化时代的新技术、新知识的迭代、融合、应用。我们必须紧跟时代步伐，争取走在前列。

二、关于"未来型教育"，我们要研究和探索什么

要研究和探索未来教育的趋势和轮廓（未来是一个过程，并不存在一个终极设计，我们只能把握一个方向和趋势，了解一个轮廓），就是研究教育的"变和不变""怎么变"，我们要研判新的教育革命给人类社会带来的利弊得失，以便更有准备地兴利除弊，把控进程。未来教育有十个或者更多的方面需要认真地研究和探索。

《迎接未来，拥抱未来，赢得未来：锦城学院2018年"未来型教育论坛"学术论文集》书影（高研院　供图）

（一）未来的教育

从传统教育到终身教育、智

慧教育、全民教育的转变中，以移动互联、大数据、云计算、人工智能为代表的新一代信息技术革命如何改变教育？教育的形态、职能、作用如何发展？学校教育如何应对新技术革命的挑战？如何培养满足未来社会新产业、新业态需要的人才？如果说教育存在第三次革命的话，第三次革命的内容是什么？教育技术化带来的利弊如何？

（二）未来的大学

未来大学还存在吗？如果存在，有什么变化？怎么变化？为了适应这个变化，智慧学校、智慧教室、智慧宿舍该怎么建设？传统大学的价值在哪里？未来大学的职能和要素哪些消失了、哪些保留了、哪些新的职能产生了？如果说未来大学是学习共同体，那这个共同体里的校长、教师、学生三者的角色或作用如何？这对于我们确定学校发展的方向很重要啊！我们还要思考未来学校与历史传统、未来学校与现在、我们如何瞭望与走向未来等哲学问题。

（三）未来的教师

未来的教师是一定要的，但是角色变了。刚才几位老师提到了"未来型教师"是学生学习的设计者、引导者、陪伴者、教练员，要点燃学生的学习热情和智慧，与同学进行对话和讨论……还有一些职能，如教学内容，包括教材、课程由谁提供？科学研究还做不做？实验室实验如何进行？教师为适应未来的教育必须掌握哪些知识和技能？都需要深入研究。

（四）未来的学生

一是学生学习方式的多样化，二是对学生教育培养的个性化，三是如何对学生进行组织、考核和管理。未来学生的学习方式变了，选择性多了，培养目标呢？共同的文化或价值观呢？阿尔温·托夫勒认为在超工业社会，人们必须掌握以下三种技能：学习技能、联系能力和选择能力。还有哪些知识和素养？学生学习的成绩如何考核和认可？

（五）未来学校的管理

学校是对教育资源进行整合、管理、应用，由教师和学生集合到一起研究学问、探索真理的地方。未来的学校如何整合资源？如何管理教师和学生？学籍、学分、文凭如何处理？

（六）未来的学科

学科是知识的分类。未来的教学会以学科为基础吗？学科之间的边界会不会越来越模糊？学科到底是会进一步焕发出新的生机，还是将被弱化？未来学科建设的趋势是什么？是跨学科？除了新工科，新文科、新商科等怎么建设？阿尔温·托夫勒曾提出为什么要按一些固定的学科组织教学，他的主张有没有道理？有什么利弊？可行否？

（七）未来的专业

与学科不同，专业是指高等学校根据社会分工需要而划分的学业门类。同时，专业也是课程的一种组织形式，即"专门从事某一行业的社会实践活动所需要的知识集合"。从这个定义来看，未来还存在专业吗？开发"支付宝"是什么专业？

（八）未来的课程

未来最可能变的就是课程。将来的课程，除基础课以外，更多的是面向新技术，我们的课程要面向社会最需要的新技术来开设。我们现在要研究课程体系，怎么样整合基于新技术的不同学科的知识点，比如人工智能涉及很多学科，能不能按知识点来重新组织课程呢？

（九）未来的班级

17世纪捷克教育家夸美纽斯提出了"班级授课制"，至今仍然是教育的主导模式，学生处于一个标准的、基本上固定不变的组织中。但是随着新技术革命打破了学习的空间和时间结构，例如我们的课堂组织已经在产生变化（传统的线下固定学习课堂已经转变为线上线下混合式学习课堂），那么班级这种模式是否会消亡？如果说工业化的特点是集中，信息化会打破这种集中吗？班级不再是唯一的学生组织集体，那学生活动和学习的新组织形式是什么？

（十）未来教育的支撑技术

科学技术的发展是教育变革的推动力。未来哪些新技术将推动教育变革？或者说教育变革需要哪些新技术支撑？同时新技术的飞速发展给教育提出了哪些挑战？技术能否替代教育？

总之，我们要进一步研究这十个方面，或者更多的方面，比如未来的实验室是什么样的，未来的科研是什么样的，等等。

三、面对未来教育，我们的态度和应对：走不走、怎么走？

现在的形势是"山雨欲来风满楼"，新技术排山倒海、日新月异，冲击着我们的社会、个人、事业和生活。未来已经不是看不见的朦胧之物，而是未来已来。既然来了，我们走不走？怎么走？早走晚走？主动走还是被动走？我看要走，不走也得走。如果不走，就被时代甩到后面去了，淘汰了，出局了。既然要走，就要早走，主动走。正如《未来的冲击》这本书里说的："如果我们做好准备，争取主动，先走一步，我们就会软着陆，不会受到冲击。"

2014年以来，我们启动的慕课和"翻转课堂"，就是"走"。为什么我们一定要坚持"两设一翻"（课程与课堂设计＋翻转课堂），因为我们认为这是"未来型教学"很重要的一种方式，就是线上、线下相结合。

我们已经着手智慧校园的建设，建成了"锦城在线"数字化平台，学生利用该平台进行在线课程学习，实现了学习场所的全覆盖，学生可随时随地在电脑端和移动端学习；我们打造了"技术型文科"和新型工科，以网络技术为重要辅助手段培养"未来型人才"，毕业生深受用人单位的欢迎，就业率连年保持在98%以上。

2016—2017年，我们开展了新一轮岗位调查，根据新技术革命对产业的巨大影响，分析、预测了出现或即将出现的新产业、新业态、新岗位，从而进一步改进我们的教育，使学生不但适应现在的社会需求，也能适应未来的社会需求，这是很有远见和前瞻性的。

2018年10月，全国高等院校BIM应用技能大赛在我校举行。图为比赛现场（宣传处 供图）

还有一些是我们刚刚起步，算是走了半步。我们成立了一系列前沿技术研究中心和实验室，比如计算机学院成立了云计算与大数据应用研究院，金融学院成立了互联网金融研究院，机械学院成立了智能工程技术应用研究院、机器人研究所等机构，建筑学院和土木学院正着手建设BIM实验室，电子学院与企业共建行业前沿的量子通信实验平台、无人机实验室，等等。

同志们，未来的到来是不可避免的。我们要以积极的态度迎接未来、拥抱未来，进而赢得未来。

首先，我们必须对未来进行充分的研究、分析、预测和讨论，把握未来教育的发展方向和趋势。

其次，我们要立足现在，未来必须从现在开始，没有现在，肯定没有未来。但如果现在缺少未来的元素，那现在只能是现在，所以我们必须先知先觉，不断采取行动，不断增加未来元素，包括新人才培养、新课程体系、新教学方式方法等等。

第三，要加强基础性的工作。一方面是智慧校园的建设，提供各种平台和网络，这就是创造教育环境；另一方面是普及对员工的培训，不同职责和分工的教职员工都应掌握几种新技术，这是上岗必需的技能，要纳入计划和考核。

总之，我们要在贯彻2017年1月15日讲话精神的基础上，在"建设未来型学校，造就未来型教师，培养未来型学生"的工作中走在前列。

聚精会神，守正创新，
开创"锦城"高质量教育的新阶段

——在2018年度工作布置大会上的讲话

（2018年1月17日）

同志们，关于2018年的工作重点，核心就是"聚精会神，守正创新，开创'锦城'高质量教育的新阶段"。我们一定要明白，学校较快地数量扩张的阶段已结束，以质量为核心的时期已经到来。过去我们重视规模的扩张，因为没有规模就没有效益，没有效益就不能生存，这是我国现行的财政制度决定的。现今学校已经发展到两万多人，是中等大学的规模，在四川民办高校里面就算老大了。我们要进入高质量新阶段。之前我多次讲过"锦城"只能走高质量的道路，这与国外知名私立大学以及国内私立中小学所走的道路是一致的。在2014年底，我提出了"五个第一"，其中就强调了"在高等教育面临的三个问题（规模、质量、公平）的关系中，教育质量第一"！今年学校的工作，要把"高质量"摆在突出位置，开创"锦城"高质量教育的新阶段。

一、以"三个高质量"保证"一个高质量"

当大家在讨论是教学还是科研是第一的时候，我们强调"人才培养第一"。那么，人才培养的什么指标第一？质量第一，而不是数量第一。我们所说的教育的高质量，其核心就是人才培养的高质量。

我们要在更高水平上发展"锦城教育"，要实现"人才培养的高质量"，主要要靠"三个高质量"来保证。

（一）教学高质量

什么叫教学高质量？

教学包括两方面：一方面是教师的教，一方面是学生的学。教学高质量，既要求教师教得好，也要求学生学得好。结合我校实际，今年教师考核的主要内容应该包括：

1.做好"五个坚持""三个全覆盖"，根据第二轮岗位调查组织课程，选择适当的教学方法，完成课堂前、中、后各环节的教学任务，使学生听得懂、学得会、用得上。

2.善于使用慕课、"翻转课堂"、大数据、虚拟现实、人工智能等前沿科学技术教书育人，使学生对当代科技前沿和"未来型"教学活动有所了解和适应。

3.激发学生的学习兴趣和钻研学问的积极性，引导或促进学生主动地、自觉地加深对课程知识的深度钻研和理解，突破学科、课程的边界探索和研究一些相关问题。概言之，就是能够成功地引导学生主动、持续、深入、跨界地学习和探究。

此外，国家正在研究、制定高等教育教学质量的国家标准，这是一件大事。国家教学质量标准出台之后，我们要认真研究，积极对标，与国家标准接轨。

（二）管理高质量

什么叫管理高质量？

管理工作是普遍的，机关、教学、科研、后勤等岗位都存在管理工作。全校各级管理人员都要贯彻"振奋精神，整顿作风，建设'精干、高效、忠诚、多能'的领导机关"的指导思想，不断提高自身的觉悟和能力。在任何方面、任何系统、任何环节实现"规范化""程序化""制度化"，要使每个工作人员履行自己的职责时，都做到踏踏实实、"一针一线"地做工作，做到精雕细刻、"止于至善"地严格要求，做到如临深渊、如履薄冰的警觉。坚持反对马马虎虎、得过且过、敷衍塞责的作风；坚持克服官僚主义、尾巴主义、保守主义的毛病。从宏观角度还要做到以下几点：

1.高效率

要精兵简政，队伍要精干，工作要饱满、紧凑；要人人负责，该谁解决的问题谁解决，做到不推诿、不拖沓、不扯皮；要通过不断提高信息化水平等手段，自己不要，也不要让老师和学生做不必要的重复性工作。

2.高效益

要改进流程，减少环节，进一步降低管理成本；要见贤思齐，提高水平，进一步提升管理效益；要激励每个人的积极性，使人人都心情舒畅，人人都有目标、有奔头、有盼头，人人都想为学校增值多作贡献。

3.高水平

什么叫高水平？不出差错就是高水平。既不犯无知之错，也不犯无能之错。系统内任何人（包括管理者和被管理者），都知道自己在何时何地该做好何事，这就是高水平。

你要高水平，计划就得科学而周密、详细和清晰，就像电子学院教务科张露馨老师一样，她把开学前一周到开学后二十周之内，每周要做什么、怎么做，列了详细的计划和清单，任何人按这个安排做都能较好地完成工作任务。她所采用的清单管理方式很好，全校必须大力推行。人人都要把自己职责范围内的事情根据目标要求，分为若干项目或节点，按照要求和程序列出清单，并注明办事的步骤和标准，对可能出现的意外要有预案。清单或计划执行完了要检查一遍，这样即便不能保证万无一失，至少也会大大降低疏漏、遗忘或操作失误带来的风险。

（三）服务高质量

什么叫服务高质量？

我们这里讲的服务，就是为学生服务，为教师服务，为学校的人才培养和教育事业服务。谁来服务？工勤人员、教辅人员是服务人员，全体干部——下起办事员上至校长都是服务人员，在某种意义上教师的工作也是服务，学生干部、"三助"人员的工作也是服务，这是广义而言。

什么样的服务是高质量？要做到"四心三满意"。服务人员对自己的服务工作要热心，要用心，要尽心，要贴心。有了这"四心"，就会做到服务主动、及时、周到、和悦。和悦就是不摆架子，不耍态度，脸色好看，声音好听，叫"和颜悦色"。通过"四心"，要做到"三满意"：首先是服务对象满意，其次是单位和学校满意，第三是人民和社会满意。我们要下决心把锦城学院办成最安全、最和谐、最漂亮的，以及最适合学习、实践和研究学问的地方；办成"近者悦，远者来"的地方；办成家长、社会最放心的地方。

"'锦城'的食堂恰如妈妈的厨房。"图为在校园美食节上工作人员正在听取同学们对菜品的意见（后勤处　供图）

以上这三项高质量，是为了保证一个高质量，即人才培养高质量。"锦城"高质量教育的标志即"锦城"人才培养的高质量。"锦城"自2009年有毕业生以来，短短的九年，校友中已经涌现出100名银行支行行长、500名经理、1000名老板，还有许多政坛新星、科技先锋、知名作家、文化工作者等等，这充分表明社会对我校人才培养的认可和赞赏。毕业生被社会认可和赏识就是高质量，拔尖人才不断冒出来就是高质量！

二、2018年重点提高和考核教职工的三种能力

保证"锦城"迈向高质量发展新阶段，核心的问题是职工队伍建

设，特别是师资队伍建设。2014年，我们在讨论师资队伍、管理队伍、服务队伍这三支队伍建设的关系时，明确指出师资队伍建设第一。正如德国大哲学家、教育家雅斯贝尔斯所说："一个民族如何培养教师，尊重教师，以及在何种氛围下按照何种价值标准和自明性生活，这都决定了一个民族的命运。"教师的水平决定学校教学的水平，干部的水平决定学校管理的水平。在学校里，教师就是第一生产力。我们要把"锦城"办成一流的应用型大学，首先要把"锦城"的教师变为一流的应用型教师，哪怕先只有一二十个也好，以后就可以星火燎原，逐渐多起来。

党中央、国务院一直都在强调要提高教师队伍的素质能力。我们也认为提高教师和管理干部的能力、水平，是高质量发展的当务之急。今年要重点培养、提高、考核教师和干部的三种能力。

（一）学习力

信息化社会什么最重要？学习能力最重要。过去不识字是文盲，现在不会学习就是文盲，跟不上时代变化就是文盲。教育是百业之基，"学力"是万力之母。"锦城"员工的基本素养是不断学习新知识，接受新事物，树立新思维，发挥新技能，创造新业绩。不论老中青，都不能排斥新知识，都不能拒绝未来，都不能站在一场伟大变革的对立面。联合国教科文组织教育信息技术研究所主席叫曼苏尔·阿瓦尔，记者问他，教育的哪个因素是最难以被改变的？他说是教职员工，因为教职员工在过去的方式下学习、工作惯了，要改变就很困难。任何一个人，当你不学习了，你的发展也终止了，生命的意义也就打了一个问号。所以我们的先辈们崇尚"活到老，学到老"嘛。我们鼓励所有教职员工以多种形式去学习，包括读书、参加培训、实践、利用慕课和媒体等等。

关于学习力的考核重点有三：

1.学习和了解互联网、大数据、人工智能等当代科技发展的前沿，学习和了解教育学、心理学、脑科学（或"学习学"）的基本知识及前沿进展。

2.把新思维、新方法、新技术、新工具运用于教学、科研、管理、服务等工作。

3.把读书笔记、参会总结、参培成绩、在线学习证书（心得）等作为考核内容。

（二）研究力

研究力即创新力、探索力，用科学思维对未知领域进行研究和探索的能力，也是学会发现问题、分析问题、解决问题的能力。

我们是应用型大学，为什么要强调研究？让我们看一下雅斯贝尔斯是怎么说的。他说："研究与教学并重是大学的首要原则。按照我们的大学理想，最好的研究者才是最优良的教师。只有这样的研究者才能带领人们接触真正的求知过程，乃至于科学的精神。只有他才是活学问的本身，跟他来往之后，科学的本来面目才得以呈现。通过他的循循善诱，在学生中引发出同样的动机。"这里有两个关键词："过程"和"动机"。没有研究力，就接触不到求知的"过程"，也不能引发学生求知的"动机"。我们说研究型大学和应用型大学不同，是科研和教学的内容、比重不同而已，并不是取消了哪一方面的要求。所以，应用型大学里也必须有研究，应用型大学的师生也必须培养和提高自身的研究力。

关于研究力考核的重点是：

1.写论文的能力。通过实验、调研，写作并发表论文或报告。

2.做项目的能力。通过科研项目、咨询诊断等方式，帮助政府、企事业单位解决技术。管理、服务等问题。

3.业务创新能力。工作创新、教学创新、指导竞赛、发明专利、取得教育系统显性成果等。

（三）执行力

执行力就是贯彻学校规划和计划的能力。学校的战略规划（如"锦城2025"）、年度计划，以及各系统、各单位的工作计划安排，都要靠员工的有效实行才能实现。什么叫有效实行？例如一名教师，要完整地执行教学计划，不但要做好"两设一翻"的前期工作，还要做好课堂讲解和互动，更要对课堂进行必要的管理和引导，课后批改作业和答疑。一堂课上得理论精准，生动活泼，激发学生的学习兴趣，提高学生的获得感，这就叫有效的教学活动。

执行力的考核重点：

1.按标准、按要求、全面、有效地完成学校规划、计划以及下达的任务；

2.实行岗位工作的"清单管理"，全程无差错且有记录、有检查；

3.完成任务的质量和效率。

今年主要考核和评估"三力"，要通过上级评价，结合督导评价、同行评价、服务对象评价、自我评价等方式，评出A、B、C的级差。

同志们，提高"三力"是保障"锦城"高质量教育的基本措施。

为此，学校和教职员工要共同努力。全身心投入"锦城教育"是个大前提，没有这个，一切都是空谈。学校要加强培训工作，包括校内、校外，要安排和鼓励教师参加国家和社会组织的对口培训，参加有关的学术活动和会议，也要安排一些有目的的国内外考察。校内培训要常规化、长效化，每个员工每年至少要参加一次培训，并且要有考核成绩。

总之，我们要按中央和教育部要求，提高和考核教师和干部的三种素质能力，用"三个高质量"保证人才培养的高质量，保证"锦城教育"的高质量，保证办好人民满意的教育。

让我们继续发扬全身心投入"锦城"教育事业的精神和我校一系列办学思想、理念，全体师生员工聚精会神，守正创新，开创"锦城"高质量教育新阶段！

关于教育的几点随想[1]

（2018年1月29日）

要办成一流大学，先得把教师变成一流教师。

那些只懂得向学生灌输课程的大学充其量只能算得上三流，只有那些能够点燃青年学生内心火焰的大学才称得上一流。

引进人才靠什么？靠的是薪酬体系、管理制度、校园文化的整体竞争力。

对师生的服务应做到：热心、用心、尽心、贴心。

教育的发展方向是个性化、多样化、现代化。

学校自主办学是教育改革的一个方向：政府尽量减少对学校的干预。这样，学校才会更有活力，更有特色。

---

[1] 本文根据邹广严校长的笔记整理，这些观点言简意赅、随想随记、主题相对分散，故名"随想"。

林建华校长读错字及其他^[1]

（2018年5月）

北大校长林建华在北大120周年校庆大会上把"鸿鹄"读成了"hóng hào"，读错了。这当然不应该。为什么？一来因为北大不是一般的大学，也不是专业性（如工科、医科、农林科等）大学。北大是综合性大学，是人文社科类的顶尖大学，这类大学的校长把一个常用而不生疏的词念错，有失斯文。二来这是一个什么场合？120周年校庆是非常隆重的场合，按理说在这样一个场合讲话是要做好功课的，没有把握的字、词要请教一下或者查查字典，怎么能上场了再出洋相？

可更不应该的还不是念错字。林建华校长事后给全校同学写了一封致歉信。他说："真正让我感到失望和内疚的，是我的这个错误所引起的关注，使人们忽视了我希望通过致词让大家理解的思想：焦虑与质疑并不能创造价值，反而会阻碍我们迈向未来的脚步。"

天哪！林校长更重要的思想是反对焦虑和质疑！焦虑，从字面理

---

[1] 2018年5月4日，北京大学举行建校120周年纪念大会，校长林建华在讲话中将"鸿鹄"的"鹄"念成"hào"，引发热议。次日，林发表致歉信，称自己并不是一个完美的人，并强调"焦虑与质疑并不能创造价值，反而会阻碍我们面向未来的脚步"，又引发了新一轮质疑。

解即焦急和忧虑，即人们在困惑和不安时精神烦躁、言行激动。林校长要北大师生不要焦虑，不知他是否研究了北大师生为什么焦虑？是为个人前途焦虑，还是为国家命运焦虑？不管怎么说，北大师生忧国忧民，都是"未敢忘忧国"的一种情怀和担当啊！怎么就成了不创造价值了？

林校长还反对质疑，这话出自一个名校校长之口，简直就是一个天大的笑话。大家都知道，科学发端于质疑，科学精神的精髓就是批判质疑。马克思就是质疑大师，他说他的座右铭就是怀疑一切。哥白尼如果对"地心说"不质疑，怎么能建立新的"日心说"？众所周知，现代大学教育的核心是培养学生的批判性思维和质疑精神，世界名校芝加哥大学建校初期的哲学教授塔芙茨考察了19世纪的柏林大学之后说，质疑和独立思考必然体现在一所伟大的大学之中。怎么林校长会反其道而行之？

《科技日报》总编辑刘亚东说，批判性思维的逻辑起点是质疑，没有质疑就没有批判。

科学不仅包括科学知识，它还包括科学态度、科学方法、科学思想和科学精神。科学精神远比科学知识重要，科学精神的精髓是批判质疑，科学的发展一刻也离不开批判性思维。中国缺乏这样的学术文化，一方面缺乏批判质疑国内外同行的能力和勇气，另一方面又缺乏接受他人批判的气度和胸怀。

我们不能低估林建华的智商和水平。他发此惊世之言，肯定是另有原因的。至于这原因是什么，恐怕只有他自己才知道。

关于教学的几个问题

——在四川省青年教师教学竞赛锦城学院选拔赛后对教学工作提出的几点要求

（2018年6月6日）

四川省青年教师教学竞赛开赛在即，我们为此举办了校内选拔赛，选拔优秀选手参与省赛。教学是教师的看家本领，青年教师必须努力掌握教育教学的"道"与"术"，必须首先站稳讲台，做一名合格的教师。我趁此机会，将我们以前关于教育教学的主张再强调一下，请大家予以关注。

一、关于知识的浓度

每堂课必须设计、部署恰当的内容，这个内容必须有较高的含金量，就是要有知识点的浓度，就是通常所说的"干货"。如果满堂放水，没有知识浓度，就好比在一大锅汤里只放几粒米，毫无营养，任你有再好的表达和讲技也没有意义。

讲课的内容不但要有合理性、普适度，而且要有挑战性，或者叫挑战度。教师要向学生提出比课程大纲更深、更难、更新的东西，让课堂有拓展性、挑战性，让学生在达到大纲要求的同时，在老师指导下进行一些拓展性的学习和研究。

现在有人主张应该给大学生"加负"，"加负"就是加浓度、加深度、加难度、加挑战度。

二、关于教学的方法

根据古今中外的优秀教师讲课实践：教无定法，但教学有法。为什么同样的教材，不同老师教的效果不一样？教法异也。教学内容确定之后，教学方法就是最重要的。我校推行"八大教学法"，教师应根据教学的内容和学生的接受水平，选择一种或几种教学方法，这些教学方法应该是学生最易接受的，也应是教学效果最佳的。

那种教师照本宣科，学生不知所云，课堂上你讲你的、我玩我的之类的现象，是绝不能出现在"锦城"课堂中的。"以其昏昏，使人昭昭"，难矣哉！

三、关于讲课的节奏

讲课和演讲、演出一样，要有节奏。讲话的语调要有抑扬顿挫，讲课的速度要有松紧快慢，讲课的内容要有轻重缓急。讲完一课，要有个小结。讲到一个重点，要停一下，做一个提问。只有有节奏、有起伏、有高潮低潮的讲解才能吸引学生进入最佳状态。

开放式的小组讨论让课堂更有温度（创新创业学院 供图）

四、关于课堂的温度

课堂有温度吗？有！我们以前讲过师生共频、共振、共鸣的理论，共鸣了温度就起来了；我们以前提倡师生的互动，讨论式教学，如果师生通过互动把注意力聚焦到一个问题上，那温度就上来了，就好像通过放大镜把阳光聚到焦点上，焦点的热量就比普通光线高多了。所以，教师讲课，每堂课必须有共鸣，必须有聚焦。共鸣和聚焦就是课堂的温度。

"教育扶贫"助力汶川发展

——在汶川县中小学优秀英语教师专业能力提高培训班上的讲话要点

（2018年6月13日）

我校与紫坪铺公司承担了汶川县的部分扶贫项目。怎么扶贫？有物力扶贫，有智力扶贫。我们用的方法是智力扶贫，就是通过提高贫困地区人民，特别是青少年的文化技术水平，增强其"造血"机能，帮助其战胜贫困，这是可持续的扶贫。

携手紫坪铺公司开展教育扶贫。汶川县中小学优秀英语教师专业能力提高培训班在锦城学院开班。前排右七为四川省紫坪铺开发有限公司董事长李洪先生（宣传处　供图）

锦城学院学子赴汶川中学开展科技夏令营活动（扶贫办 供图）

智力扶贫的基础是抓好教育，教育的核心是教师，提高汶川县中小学教育的水平要靠汶川县的中小学教师们。所以我们和紫坪铺公司商定，分期分批地培训汶川的全体中小学教师，提高他们的知识、技能和素质，通过他们带动汶川中小学教育水平的提高，从而提高贫困地区劳动者的素质和技能，从长远上帮助他们战胜贫困，奔向小康！

克服职场"三大失误"，
创造"锦城"学子的光辉未来

——在2018届毕业生毕业典礼上的讲话

（2018年6月27日）

各位来宾，同学们，老师们，家长们：

大家上午好！今天，我们在这里隆重举行2018届毕业生毕业典礼，庆祝同学们在"锦城"完成了大学本科学业，开启新的征程。在此，我向你们表示热烈的祝贺，向你们的家长和老师表示衷心的感谢，向学校股东、用人单位、四川大学以及支持学校发展的各级领导和各界友人表示崇高的敬意！

同学们，本校是应用型、创业型大学，培养的是有知识、会用知识、能创造知识的经世致用的复合型人才。到目前为止，我校前九届毕业生中已经涌现了100多位银行行长、200多位高校教师、600多名党政机关干部、800多名文化艺术工作者、1200多名企业老板，以及数以千计的工程师、会计师、职业经理人等。他们在各条战线发光发热、大显身手，为国家建设作出了突出贡献，为母校赢得了良好的社会声誉。"锦城"校友可谓人才辈出，群星璀璨。

我们把校友的成功视作学校的成功，把校友是否在职场取得成功作为检验学校教育成功与否的重要标准。因此，我们希望全体校友都能在未来的职场打拼中旗开得胜，迈向成功！

同学们，你们在"锦城"接受了"三个阶段"的"三大教育"和"三大培养"，获得了"一会做人、二会做事"的两大法宝。如果运用得好，这足以保证你们在未来的职场竞争中稳操胜券。在今天的毕业典礼上，我给大家讲"三大培养"中"职场成功培养"的最后一课，即"克服职场'三大失误'，创造'锦城'学子的光辉未来"！

一、分清形势，抓住机遇

你们初到职场，第一个可能出现的失误是形势误判——不明形势，自身定位不准。克服它的办法是"分清形势，抓住机遇"。

什么是分清形势？分清形势就是要知己知彼，既要认清世界和中国大势，搞清楚什么产业、企业是上升的、发展的、有前景的，哪些是下降的、停滞的，甚至要消亡的；也要认清身边形势，搞清楚所在单位的性质、特点、价值观和工作要求等。既要认清自己所处的位置，又要思考自己的工作能够为企业提供怎样的核心价值和贡献。要搞清楚是企业更需要你还是你更需要企业，是客户更需要你还是你更需要客户……这些问题都认清了，你就能跟得上形势，抓得住要点，成为一个头脑清醒的职场新人。

分清形势有一个好处，就是能促使我们发现机遇，进而抓住机遇。

机遇总是存在的，只是每个时期都不同而已。有的同学爱说"我没有赶上机遇",似乎是怀才不遇。其实,只要认真分析,机遇总是存在的——世界需要是机遇,中国需要是机遇,企业需要是机遇,大众需要是机遇,客户需要也是机遇……客观需要就是机遇,关键看你有没有发现它的眼光。

大需要有大机遇,小需要有小机遇,一个时代有一个时代的机遇。改革开放初期,安徽人年广久做"傻子瓜子",四川的"杨百万"卖蚊帐,都是看准了社会需要。20世纪80年代末期,曹德旺成立福耀玻璃集团,就是看准了改革开放后人民生活水平提高了,小汽车进家庭是大趋势,所以他能把汽车玻璃厂做到中国最大、世界第二。20世纪80年代,中国还出了两个家电大王,一个是海尔的张瑞敏,一个是长虹的倪润峰,他们的成功靠什么?关键是靠抓住了改革开放后人民群众对家电有大量需求的机遇!

20世纪末到21世纪初是中国互联网发展的黄金时期,代表人物有一大批,最有名的是马云和马化腾。马云毕业于杭州师范学院,他1995年去美国时还弄不清楚互联网是什么,但却明白互联网大发展的时代已经到来了,于是他横下决心辞职创业,于1999年创立了阿里巴巴集团。马化腾1993年毕业于深圳大学,先就业后创业,1998年注册腾讯公司,如今他已造就了横跨多个领域的"腾讯王国"!

对个人而言,机遇是稍纵即逝的,它只留给有准备的人。我们应该像猎人一样追逐机遇:猎人训练猎犬,荷枪实弹,总是"时刻准备着";猎人从不守株待兔,而是主动出击,四处寻找目标和机会;猎人也绝不优柔寡断,一旦发现目标,便果断采取行动;最后,猎人锲而不舍地追逐目标,不达目的、不尽全力决不罢休。这些,正是我们对待职场机遇应该有的态度。

所以，同学们，你们要眼观六路、耳听八方、工于分析、勤于思考，看准了、冲上去、抓住它，你就成功了一半！

二、制定目标，从零做起

你们到职场可能出现的第二个失误是目标不明——没有规划，没有方向，缺少自觉。我们克服它的办法是"制定目标，从零做起"。

目标就像一座灯塔，指引我们的人生航向，没有目标就会迷失方向；目标是动力的源泉，只有伟大的目标才能产生持久而强大的动力；目标是标尺，它随时度量你的人生进程，离目标越近，你就越接近成功。

有一句谚语说："对于一艘盲目航行的船来说，所有的风都是逆风。"这句话充分地说明了目标的重要性，没有目标就没有方向。没有目标的职场注定是盲目的、浑浑噩噩的，只能是得过且过，或者是"明日复明日，明日何其多"。

所以，同学们无论到任何一条战线、任何一个行业、任何一家单位，从事任何一种工作，都要制定和规划自己的奋斗目标。

首先，要有人生的大目标，这是我们一辈子的追求。

其次，要有事业的阶段性目标，如十年规划、五年计划、一年打算等等，这些目标的制定要结合你供职的单位和你的岗位，找到与行业、企业的契合点，既要有挑战性，又要有可行性。

再次，你的脚下要有一个小目标（这个当然不是王健林的"小目标"了），古话说"千里之行，始于足下"，足下的目标就是现在能做什么，能做好什么。

有了目标之后，就要为实现目标而奋斗！

怎样奋斗？

其一，要放下身段，从零做起。同学们要明白自己是职场新人，功未成名未就，没有值得骄傲的资本。我以前讲善于领导是本事，善于被领导也是本事！所以你们要放下身段，从小事做起，从边缘之事做起，从给别人打下手做起。不要在意位卑人轻，不要抱怨

邹广严校长题词

没有得到重视，也不要好高骛远。过去的学徒跟人学生意，都是从侍候师父开始的，几年前我们邀请过一位事业很成功的嘉宾到学校演讲，他也说自己的职场发展是从扫地、抹桌子、倒开水开始的，正如古人所说："一屋不扫，何以扫天下？"

种子埋在地里才能发芽，放在地上就会干枯。所以，同学们刚到一个单位，不要急于想冒头，而要把自己埋在地里，三年五年，埋头苦干，讷于言而敏于行，这样才能破土发芽，长大成材。

其二，要勤字当头，额外努力。什么叫额外努力？鲁迅先生"把别人喝咖啡的工夫都用在了写作上"，这就是额外努力。如果别人喝咖啡你也喝咖啡，那就不叫额外努力。就在不久前，上合组织在青岛举行峰会，青岛部分地区实行了交通临时管制，该市的不少快递公司都选择了暂时停业，但顺丰快递却做出了惊人的举动，他们的快递

员采取徒步送货的方式，将快递件及时送达客户手中，赢得了广大客户和社会各界的纷纷点赞。徒步送货，把别人想不到、做不到的事情想到了、做到了，这可以称得上是"额外的努力"。

"平凡"与"非凡"的距离，有时候就是由这些日积月累的额外努力形成的。同学们想要在职场上崭露头角，就要做别人做不到的事情，就要比别人付出更多的额外努力。

同学们一定要明白，职场、商场如战场，只付出和别人一样的努力，你不会赢！只有比别人加倍地努力，你才会成功！

同学们一定要明白，工作朝九晚五，按时上下班履职做事，你不会赢！只有别人在睡觉时你还在做事，别人在玩耍时你还在做事，你才会成功！

同学们一定要明白，一般地付出劳动，你不会赢！企业要的不是劳动的过程，而是劳动的成果，再多的"苦劳"都不能代替"功劳"，只有你的劳动给企业带来效益和成果时，你才会成功！

其三，要追求卓越，止于至善。人的一生要经历许多岗位，做很多事情，要把一个岗位干好、一件事做好，那是很容易做到的；要把每件事每个岗位都干好、干到最好，那是非常不容易的。这就需要止于至善！如果我们处处、时时追求卓越，我们的人生目标一定能够实现！

三、专心致志，百折不挠

你们到职场可能出现的第三个失误是行为不专，克服它的办法是"专心致志，百折不挠"。

什么叫不专？就是三心二意、朝三暮四，这山望着那山高，频繁地跳槽，随意地变更方向——这是一个职场大忌，因为企业最欢迎的人是与企业同甘共苦的人，是与企业一起共同创造成功的人。不专还有一个表现是遇到挫折就灰心丧气，遇到困难就停下脚步，最后一事无成，只留得一声叹息。

战胜不专的方法之一是排除干扰，专心致志。过多的诱惑和干扰容易使人心浮气躁，精力分散。成大事者贵在能凝神聚气，专注守一。马克思长达四十年聚精会神地对资本主义生产方式及与它相适应的生产关系和交换关系进行研究，写出了鸿篇巨制的《资本论》，攀登上了科学和思想的高峰！任正非所率领的华为团队自1988年以来瞄准一个目标死打硬拼，而不是一会儿做金融，一会儿做房地产，才有现在的成就。20世纪最伟大的科学家、"相对论"和许多重要理论的提出者爱因斯坦在苏黎世联邦工业大学时就将精力集中于自己热爱的学科，参加工作后一心一意做研究，抓住一个问题刨根究底，他的经验是，"一个人只有以他全部的力量和精神致力于某一事业时，才能成为一个真正的大师"。

日本人小野二郎捏寿司捏了60年，把一件日常小事做到了极致，最终成为享誉世界的"寿司之神"。我想，我们大多数同学将要从事的工作，都要比捏寿司精深、重大很多，如果连捏寿司都值得穷尽一生去登峰造极的话，那还有什么工作是不值得我们用一辈子潜心研究、专心致志做到最好的呢？

毕业生与敬爱的"邹爷爷"合影（宣传处　供图）

克服不专的办法之二是百折不挠。要有不怕困难、不怕挫折、不怕失败的精神。现在很多年轻人抗挫折能力差，经不起失败，甚至碰到客户的怠慢就灰心，受到领导的批评就闹情绪，这样脆弱怎么经得起风浪？马云考大学考了三次，找工作被拒三十次，但他"逆商"极高，爬起来抓住机遇搞创业，最后成功了。爱迪生发明电灯时屡屡失败，钱花光了，他劝说股东再投些钱，他试了 1600 次，才取得最后的成功。

所以，困难重重往往是成功之路的特征。不要怕困难，不要怕跌倒，成功只不过是站起来的次数比倒下去的次数多一次！

任正非说华为的成功，"很大程度上得益于一条路走到底的坚持，二十八年来对准一个城墙口持续冲锋"。同学们，我知道你们已经荷枪实弹，整装待发；我知道你们已经满怀激情，准备战斗。我相信，机遇在哪里，"锦城"学子就在哪里；责任在哪里，"锦城"学子就在哪里;奋斗在哪里,"锦城"学子就在哪里;成功在哪里,"锦城"学子就在哪里!

让我们像任正非一样,瞄准自己设定的大目标,向着一个"城墙口"持续地冲锋!冲锋!冲锋!

祝你们成功!

谢谢大家!

弘扬"三前三后"优良传统，
为建成一流应用型、创业型大学不懈奋斗

——在锦城学院庆祝中国共产党成立九十七周年暨"七一"表彰大会上的讲话[1]

（2018年6月29日）

今天，我们在这里隆重表彰优秀党员、优秀党组织，首先，我代表中共四川大学锦城学院委员会向大家表示热烈的祝贺，向全校党员师生和党务工作者致以节日的问候！

同志们，我们要研究新时期共产党员怎么发挥作用。我们党在97年的奋斗历程中，经历了不同的历史时期，每个历史时期的目标不同，对共产党员的要求也不尽相同，但有一点却是相同的、一以贯之的，那就是共产党员要站在前列。用老话来说就是"三前三后"：革命在前，待遇在后；吃苦在前，享受在后；冲锋在前，退却在后。希望锦城学院广大党员师生要铭记"三前三后"，永葆共产党人的先锋模范本色，时刻站在队伍的前列！

---

[1] 2018年6月29日，锦城学院召开大会隆重庆祝中国共产党成立九十七周年，表彰先进典型，重温入党誓词，激励各级党组织和广大党员以奋发有为的精神状态深入贯彻落实习近平新时代中国特色社会主义思想和党的十九大精神，聚精会神、守正创新，开创"锦城"高质量教育的新阶段。本文是邹广严书记在大会上的总结讲话。

党委书记、校长邹广严教授为先进基层党组织颁奖（宣传处　供图）

同志们，为了贯彻落实党的十九大精神和习近平总书记系列重要讲话精神，我校必须"对准一个城墙口持续地冲锋"，这个城墙口就是"建设一流的应用型大学，培养一流的应用型人才"。各学院要紧密围绕这个目标，努力创建一流的应用型、创业型学院，各系要努力创建一流的应用型、创业型系。

同志们，纵观中国大学发展史，新建大学在10年以内办成名校的并不少见，例如清华大学、南开大学等，所以，大家一定要坚定信心。建成一流大学，关键在于执行力、战斗力，在于共产党员的先锋模范作用。我们要把力量集中，对准人才培养、科学研究、社会服务等目标冲锋，不仅要"冲上去"，还要"拿下来"，夺取最终的胜利！

学校党委的政治核心作用和教职工党员的先锋模范作用，应该紧密围绕立德树人的根本使命来发挥，体现在优良的人才培养质量和良好的工作质量上。我们不能设想，一个单位的党员都很优秀，但是这个单位的工作一塌糊涂；我们不能设想，我们锦城学院的党委很坚强，但是学校的校风很差、教育质量很低、培养的学生没人要。今年，我们这里走出了第一位哈佛校友钟雨霄，还有唐小灵——我校2005级土木工程专业的毕业生，今天我看了CCTV13《新闻直播间》对他的采访，他已经是赤水河特大桥四川岸项目的负责人了，我看了真是感到高兴，这就是"锦城教育"的质量！"锦城教育"必须实现高质量！

教师队伍是学校发展的重中之重。"山不在高，有仙则名；水不在深，有龙则灵。"锦城学院要建设一流大学，必须要有一大批一流的教师，希望我们的广大教师要刻苦努力，不断提升，争取早日成为锦城学院的"龙"和"仙"。

同志们，让我们高举中国特色社会主义伟大旗帜，发扬党的优良传统，高立鸿鹄之志，做新时代的奋斗者，坚持"三前三后"，充分发挥共产党员的先锋模范作用，向着建设一流应用型、创业型大学的目标冲锋，齐心协力、团结一致、刻苦奋斗，为实现中国梦，实现"两个一百年"奋斗目标贡献"锦城力量"！

当前的形势和我们的任务

——在2018年本科教育工作会议暨第13期
暑期干部学习班上的讲话[1]

（2018年8月20日）

毛主席曾在中共中央1947年陕北米脂县杨家沟召集的会议上作过《目前形势和我们的任务》的讲话。这次会议我们也以此为主题，谈谈"当前的形势和我们的任务"。今年的西昌暑期干部学习会既是一次贯彻教育部本科教育工作会议精神的会议，也是一次总结工作、反思检讨的会议，更是一次解放思想、改革创新、奋勇前进的会议。

一、当前的形势

当前的形势，既要看国际大形势，也要看国内大形势，当然还要联系我们"锦城"面临的小形势。

---

[1] 8月16—21日，我校2018年本科教育工作会议暨第13期暑期干部学习班在西昌市举行。会议主题是"贯彻新时代全国高等学校本科教育工作会议精神，对准我校本科教育和人才培养的高质量持续冲锋"。本文是邹广严校长的总结讲话。

（一）教育界面临的"四个危机"

2017年9月，世界银行发布了《2018年世界发展报告：学习以实现教育的承诺》，该报告称，全球教育正面临"学习危机"。总体来看，现在学生的学习效果并不好。而造成"学习危机"的直接原因，既有学生自身的问题，比如没有做好学习准备，自主性较弱；也有教师的问题，主要体现在缺乏进行有效教学的技能或动力；还有政府教育投入不足和配置不公的问题，这在发展中国家和贫困国家更加明显，而且教育资源投入往往没能对教学一线或者对学习产生更大影响。可见，这里所说的"学习危机"实际就是教育危机，它包括了教师教学危机、学生学习危机和政府教育投入及管理问题。这在某种程度上揭示了全球教育正面临一个更深层次、更系统的问题，就是教育投入和教育取得的成果、教育的质量不成正比，没有达到预期的目的。

那么，国内教育有没有危机存在呢？我看也是有的，至少受到一些危机的影响。习近平总书记最近一次讲话谈到，教育不能满足科学精神培养、科技人才供给、核心技术突破的需要，要切实增强紧迫感和危机感。今年6月，教育部在成都召开新时代全国高等学校本科教育工作会议，陈宝生部长做了重要讲话，重点讲了"以本为本""四个回归""写好奋进之笔，建设高水平本科教育"等内容。陈部长明确指出了我国高等院校存在理念滞后、投入不到位、评价标准和政策机制导向还没有聚焦到人才培养上来等问题，特别提到了"水课""玩命的中学，快乐的大学"等问题。我们理解"四个回归"，其实是对某些现象的纠正，原来跑偏了，现在要回到正确的轨道上来，所以才叫"回归"。

如果要归纳一下国内现存的教育危机，大致可以包括以下四个方面。

1. 人才培养危机

大家都知道著名的钱学森之问："这么多年培养的学生，还没有哪一个的学术成就，能够跟民国时期培养的大师相比。""为什么我们的学校总是培养不出杰出的人才？"获得两弹一星功勋奖章的有23位科学家，大家如果感兴趣，可以去查证一下，其中有几个是中华人民共和国成立以后培养的？有多少是从美国、英国留学回来的？分析一下他们的学历背景就知道，钱学森是从美国回来的，他是冯·卡门的学生，冯·卡门是世界级的航空航天专家。还有邓稼先、郭永怀等都是从美国留学回来的。有人说，那是20世纪五六十年代的事情，现在好多了。目前，国内最出名的两位教授，原来就职于北京大学的饶毅和原来就职于清华大学的施一公，这两位也是从美国留学回来的。他们创办西湖大学，采取的措施就是大力引进外国的师资团队，连助教都引进，给美国名牌大学助教的开价是他现在工资的三四倍。施一公曾说西湖大学要超越北大、清华，他的办法，第一是拿钱堆，第二是搞人才全盘引进。这和香港科技大学走的路子差不多。这个事例是不是说明了我们正面临人才危机？要办世界一流大学，主要靠从外面引进人才、引进师资。

再从诺贝尔奖获奖情况来看，获奖人数最多的国家是美国，紧随其后的是英国、德国、法国等。此外，获奖人数最多的10所高校中，有8所都是美国的哈佛、加州伯克利、芝加哥等知名大学，2所为英国的剑桥和牛津大学。

为什么美、英能培养出如此多的大师级人才，我国培养的杰出人才很少？当然，中华人民共和国成立以来，我们培养了大量建设骨干，这一点是不容置疑的，我们的"四个现代化"事业能发展到现在这个水平，没有大量的人才是不可能实现的。但是拔尖的、大师级的人才，我们还是缺乏。这是不是一种危机？

具体到我们学校，我想问问大家，我们培养的学生有多少是行业拔尖人才？有多少领军人物？我们是否培养出了马云、马化腾、俞敏洪那样的人物？当然，大家可以说我们的办学时间不长，但是同志们，十多年已经是很长的时间了。人的一生能工作几个十年？四五个十年罢了。在我国高等教育史上，西南联大、燕京大学的办学时间都是比较短的，但却人才辈出。从我校的情况来看，培养出社会主义的合格建设者，这点我们做到了；保证学生都能找到工作，我们也做到了；有的校友发展得比较好，各行各业里出了些小头头，我们也做到了。但是，我们还没有培养出行业的领军人物，我们的人才培养也存在危机。

2.学校办学危机

我们面临着办学危机，作为民办学校、独立学院，我们面临的危机尤为深重。比如现在政府砸重金搞"双一流"，对于很多入围的公办院校来说，钱不是大问题，他们出重金到处挖人才，包括我们学校的优秀教师。当然，最大的危机还是没有完全的办学自主权。有些事情政府不支持，又不给你自主权，你就很难办。我们的政府是有力的、有为的，但如果不该管的要管，该管的没管，那是非常不利于各类主体发挥其自主性、积极性、能动性的。

陕西省对民办学校很支持，很多民办高校每年获 3000 万财政支持；重庆市早几年前就给民办学校生均拨款2000元；我们四川省几乎是"一毛不拔"。现在物价上涨，学校学费要自主定价，政府不同意。既不给钱，又不同意你自主收费，怎么办？这就是危机。连我们的近邻贵州省对民办学校都放开学费收费管理了，我省的民办教育管理政策思想还不解放一点儿，步子还不迈大一点儿，就是问题，对我们而言就是危机啊。

搞"双一流"也好，搞"应用型"也好，中国的大学要是没有自主权，是永远办不好、办不出特色的。中国大学的核心问题是没有完全的自主权。陈至立（曾任教育部部长、国务委员、全国人大常委会副委员长）退休以后悟出一个道理，她在一次讲话中提到，中国教育最需要的是多样化。而政府管得太多、规定得过细，就没有多样化。现在，《中华人民共和国民办教育促进法》进行了修订，最重要的是要对民办学校进行分类管理，社会上的解读很多，专家说法不一。省里出的《关于鼓励社会力量兴办教育促进民办教育健康发展的实施意见（征求意见稿）》，选非营利的，要放弃产权，但支持措施几乎没有；选营利的，就要收税收费，限制措施很多。从宏观上说，民办高校与公办高校不在同一起跑线上竞争，民办学校受到歧视的状况没有多大改变，这就是我们办学的危机。

3.教师教学危机

教学危机首先体现在，我们很多老师沿用传统的教学方式不改。很多老师还在沿用农业时代、工业时代的教学模式、教学方法，教学变革没有跟上信息时代、智能时代的步伐。不少教师对传统教学模式、过去的路径、昨天的习惯有严重的依赖，创新求变的思想认识不够，有的甚至对新技术、新方法有抵触情绪。

世界银行的报告指出，缺乏学术水平、教学水平、师德水平高的教师是全球教育质量不高的重要原因。在经济发达地区，优秀教师为学生带来的学习成长是较差教师的三倍，在发展中国家这一数字则更高。

教学危机还体现在我们的课堂对学生的吸引力还不够，对学生学习的主体性、主动性、积极性的调动还不够。这就造成了我们的教学达不到培养目标，这是教学的危机。

4.学生学习危机

学习危机是全球性的，典型表现是厌学、逃学、不好学、学习效果不理想。世界银行的调查表明，特别是发展中国家，厌学、逃学、不热衷于学习的现象普遍存在。学生满足于及格，满足于应付，搞歪门邪道，代考、作弊甚至成了一个产业。陈宝生部长提倡"给大学生适当增负"，意思就是说大学生太轻松了些，我们的理解，这是学习危机的一种表现。

看来，不管是世界范围的教育，还是中国的高等教育，都面临着许多问题、许多危机。这些危机在我们"锦城"都有反映。我们胜利地完成了第一个十年计划之后，就遇到了瓶颈、困境或者天花板。归纳起来，大约有以下八个方面。

（二）"锦城教育"面临的"八大瓶颈"

1.招生分数线徘徊不前

从整体来看，我校生源质量良好，今年全部录取的是第一志愿考生，特别是 ACCA 一本线招生，非常成功。但是距我们冲到地方院校第一梯队的目标，还有很大距离。2014 年，我校本科整体提档分数就达到省内中上水平（22—23名左右），但此后连续四年在这个水平徘徊，生源质量没有大的突破。我们现在领先的是两类学校：第一类是老少边穷的公办院校，我们占了区位的优势；第二类是独立学院和民办学院，当然在所有民办学校里我们还是走在前头的。但这不是我们的目标啊！我们"三步走"的目标是要到省属院校招生"第一军团"的水平，现在差距仍然很大。

锦城学院推进高校和高中合作。2017年10月20日，党委副书记、副校长王亚利教授（前排左四）代表学校为龙泉中学授"优质生源基地"牌（招生办　供图）

包括艺术类招生，大致每年在四、五、六位徘徊，尽管总体是中等偏上，还是比较好的，但是不太稳定。所以这是第一个瓶颈。

要把分数线搞上去，没有名牌专业就很难。录取分数线高，第一个无非是学校好，如985、211院校；第二个是专业好，学校是"双非"，但专业好，比如我校的ACCA，那也行。总之，要么名牌学校、要么名牌专业，这两条都不行，我看希望甚微。我还有一个想法，明年多放一些招生名额到省外去，我们今年有几个专业在省外招生是很好的，有的高出当地二本线100多分，明年再给这些生源好的省增加一些计划，这样有助于我们把分数线提高。当然，这是动"外科手术"。从长远来看，还是要形成"内部造血机制"，加强我们的专业建设。

2.高水平的教师队伍还没有形成

美国《教学2030》指出："人才培养关键在教师，教师队伍的素质直接决定了大学办学水平和能力，直接决定了人才培养的质量。"教师队伍的建设，这几年我们还是有很大的成绩，比如现在近580名专职教师中，已有116个副教授、50位博士（含在读），经认定的双师型教师369名（占比约65%），我们的教师培训力度也在不断加大，教师有热情，培训有效果。但是，总体看来，我们师资队伍的质量建设远没有达到我们理想的状态。

一是我们高学历、高职称、高水平的教师数量少。这个高水平包括教学和学术水平。我们的大师、名师少了些，权威的学术带头人少了些，博士、教授少了些。到目前为止，我们都还没有省级"教学名师""教学团队""学科带头人"，只有文传学院的范美俊老师评上了省级"学术与技术带头人后备人选"。

二是青年教师的努力程度不够，总希望稍做努力"伸手"就可以达成目标，而不是全力以赴地努力"跳一跳"，达成更高目标。尽管土木学院已经涌现出获"四川省科学进步二等奖"的王潇碧老师，获"全国建筑类微课比赛"二、三等奖的陈艳玮、王芃老师；通识学院的文举获"四川省高校外语教学大赛"二等奖、"中国外语微课大赛"省级一等奖，舒婧、余鸿老师也摘得二等奖。但总体来看，我们的青年教师参加全国、省内的教学、科研竞赛的成绩并不突出，这说明我们教师的教学技能还不够强，科研水平还不够高，仍需要加倍地努力。

3.教学显性成果少

前两年，我们提出了显性成果的问题，但现在看来，成果还不够丰硕，突破还不够。我们现在的专业评估结果不尽如人意，各类省级"一流专业"（如应用型示范专业、特色专业、卓越计划等）、"精品类课程"（如精品在线开放课程、应用型示范课程、精品资源共享课、精品视频公开课、双语示范课程、教育部全英语品牌课程等）、省部级教改立项、教学成果奖、"优质教材"（如规划教材）等教学显性成果都一般，更别说国家级的突破了。如果没有相应的、拿得出手的国家级、省部级、厅局级等成果，怎样证明我们的教育教学质量和改革创新成效？此外，从质量上来讲，我们取得的各项显性成果的含金量还有待提升，现在是"小成果多、大成果少"，这是不够的。我们要继续和以教育部为代表的官方，以及以武书连评价体系为代表的第三方的指标体系对标，并对标行业标准，提高我们的官方、社会和行业的认可度。

4.教师科研水平上不去

一所学校教师的科研学术水平是其学术实力的象征。我们的科研工作，近几年有所起色，比如我们的论文发表数有所提升，有个别教师在纵向课题申报方面也取得突破，杨骊今年同时获批厅级、省级、教育部人文社科项目是一个突破。但是，个别优秀并不能说我们教师整体的科研情况已经达到了高水平。青年教师发展不均衡，"一条腿长（教学效果好）、一条腿短（学术水平低）"的现象仍比较明显。昨天，王副校长已针对科研情况做了充分的数据分析，通过数据，我们要看到差距、认识不足。主要问题体现在：

一是高水平的论文数少。我们的教师在SCI、EI、CSSCI、CSCD这些高水平学术期刊上发表的论文极少。且不说浙大宁波理工学院在武书连独立学院排行榜中的科研得分，单是陕西省一所民办高校——西京学院的高水平论文数量也是我们的4倍，但他们的在校生规模和我校差不多，所以这个差距是很大的。

二是纵向课题数量少，高级别项目寥寥无几。我校省部级的纵向课题很少，国家自然科学基金和国家社科基金当然更难突破。

三是横向项目覆盖面不广。工商学院的横向项目做得很好，但是其他学院进展较慢。

四是师生专利授权数量少。当然，今年我们突破了3个"发明专利"，但是近三年我们申报了500多项专利，获批的只有15项。

未来，我们要做到既抓科研数量，也抓科研质量，切实提升科研水平。当然，教师科研上不去，受到很多因素的制约，我们要综合配套，帮助教师突破这个瓶颈。

5.学生竞赛成绩有差距

学生竞赛的成绩反映了学生在某些领域的专业能力，也是人才培养质量的评价指标之一。近年来，我们的学生竞赛虽然也有些起色，比如我们获得了"挑战杯"国赛铜奖、"互联网+"省赛金奖、全国大学生英语竞赛的国家级奖项，但相比云南大学滇池学院，还是有距离的。滇池学院的"互联网+"竞赛能拿到全国金奖，数学建模竞赛也有数个国家级奖项。我们的学生竞赛水平还是有差距啊，我们要认真分析其中的原因，是组织、指导不力，还是学生能力挖掘不够？一定要找到这个问题的突破口。

6.毕业生升学（考研、出国）率竞争力不强

毕业生的升学率在一定程度上反映的是我校的教学质量和人才培

养的可持续发展能力和学校的教学水平，也是全球、全国高层次大学对我们教育质量的一次检验。我校今年考取研究生的有178人，出国留学的有142人，总计320人，大约占毕业生的7.3%。其中，文传、外语、机械三个学院毕业生升学率均超过10%，是抓得比较好的，其他学院就相对较低了。如果说就业好、升学率就低，也不一定啊，文传学院就业和升学都抓得好嘛。你就是保持10%的升学率，就业的学生也还有90%嘛！所以，毕业生升学率的竞争力还是需要提升的。

7. 教育新技术的推广和应用跟不上形势

2012年，我们提出向可汗学院学习，推广慕课，之后又提出"翻转课堂"，要求全覆盖。2016年，我们又率先提出"未来型教育"的理念，以适应新技术革命，广泛推广和应用教育新技术。但这两年，我们的阶段性成效不甚明显。而公办学校提得晚，现在却正在快速抢占制高点。这说明了我们对变化的快速响应力、抢占新技术制高点的行动力不足。我们的智慧校园建设要加快进度，大家提到的云平台建设、新技术实验室的建设，以及大数据在学生教育工作中的应用，这些新技术的推广都是说到了，没有做到，没有落到实处。我们建设了相对先进的在线课程制作室，但是利用率不高。

同志们，陈宝生部长在本科教育工作的讲话中明确指出了新技术、"互联网+"等对教育带来的变革。可以预见，未来全国大多数高校都将在此领域快速发展，我们如果不趁现在抢占未来教育的制高点，未来难度将会进一步增大，甚至失去"先发优势"。

8. 具有"锦城特色"的理念、管理和做法，没有做到止于至善，正在被复制和超越

过去，我们率先开设劳动、创业教育，提出了"三不放水""四

大合作""两设一翻"等众多独具"锦城特色"的教育思想和理念，走在了很多高校前列。特色是形成了，但是不是就一定具备不可替代性？会不会被别人模仿或赶超呢？例如，在李克强总理提出"大众创业、万众创新"之前，我们的创业教育已经坚持了近10年，但在行业内的传播力度和影响力度并不算最强，当全国的创新创业之风蔚然兴起，各高校纷纷迎头赶上，电子科大、西南石油大学等高校很快便在创新创业工作上打开了局面。所以，大家都是在发展的，今天的领先并不意味着明天的领先，今天的特色并不意味着明天的独一无二。如何继续保持领先，继续创造独一无二、不可替代的教育理念和模式，保持"锦城教育"的前沿性和核心竞争力，也是我们必须重视的问题。

（三）应对危机的态度

同志们，现在是形势逼人，挑战逼人，使命逼人啊！我们应该怎样对待危机？我认为，应对危机的态度其实就是两个关键词：第一是居安思危，要明白"生于忧患，死于安乐"的道理，切实增强忧患意识、危机意识；第二是不进则退，在"四大危机"和"八大瓶颈"的压力下，在激烈竞争的压力下，在学校发展的必然要求下，我们是逆水行舟，不进则退。

能够反思和检讨是一个组织有生命力的标志，一贯正确是不存在的。我们的干部要有反思检讨的能力，要有直面问题和困难的勇气。我给大家读一段华为集团总裁任正非的话，他说："十年来，我天天思考的都是失败，对成功视而不见，也没有荣誉感、自豪感，而是危机感……我们大家要一起来想，怎样才能活下去，也许才能活得久一些。"任正非是华为的创始人，他当然希望华为能够基业长青，当然希望能将华为办成百年名牌，然而他每天思考的是失败，是还能不能活下去的问题，这就叫居安思危。

最近的中兴事件，有一个原因，就是不思考失败，自豪感、荣誉感多了点，危机感、风险意识少了些。

大家都知道泰坦尼克号，它的沉没并不是没有征兆的，而是有迹象的，有人事先发出了预警，但是船上的领导认为这个地方以往都是没有冰山存在的，因而漠视危机、无动于衷，导致了彻底沉没的惨剧。又如柯达胶卷，在胶片时代，它是当之无愧的霸主，但后来为什么快速被淘汰？其实，柯达公司早在1975年就造出了全球第一台数码相机，同时柯达拥有数码相机最多的专利权，但它一直以为数码相机取代传统相机是很遥远的事，尽管它拥有这方面的技术和专利，但是它没有采取正确的行动，所以当别人一旦把数码相机投入市场，它就措手不及了。发明数码相机的反而被后来者打倒了，大家以为走在前头就一定是胜利者吗？我看不一定！

再举个例子，诺基亚是全球最大的手机制造企业之一，它曾引以为豪的手机业务已被收购了。在记者招待会上，诺基亚总裁约玛·奥利拉曾沉痛地说："我们这些年来一直勤勤恳恳，并没有做错什么，但不知为什么我们输了。"问题不在于它做错了什么，而在于它没有做什么。同志们，我们要记住这句话。一个企业失败了，当然首先要检讨做错了什么，其次还应该检讨没有做什么。没有做什么和做错了什么是一样的！现在我们有一些指标不理想，落在了竞争对手后面。我想了半天没想通，我们没有做错什么，但为什么落在别人后面了呢？是哪一点我们没做到呢？

所以，我们居安思危，检讨反思，向任正非学习。逆水行舟，不进则退。别人都在进步，你即使没做错事，作为少，努力少，同样是退步。任正非是第一个承认"很迷茫"，认为"进入了无人区"，认为"找不到方向"的。为什么呢？因为华为的前一段发展是"追赶型"的，现在赶上去了，前面成了无人区，该怎么做，他自己承认"不晓得"，这个人不简单啊！前面是1到N，是比较容易的，但是从0到1，就不是那么容易了。他很清楚自己的命根子在哪里，知道自己生存的核心在哪里，这个就不简单。

我们的方向感在哪里？目标在哪里？我们应不应该彷徨？我们不但要检讨做错了什么，而且要检讨没有做什么！

二、我们的任务

面对"四大危机""八大瓶颈"，我们该怎么办？要克服危机，突破瓶颈，顶破天花板，打开新局面！

（一）压力和动力的传递

关于危机和瓶颈，我们要认识它、重视它，并把应对危机、突破瓶颈的压力和动力传递到每一位师生员工。

第一，必须清醒地认识到危机和瓶颈，既要认识到在建校初期有这些瓶颈是很正常的，北大、清华都经历过这个阶段；也要认识到这种局面是不能够长期存在的，这些天花板是必须捅破的。第二，必须重视，决不可掉以轻心。比如我们的数学建模大赛赶不上滇池学院，这说明我们原来对这个事情不重视，今年我在这里检讨，但是明年要是还搞不好，就该向晓华院长检讨了。第三，压力和动力要传递到每一位干部、每一位师生员工，必须做到"共担大责、人人有责、各负其责"。光是我们在座的各位有压力、有动力是不够的，必须把这些压力和动力传递到你的老师、你的干部。要教给我们的小青年们"覆巢之下，安有完卵"的道理，大家都要在思想和行动上为"锦城"的发展作贡献！

2018年7月23日—26日，"扬尊师传统，树锦城名师——锦城学院第一期优秀教师暑期研讨度假班"在青城山举行。图为邹广严校长与教师代表一起散步交流（宣传处　供图）

这个暑假，我们和部分老师在青城山交流探讨、深入对话，大家反映效果不错。但在这个过程中，我们发现了一个大问题，那就是对于学校的理念、精神、目标、任务、文件要求，有的老师不了解，有的老师有误解。我开玩笑说："我讲了十句，你们传达了七句，到了基层只剩下五句了。"老师们不明白学校的想法和做法，怪谁？我看只能怪我们的干部没有宣传好，没有传递好。

那么我们具体怎么做呢？我认为我们可以做到"四个一批"，那就是"坚持一批、落实一批、变革一批、突破一批"。

今天早上我很早就醒了，睡不着，想了几个问题，给大家读一读。

问题一：我2006年就讲过我们必须走"高水平、高质量、高收费"的道路，这是哈佛、耶鲁的道路，也是成外、实外和嘉祥的道路。现在我要问，为什么成都市民办中小学、幼儿园收费又多、收分又高，家长学生挤破了头？为什么民办大学就不行？为什么美国的大学行、中国的大学不行？中国的中小学、幼儿园行，但大学却不行？

问题二：美国大学生一学期只有5门左右的课程，我校学生一学期却要上10余门课程。但为什么美国大学生课程少却压力大，学习效果好？反之，我国大学课程多，但学习压力小，学习效果不佳？

问题三：为什么我们开展了众多的活动，而毕业生独独对农场有深刻的印象？

问题四：为什么很多正确的理念、措施，比如慕课、"翻转课堂"等，我们提得很早，但却落实不下去，或者说落实得效果不好？

问题五：为什么我们在科研论文上赶不上西京学院，在学生竞赛上赶不上滇池学院？

……

问题很多，下面我边讲边提问，大家可以讨论。我们就是要分析这些问题，解决这些问题。

（二）坚持一批

大家发言的时候都讲到了，锦城学院自建校以来，提出、实施了一系列正确的办学理念和措施，走出了一条被实践证明是正确的道路，大家都认为是正确的。文胜伟、姚东等几位干部都提到了，必须坚定不移地坚持下去，我也赞同这个观点。不是说要反思，就要否定我们的一切。反思的结果应该是正确的要坚持，做错了的要纠正，没有做好的赶紧做。

"坚持"是坚持方向道路的问题，就是要坚持我们建校以来正确的办学思想、办学定位、办学措施。我们提出的"六结合"的办学思想、应用型大学的办学定位、"三追两谋"的"锦城精神"、"学校错位竞争，人才分类培养""跳出教育看教育，跳出教育办教育"的办学理念，以及"三大教育"的框架、"三大培养"的创新、"劳动创业"的特色、"全身心投入"的原则、"课堂大于天"的要求、"三大改革"的方向、"长板原理"的应用、"未来型"战略的布局……这些道路和方向经过实践证明，都是正确的、有效的，必须长期坚持下去并发扬光大。

（三）落实一批

落实什么？要落实我们过去提出来却没有做到、做好的工作，落实学校发展过程中提出的一系列具体问题、具体解决方案。

1.落实的内容

关于前瞻性的教育思想。有一位大学的领导对我们的某位干部说："你们校长提出的教育理念和举措，我认为是很好的、极具前瞻性的，但我想知道你们是怎样落实的，有什么成效？"我们提出的教育教学思想和举措真的都落实了吗？其实别人是表示怀疑的。我们的"三不放水""两设一翻""未来教育"，真的落实了吗？落实得好不好？有效吗？真正提升学习效果了吗？要认真地检查一下！

关于"三不放水"。我们过去提"从严治校，'三不放水'，努力提高人才培养质量，保持大学教育的高水准"；我们从"教师对学生学习过程管理不放水，教师对学生的期末考试不放水，学校对教职员工的考核不放水"扩大到"教育不放任，管理不放羊，考试不放水"；我们要求教师考前不划范围、不圈重点、不漏题，学生必须全身心投入学习，下足真功夫、硬功夫；我们强调"要给学生一定的学业挑战，教学内容不能太简单，考核题目不能太容易"。这些落实得如何？现在学生当中还存在不同程度的厌学、逃学、请人代学（代上课），甚至"代考链条组织"等现象，学生学习时间的投入、精力的投入远远不够。这与我们的教学组织、教学方法和"三不放水"的落实程度都有关系。

关于"两课设计"。这次全国本科教育工作会议，北大、川大都讲了"增负"的经验，我们的"两课设计"里面有一条是"教师必须向学生推荐课外读物"的设计。要对学生提出课外阅读的要求，扩大他们的阅读量，这是适当增负的重要途径，但我们做得如何？至少我们的图书馆统计数据反映的是没有落实，或者是没有全部落实。我们还曾提出每学期的考题中应该有一个题目是课外学习内容，各位落实得怎么样啊？教育部提出适当增加大学生课业挑战度，我们要充分研究。

关于"翻转课堂"。现在的情况是"翻转课堂不翻转"。"翻转课堂"必须明确几点：第一，要有一个好视频，并把视频上线，学生在线上通过视频来学习。第二，上课时间（线下）要减少一半，课后时间（线上）要利用一半，就是说不要ABC从头讲了，有些问题是通过学生线上学习解决的，重复没有意义。课上做什么？要让学生提问，师生要开展交流和讨论，教师是"讲重点，破难点，答疑点"。第三，课堂人数减少一半，大班变小班，总的课时数不变，譬如原来这门课程是16节课，现在变成了一半学生上8节课，另一半学生上8节课，总的还是16节课，这样就把大班就变成了小班。说实话，国外大学搞"翻转课堂"有一个节约成本的目标，我们现在不提。我们总课时不变，要的是提高教与学的质量。以后"翻转课堂"的评优，要严格按照我说的三点来执行！

关于慕课利用和开发。今年2月份我就提出了要落实对"国家精品慕课"的利用，一个学期过去了，大家还是没落实啊。我们要考虑怎样用好、用活、用够"国家精品慕课"资源，教务处要尽快制定科学合理的慕课学分认证方案。同时，我们"锦城"的慕课也要加快制作与上线。教育部现在力推的大学慕课，今年上线490门，未来要上线5000门。武书连不是也考察大学慕课的上线情况吗？我们要抓住这个机遇，争取"锦城"慕课上线全国公开性课程平台，这也是我们适应教育新形势、新变革，主动出击的表现。关于慕课，大家还可以看看美国伊利诺伊大学经济系博士、国务院参事汤敏撰写的《慕课革命》一书，认真了解一下慕课的发展和未来趋势。

关于课程论文和设计。我过去说了，要将学生的论文分解为毕业论文和课程论文，设计分解为毕业设计和课程设计，有哪些学院做到了？我们要考核学生对课程理解得是否深透，我们要培养学生解决问题的能力，最好的办法是每门课程让学生真刀真枪地做一个"大作业"。

党委副书记、副校长王亚利教授主持召开"创业学"慕课和"翻转课堂"建设研讨会（宣传处　供图）

关于"五个课堂"。我们讲"五个课堂"，不同的课堂培养学生不同的能力，比如领导能力、组织能力、沟通能力主要靠"第四课堂"来实现。要多组织些辩论比赛，通过辩论培养批判性思维。其他的课堂也都要组织好。

关于重点项目。我们要落实一批重点的项目，比如BIM、大数据、人工智能等重点实验室建设，各院系已批准的项目，凡是决定要干的，成熟一个上一个，对那些前期工作充分、已具备上马条件且能尽快发挥作用的项目，尤其要抓紧落实。

同志们，我们讲落实一批，就要像文传学院抓成才强化训练和艺术学院搞工作室一样，抓真抓实，经得住检查。

2.落实的思路

讲落实，一定要有思路，我给大家分析两个案例。

第一个是"ACCA路线"。为什么我们的ACCA可以"分数高"（在一本招生）、"收费高"（除了学费还有其他费用）、"质量高"（14

门课程通过率高）。ACCA走的是一条什么道路？

我认为有两个原因：第一是国际化，"挟洋自重"，现在国际合作的专业和项目招生总体看来都是不错的；第二靠政府的"加持"，四川省教育考试院批准我们在一本招生，ACCA就成了一本专业，这就是政府对这个专业的"加持"。另外，什么一流专业、重点专业、特色专业、示范专业、教学成果奖等，都算是政府的"加持"。大家想想看，如果ACCA是在二本招生，不会这样出类拔萃吧？如果不叫ACCA，而只叫审计学，即便是在一本招生，也不会这么突出吧？所以这里面有两个因素，第一个是国际化因素，第二是政府加持的因素，这就是ACCA的路线！

我们其他的专业是不是也考虑走这个路线？两条都有最好，哪怕有一条也好。如果我们计算机学院哪个专业是和斯坦福大学合办的，用的是斯坦福大学的教材，你看是什么水平？服装设计专业，要是能够和米兰的马兰欧尼设计学院合办，是不是也会名声大噪啊？我们去上海视觉艺术学院考察，他们也走了国际化的道路，搞了"国际名师工作室"。我们前两年就提出了要争取"国际工程教育专业认证"，有哪个专业落实和突破了啊？至少我们可以部分从国际课程认证开始嘛。所以，国际化、国际认证是一条道路。争取政府的"加持"，是另外一条道路。

我们现在就布置一个工作，每个学院拿出一个专业来走"ACCA路线"，怎么样？

第二个是"学生农场路线"。为什么我们开展了众多的活动，毕业生独独对农场有深刻的印象？

农场秋耕（邓忠君　摄影）

　　归纳起来有两条：第一，人无我有，而且还有"进入壁垒"，别的学校不容易进入和操作。第二，我以前讲了一句话："一个好的计划或设想，人们想到了不一定能做到，做到了不一定能做好，做好了不一定能坚持下去。只有那些想到了、做到了、做好了而且能够坚持下去的人才会取得成功。"大家都很认同。想到、做到、做好、坚持，都很重要，现在还要加上第五点——做好了还要传播出去！我反思，以前我们搞创业教育，走的是"下潜"路线，想的更多的是对学生的教育，对传播、扩大影响力的认识和思考少了一些。现在我们都有一个传播和推广的问题，比如刚才毛建华院长讲了文传学院出了不少小作家，有许多作品，但是在座诸位都知道这个情况吗？还有很多人都不知道。学校内部传播得都不够，更别说校外推广，这说明我们的传播工作还要全力提升啊。如果我们把学校特色、教师学生成果很好地传播了，效果是不是会更好？

3.落实的执行力

落实这个事情，有了思路，还要执行。我们各级领导不仅要"看得见"，而且要"抓得住"，得抓出成果才行。这一靠自觉，二靠监督、检查、评估，三靠奖惩。今天我把话说重一点，美国大学的口号是"不出版即灭亡"，邓小平同志曾说："不改革就没有出路。"我们可不可以加一句，叫"不落实就出局"（会场上大家鼓掌，表示赞同）。既然大家都鼓掌赞成了，那就要"逗硬"！

（四）变革一批

变革是什么？就是变化和改革。因为新技术发展引发了教育的大变革，我们现在遇到了许多问题，这些问题的解决就是要靠"变"，就是要变革、变化、变通，最后的结果是"通"。只有变，才能够走出困境；只有变，才能捅破天花板。这就叫"以变应变"。因为我们教育外部的环境在变，剧烈地变，日新月异地变，所以我们的工作和思想必须变，幻想"以不变应万变"是不行的。拒绝变化、拒绝改革、拒绝新事物是没有前途的。马云说："最担心的是人们对昨天的依赖。"我要再加一条，就是"还担心人们对未来的恐惧"。同志们，当前形势逼人，不进则退，不变则亡啊！如果要打个比方，不变革就会成为恐龙，不适应气候环境的变化，自然会被社会淘汰，"物竞天择，适者生存"嘛。如果我们不提高自己快速适应外部变化的能力，迟早会退步、会淘汰、会灭亡。

我们变革的总目标是什么？终极目标要建成世界一流的应用型大学，阶段性目标首先要建成西部乃至全国的一流应用型大学。

那么，我们现在需要变革些什么？

1.变革学校

首先，我要提问，什么样的学校是好学校？

如果用最简单的方式来回答这个问题，好学校应该是一个让老师和学生增值的地方，一个帮助学生实现梦想的地方，一个学生毕业了多年还怀念的地方（就像我们有的校友结了婚还想回来拍婚纱照一样）。

我没有用学术语言去描述一所好学校的概念，而是用文学语言或者说生活语言来说的。那是因为，学校最终就是要让学生能够获得一种独一无二的学习和生活体验，一种不断增值、实现理想的奋斗经历，一种对母校一生怀念的情感。比如说，这次我们去瀑布沟水电站参观，那位厂长拿出手机，给我看他2004年取得的四川省工商管理学院的研究生毕业证照片。毕业证是我签发的，他可以算是我的学生。毕业这么多年了，还对省工商管理学院惦念和感恩，因为他在那里增值了。对一所学校的检验，其实就是最后一句话，学生毕业多年还能怀念的学校就是好学校。所以，我们要利用新科技变革学校；要参照世界一流大学，特别是美、英成功的大学的经验变革学校；要参照国内一流大学（以北大、清华为代表）来变革学校。要越变越现代化，越变越受到师生热爱，越变越得到社会认可。

2.变革教师

关于第二个变革，我要提第二个问题，什么样的老师是好老师？我们不用学术语言，用通俗语言来描述。

第一，让学生课余时间也忙起来的老师是好老师；第二，能够让学生提出问题，引起思考和争论的老师是好老师；第三，让学生毕业以后仍然记住并感恩的老师是好老师。

校园赛事让师生周末也忙起来（宣传处　供图）

"让学生忙起来"加个注释就是，如果你能够让学生围绕你出的题目、你做的项目、你提供的参考阅读书目、你布置的课程论文或设计而忙得团团转，逼着他上图书馆查资料，阅读参考书和到处请教，挤时间出去调研，找时间看在线课程，能让学生们为了学习忙得不亦乐乎，这样的老师就是好老师。

管理大师吉姆·柯林斯在《再造卓越》中讲了这样一段话："我想起了我的恩师比尔·拉齐尔教给我的授课诀窍，在课堂上，不用搜索枯肠地给出正确的答案，只需要想办法提出好问题。"这就是你在课堂上要提出好的问题，而不仅是把标准答案教给学生。今天早晨我看"今日头条"上说，读了名校的学生和其他学生有什么区别？有学生就说，我到了大学，上课时，老师只讲了10分钟，就出了一个题目，让三天以后交作业。以前我读中学时，老师授课都会给出答案，而在清华，老师出的问题我根本没搞清楚。课后我们几个同学分头找材料、学习、讨论，整整研究了两天两夜才搞清楚问题和答案。同志们，你们看，好的老师就只是点了要点，出了题目，然后就让学生做，这就是诀窍，这就是大学。当然，老师讲课的时间也不是越少越好，大家不要误解。现在的重点问题是我们正好相反，老师上课时把所有知识点都讲解完了，下课也不布置作业，学生课后没有压力，缺乏思考，不会去延伸学习，课程一结束，把书一扔，就没事了。这样的老师能称之为好老师吗？所以，我们必须转变观念，重新定义好老师的标准。

今年，对于达到这样标准的好老师，我们是要重奖的！怎么奖，大家可以考虑。比如可不可以评选出"加强版的夫子育人奖"，一等奖重奖10万，二等奖重奖6万，三等奖奖励2万。

3.变革课堂

怎样变革课堂？什么样的课堂是好课堂？

加州大学洛杉矶分校副校长来中国听了老师的讲课后，给厦门大学的邬大光教授说，教师上课有"五重境界"：第一重境界是"安静"，即课堂上很安静，学生不发言（中国大学现在很多课堂都是这样）；第二重境界是"回答"，即教师在课堂上提出问题，学生予以回答（我们现在很多老师都能做到这一条）；第三重境界是"对话"，即教师与学生之间有一定的互动（这也是我们一贯提倡的）；第四重境界是"批判"，即学生对教师讲授的内容能提出质疑；第五重境界是"辩论"，即学生和老师之间、学生和学生之间的讨论和辩论。他认为达到第五重境界，才是最好的课堂。

我们必须对现在的课堂进行改造，要实行"课堂革命"。革命就是要把原来的方法进行一番深刻的改造。上课45分钟—讲到底的课堂绝对要改变。老师对传统教学方式的依赖，对新技术的拒绝或不热衷是当前教师教学认识的主要问题。现在我们明确规定，教师上课必须改用新办法，至于新办法怎样执行，各个学院有所不同，各门课程有所不同，允许大家因地制宜。例如，教数学和教专业课就不一样，每一门专业课可以搞一个课程设计或课程论文，数学相对而言，讨论的成分少一点儿，教的成分多一点儿，要区别对待。所以，具体落实的办法，由各个学院来拟定。

好课堂最关键的就是要能达到第四至第五重境界，好课堂就是能引发学生思考的课堂，好课堂就是能让学生意犹未尽的课堂。学生能从课堂讨论到食堂，从食堂讨论到图书馆，从图书馆讨论到宿舍，这就是好课堂、好老师带来的学习效果。我们说的批判性思维，就是要让学生多问几个为什么，改变满足于现成结论的状态，就是大胆假设、小心求证。不要以为批判性思维就是批判某种东西，批判的真正内涵是"辨别"，就是我们说的"追求事实、追求真理"。

上学期我讲过课堂教学的"温度"和"浓度"问题，这里再总结一下，我们的老师还要创造一个"有温度、有浓度、有梯度"的课堂。"有温度的课堂"是师生同频共振共鸣的，是丰满而有热度的课堂；"有浓度的课堂"，教师的教学内容是有深度、难度和挑战度的；"有梯度的课堂"，教师要能够考虑不同学生的学习节奏，从而提供教学的适宜节奏。日本有位佐藤学教授在二十多年中，参观了全世界数千所学校，走进了近万间教室，撰写了《静悄悄的革命：课堂改变，学校就会改变》一书，他指出："没有哪一个教室和其他教室飘溢着完全相同的气息，或有着完全相同的问题……让教室里的学习成为每个学生都能得到尊重，每个学生都能放心地打开自己的心扉，每个学生的差异都得到关注的学习。"这就是真正丰满和有效果的好课堂，课堂变革了，学生的学习也要变革。

4.变革课程

目前，我校课程体系有较为突出的"三个问题"：一是总学分、总课时数偏高，特别是专业必修课安排过多；二是选修课程不足，学生选择自由度低；三是课程更新滞后于时代发展和社会需求，新、洋、前沿、制高点课程的开发力度不够。

课程怎么变？

第一，是否可以考虑"削峰填谷"？就是削专业必修课程过多之"峰"，填选修课程不足之"谷"。一方面有针对性、有计划、逐步地削减过多的专业必修课；另一方面把这些被削减的专业必修课转化为全校学生的选修课。

第二，是否可以考虑"加减并用"？这里所谓"加"，不是指学校教学计划的加，而是学生自由选择的"加"，一方面动员更多的学生辅修第二专业，另一方面增加学生跨学科、跨专业、跨学院选课的自由度。这两条有助于扩展"复合化"战略的实施空间。

第三，是否可以考虑"以新替旧"？比如制定前沿课程扶持计划，对开发、执教前沿性课程的教师给予大力扶持。当然，旧的、不适应发展的课程就要逐步淘汰，或者说调整课程内容。我以前不是讲过，鉴于当前知识更新速度的加快，我们可以考虑整合前沿技术所需的"跨学科知识点"，形成"前沿跨学科知识课程包"吗？比如人工智能课怎么开？编个教材、按照传统的方式去教恐怕不行。此外，我们有没有可能颁发"课程文凭"，包括辅修课程文凭、继续教育课程文凭等。

总之，课程是人才培养的核心环节，是教学的主要体现，未来课程怎么变，需要教育管理者和教师，甚至校友共同合力来商讨和调整。

项目驱动，以赛促学，提高学生解决实际问题的能力（宣传处　供图）

5.变革学习

学习变革怎么做？通过这次调研校友对学校教育的反馈，他们最看重的不是学了几门课程，而是获得了学习能力和解决问题的能力。所以，教师要给出题目，让学生做，提高他们的学习能力；教师要开出书目，让学生阅读；还要教给学生查阅文献资料、写作发表的方法。

陈宝生部长不是说要给学生增负吗？我们要进一步提升学生学习的"有效度"和"挑战度"。学生学习的"有效度"不是靠增加课程和学分来实现的，更重要的是要提高学习的"挑战度"。例如，教师的教学要从低阶向高阶转变，教学案例不能太简单，太生活化；增加学生的课业挑战，如推行"课程论文、设计、项目"、课程综合案例研究、"学习辅助计划（延伸阅读和训练）"等；要坚持"三不放水"，严格过程管理和期末考核；要严把"出口"关，可以考虑适度提高考核标准。

除此之外，随着社会对人才复合化和跨界学习的需求，我们还应当提升学生的"复合学习能力"。包括以计算机基础能力、写作表达沟通发表的能力（其中写作课应当包括白话文、文言文、英语写作）、批判性思维、团队合作能力、分析解决问题的能力为主的"通识能力"，以跨学科、跨专业的"跨界融合学习能力"和"专业深度学习能力"为代表的"专业能力"（例如会计的"一专"是会计业务，"多能"要掌握管理、决策等能力），以互联网思维、信息整合能力、线上线下相结合学习能力为主的"I（intelligence，智能）时代能力"，有礼貌、能吃苦、懂规矩等职场素养的"职业能力"等。当然，最为重要的是，培养和引导学生能够"自主学习""自由学习""持续学习"的学习能力。

6.变革教室

教室不仅是教学的主战场，同时也是师生活动的主要空间。教室环境对学生成长有潜移默化的作用，所以我们要在不花大钱的前提下变革教室，使教室更有文化，更有特色，更有氛围，更有书香气和人情味；要做到使学生都愿意去教室，都愿意在教室学习和讨论；要鼓励教师、管理人员或学生都主动申请，按自己的方案变革教室。学校在资金上将给予支持。

同志们，我们到了这个节点，没有革命性的措施，再前进就有困难，所以大家一定要下定决心，变革我们的学校、教师、学生、专业、课堂、课程，甚至校风！

7.关于教育的四个观点

顾明远先生曾说过他对教育有四个观点：第一是"没有爱就没有

教育"，第二是"没有兴趣就没有学习"，第三是"教书育人在细微处"，第四是"学生成长在活动中"。我觉得他说得很好。

今天我也要提出教育的四个观点，算是"和顾明远先生"吧。第一，"没有时间的投入就没有教育"——教育是要花时间投入的，中国人讲"十年树木，百年树人"，外国人讲1万小时定律（就是要成为大师，至少要1万小时的努力），这都说明教育需要时间；第二，"没有精力的投入就没有教育"——光有时间投入，但心不在焉也是不行的，人在课上、心在课外是不行的，必须全身心投入；第三，"没有个性化就没有教育"——就是要有自由和动力，缺乏自由和动力的学习是不成功的教育，学生学习是要有动力的，要么为自己的人生目标，要么为国家民族复兴，要么为家庭光宗耀祖，总得有个动力，学分制的本质就是个性和自由；第四，"没有质疑和探究就没有教育"——教育本身就是因为有质疑，有了质疑就要探究。

所以，同志们，教育搞得好，就必须投入时间、精力，要有个性化，有质疑和探究。我们的变革还要考虑这些问题。

（五）突破一批

"治天下者先治己，治己者先治心。"突破首先要解决思想问题。要突破对昨天的依赖，突破对传统教学习惯的依赖，突破对过去路径的依赖，突破对原有思维方式和僵化的工作思路的依赖。你不突破，太阳就还是那个太阳，月亮还是那个月亮，老师还是那样的老师，学生还是那样的学生，一万年都不会变！你不突破，就停留在沾沾自喜中，停滞在无动于衷里！因此，各单位要进一步解放思想，大胆地试，勇敢地闯，与时俱进，突破桎梏，实现创新。

1.突破边界

突破边界就是突破学院边界、学科边界、专业边界、课程边界等。死守边界，就会把自己困死在原地。四川大学把旅游管理专业放在历史文化学院，我觉得这是个创造和突破。名称不是界限，工商学院、机械学院、电子学院等都可以尝试突破学院和专业的边界，包括引入一些新专业，包装升级一些旧专业，甚至学院的名字都可以改一下。只要不与我校内部重复，都可以试。

其实，突破边界也是市场竞争的要求，特别是未来新高考的来临，每个专业都要实打实地接受市场的检验，市场的力量将进一步影响专业选择，你如何适应市场，就考验了你的办学水平。同志们，"有情的学校，无情的市场"，不是我决定你的未来，是市场决定你的未来！

现在教育部提倡打破学科边界，我们要贯彻落实，做好跨学科、跨专业的有关工作。要进一步打破行政、学科、专业三大壁垒，促进专业建设的复合化。这次会议大家提了很好的建议，叫作"专业+"。陈宝生部长在本科教育工作会上提出了合理"增负"问题，"增负"的重要办法就是"加"，加什么？就要具体研究。当然，"专业+"是一种"增负"的办法，扩大阅读量是一种"增负"的办法，每门专业课程搞一个课程设计、论文也是一种"增负"的办法。

2.突破学年学分制

我们现在实行的是学年学分制，可不可以尝试向完全学分制靠拢？修满了总学分就可以毕业，修不满就延迟毕业，直到修满毕业。学分制的首创者是哈佛大学。前几年，我就提出这个问题，既然美国的大学可以这么做，我们也可以尝试。完全学分制就是给学生多一些自由，能够真正依据特长和兴趣开展学习，"选我所爱，爱我所选"，激发学生的学习积极性、主动性和独立性。学生在学习期间可以选择去创业、游学、参军等，回来可以接着学。去年，教育部发布了新修订的《普通高等学校学生管理规定》，其中第二十六条规定："学校可以根据情况建立并实行灵活的学习制度，对休学创业的学生，可以单独规定最长学习年限，并简化休学批准程序。"这就是放宽了嘛！在这次的本科教育工作会议上，关于创业等相关问题也有所突破。现在，学生参军、创业等情况都有了相应的制度支持，我们能不能再向前一些？我觉得大家可以斟酌考虑，有所突破。

3.突破辅修

辅修的问题，吴肇庆同志做了专门的研究，刘福刚同志也做了相应调查，你们可以商量探讨一下。辅修其实延续了刚才学分的问题，也是给学生增加学习自由、选择机会和复合化学习经历的一种重要措施。这次陈宝生部长在本科教育工作会上鼓励辅修。但我看了很多资料，在全国，辅修第二专业的学生数量不算多。

突破辅修，有两个重要问题。

一是课程体系的问题。现在要突破辅修，还是有一定难度的。为什么？因为我们现在这个人才培养方案和课程体系是不适应的。我们没有实行完全学分制，我们的课程体系中专业课程过多。按照我们的培养方案，有的专业课程最多达到了20门，如果再加上专业基础课，可以达到三四十门，这种情况下，学生要辅修第二专业是很难的。专业课门数过多，会增加互相衔接的难度，重复的可能性比较大，各学院是否可以合理简化、合并一下？比如说，20门减少到10门，行不行？要提升专业课程教学的"有效度"，不是课程规模大、数量大，效果就一定好。所以，还是要坚持"少而精，学到手"的原则，为辅修第二专业创造条件。总之，要突破辅修，我们必须拿出一个办法，不然辅修第二专业就会成为空谈。

二是证书问题。要突破辅修，最理想的情况是颁发学位证，也就是学生可以获得第二学位。次之，就是考虑颁发学历证。如果都不行，能不能发课程合格证书？学生辅修了哪些课，就发个相应的合格证书，实事求是地证明学生辅修了哪些课程，考试合格了哪些课程。教务处和各单位回去后要进行研究、大力推进，简化第一专业课程，增加辅修第二专业课程，推进学生的复合化培养。

4.突破教学模式

突破教学模式就是要突破教师"习惯于传统教学模式的积习"，要促使教师主动适应新技术革命和未来教育的变革，凡是不适应形势的教学模式都得改进。有一篇文章说，未来的大学教师是不会被淘汰的，但是会使用新技术的老师才更受欢迎。

同时，我们还要突破教师"角色固化的积习"，促使教师从"教"到"师"的转变，促进教学模式的全面改进。未来的实体大学不再是简单的"知识传授场"，而是综合的"知识交流场"。现在的学生不是都在"网络学习"（搜一搜就知道）吗？那我们的教师更不能仅仅是知识的传授者，而应该成为学生真正的导师，指导学生构建学习体系，规划职业生涯，指导学生团队学习、解决知识的重点、难点和应用，指导学生个性化、定制化学习等。

5.突破教学、科研显性成果

数年前，我们说"科研和教学并重"，但是这么多年过去了，尽管我们的特色鲜明、理念超前，但我们的显性成果不足。

学校的影响力到底来自哪里？既要有差异化的特色，还要在教育界共同话语体系有话语权，这就要求我们有显性成果。只有两条腿走路，才能真正提升我们的实力和影响力。

因此，我们要进一步突破教学和科研的显性成果这道关。教学显性成果包括精品在线开放课程，教学成果奖，教学团队、教改项目及奖励，教师教学竞赛获奖，学生竞赛获奖，实验教学示范中心、实践教学基地建设等。科研显性成果就应当重点考核三个数：高水平科研论文数、科研项目资金数、专利授权数。王副校长报告说，"要树立教师教学学术的观念"，这很好。美国的学者唐纳德·肯尼迪在《学术责任》一书中详尽地阐释了高校教师的学术责任应包括教学的责任、培养的责任、指导的责任、服务的责任、研究发现的责任和学术成果发表的责任等。我们的教师只专注于教学也是不够的，学术科研方面也还是要努力。我们颁布的考核办法中列出了一些指标，很多是鼓励性的，希望大家完成，逐步实现突破。

财会学院组织有舞蹈长板的学生参加学校舞蹈大赛，舞蹈团荣获一等奖（财会学院　供图）

这里还有一个问题需要说明，做科研是不是一定要在实验室里？恐怕不完全是。现在虚拟仿真技术发展非常迅速，教师做科研可以把电脑上的模拟实验与实体实验相结合，通过综合模拟实验数据和实体实验数据的结果来完成科学研究。大家都要努力去尝试、发现和学习。

6.突破学生个性化培养，贯彻"长板原理"

这里还要谈谈学生的个性化、多样化培养，也就是突破贯彻"长板原理"的瓶颈。我们以前针对新生开展的系列迎新活动、校史教育、规章制度教育等，都做得很好。但现在还要在新生入学时融入"长板原理"的特色教育。首先是测定学生的长板，然后帮助学生确定目标，最后为学生制定个性化的培养方案。如果这一系列的工作都做到了，就实现了突破。如果锦城学院的新生每人都有一套个性化的成长方案，这是一件了不起的事情。这套个性化的成长方案跟专业培养方案相辅相成，专业培养是由一整套课程体系来保障的，而这个是通过工作计划来保障的，重点是帮助学生明确专业能力通过什么来培养、社交能力通过什么来培养等。学生的个性化、多样化是不可缺少的，在这个方面没有进步和突破，是没有前途的。

总的来说，我们的任务就是这四条，"坚持一批、落实一批、变革一批、突破一批"。下面我还要谈一谈人才梯队的问题。

（六）关于培养接班人的问题

我们现在办学已经十几年了，"老中青相结合，专兼职相结合，学界和业界相结合"的队伍建设方针是做得比较好的。但是随着时间的推移，老同志年岁已高，年轻一代进步很快。所以，现在我们要把培养接班人的任务提上日程，主要有两个方面。

一是培养学术接班人。我们以前的办法是从川大、财大等学校聘请一些老教授当我们的学术带头人，现在能不能逐步变成我们自己的力量？大胆地聘请我校的中青年教师做学科、专业带头人。我们现在已经开始自己进行职称评审，要多鼓励一些拔尖的老师成为教授、副教授。我们现在有50位博士、116位副教授，要争取他们逐步变成正教授。年轻有为的教学科研骨干，我们要大胆培养。我们现在一定要突破依靠从外面引进学术带头人的局面。

这次金融学院选了一批老师到成都电视台录节目，文传学院谢天开老师到中央电视台录节目，艺术学院以前也有老师上电视台，我觉得很好，扩大了我校的影响力。年轻人就需要有社会影响力，需要知名度。要鼓励大家到外面去崭露头角，提高年轻教师的学术水准、社会影响力和知名度，不然我们的学术接班人在业界、社会中没有影响力，这是不行的。海尔的张瑞敏不仅把企业搞得很好，在企业界也极具影响力，他有很多创新和突破，比如"人机合一""互联工厂模式"等。我们每个学院都要制定学术接班人的计划，明确哪一个专业由谁带头，对哪些人进行培养，最终将他们培养成为在同行业、同学科中具有较高学术水准、较大社会影响力和知名度的人才，这是我们的目标。要大胆地帮助年轻同志。老同志要为年轻人创造条件，推着他们上。这次会上几位年轻同志的发言都不错，我们学校总共有400多个年轻教师，潜力无限，要创造一个有利于年轻人成长的氛围。

与会干部合影（宣传处 供图）

二是培养管理接班人。校、院（处）两级要培养年轻人，逐步后备、提拔到管理岗位上来。我们现在每个学院基本配备了一名年轻同志来做领导工作，未来还要培养更多的人到领导岗位上来。这次会议之前，大家提了几个助理人选，我看可以考虑培养。

老同志的任务有三个：一是把现在的工作做好，二是把接班人培养好，三是为年轻人创造成长的环境和条件。创造条件的同时也要对年轻人进行教育。所谓培养，不仅包括帮助、提拔、促进，也包括批评教育。毛主席讲过，年轻人一定要虚心，不能骄傲。态度不好，眼睛长在天上，群众通不过。一定要忠诚、敬业，要全身心投入；一定要有吃苦在先、享受在后的精神，不斤斤计较。

总之，老同志要为年轻人创造条件，年轻人也要加强自身修养。我回去要给全体老师、干部讲一次课，就叫"职场成功十二讲——老板喜欢什么样的员工"。我先讲一遍，你们回去要向全体学生讲。这次会上很多人都提到，我们的学生出去后很正派、很阳光，这就说明我们学生的修养很好。我们现在必须给学生讲这些，我校"三大培养"中就有一个是"事业成功培养"，我们不仅要让学生顺利毕业，还要使他们在职场上顺利成长。

各单位回去后要拿出培养年轻人的规划，这是我校未来稳定发展的大计。学术上怎么培养、组织上怎么样培养，都要进行规划。这样，我们的事业才会后继有人，我们的学校才会持续稳定发展。

最后，我要再次强调我们当前的形势是逆水行舟，不进则退；我们的任务是居安思危，变革突破。不坚持就迷失，不落实就出局，不变革就灭亡，不突破就淘汰！我们必须努力，必须落实，必须变革，必须突破！

端正初衷，砥砺前行，培养"三品"，发展"三力"

——在2018级新生开学典礼上的讲话

（2018年9月3日）

各位来宾，同学们，老师们，家长们：

大家上午好！今天，我们在这里隆重举行2018级本专科新生开学典礼。首先，我谨代表"锦城"全体师生员工向2018级的新同学们表示热烈的欢迎和祝贺！向莅临典礼的各位领导和来宾致以热烈的欢迎，向长期支持学校发展的四川大学，各股东单位、用人单位、合作办学友好单位、奖（助）学金设立单位和个人表示衷心的感谢！同时，也向关心信任锦城学院的广大家长朋友们致以诚挚的敬意！

一、端正初衷

同学们，欢迎你们成为"锦城"的一员！从今天起，你们的大学之旅开始了。在这个具有历史意义的时刻，我想先请大家思考一个问题——你们为什么而来？

这是一个关乎每位同学上大学的初衷和"原动力"的问题，也是一个决定你们大学怎样度过的问题。

邹广严校长视察新生报到现场（文传学院　供图）

我知道，大多数同学是怀着人生的理想或者对未来的美好憧憬到大学来的。或者想学有所成，贡献社会，增进人民福祉；或者只是制定了一些个人的小目标，比如将来找一份好工作、考上研究生、出国留学等。当然，也有个别同学还是懵懵懂懂的，只想来大学走一走，镀镀金，拿一纸文凭。

同学们一定要明白：为了拿文凭进大学和为了对知识的渴望和对真理的追求而读大学是不同的；为了完成父母之命和为了实现国家富强、民族复兴而读大学是不同的；为了混个大学生的名号和为了实现自己的人生梦想而读大学是不同的！

同学们，你们到大学来学知识、长本领，将来找工作、奔前程、安身立命，这是不错的。但是大丈夫当志存高远，只有发第一等的愿望，立第一等的志向，才能入第一流的境界，成第一流的事业！所以，我希望你们能把朴素的目标和伟大的理想结合起来，把个人的追求和民族的复兴结合起来，把对自己对家庭的责任和对社会的担当结合起来！

"锦城"是一所立德树人、为社会主义培养建设者和接班人的大学；是同学们学习知识、追求真理的地方；是激发潜能、发展特长的地方；是同学同道、互勉互励的地方；是增长才干、放飞梦想的地方。只有端正初衷，砥砺前行，你们的理想和学校的教育目标才能实现！

最近我看了一个材料，耶鲁大学前校长理查德·莱文认为，大学应该培养学生的品质和能力，这与"锦城"的理念不谋而合。锦城学院自建校之日，就确定了以人才培养为中心的指导思想，就明确了"做人第一，能力至上"的培养标准。我们要坚定不移地把这个指导思想和人才标准贯彻到2018级本专科同学的教育工作中，要大力培养"三品"，发展"三力"，达到"三成"。

二、培养"三品"

要培养高尚的品德。中国先哲在两千多年前发现，人是要入群的，即要过家庭和社会生活。人在群体里必须遵守一定的行为规范，其最基础的就是道德规范。"国无德不兴，人无德不立"。道德人品是一个人的灵魂，一个合格的公民必须明大德，守公德，严私德；必须明是非，知荣辱，辨美丑。道德的最高境界是有爱人之心、助人之乐、容人之量，或如孔夫子所说，能使"老者安之，朋友信之，少者怀之"。我校提倡"三讲三心"明德教育，要求同学们讲诚信，讲礼仪，讲感恩；对祖国、人民尽忠心，对父母、长辈尽孝心，对同学、同事尽爱心，就是要让同学们养成高尚的品德，完善一个合格公民的人格。我希望同学们能够践行"三讲三心"，培养以家国天下为己任的情怀；希望同学们能经常地表达对父母和师长的爱，多写几封书信，多致几声问候；希望你们善待周围的每一个人，给他们以关爱、包容和帮助。这样，品德之光就能照亮你我，温暖世界！

要培养高贵的品质。品质就是品格和素养。一个优秀的大学生不仅应该掌握专业知识和技能，还应该具备专业知识以外的人文素养、社会素养、科学素养。学校鼓励大家广泛阅读百家经典，增进人文知识，并将其内化为以人为中心的人文精神。学校培养同学们的民主作风和平等意识，同学们要学会包容、同情和善良，做到不好同恶异，不落井下石，不加害无辜，不恃强凌弱；要有广阔的世界视野，能与世界不同文明、不同民族、不同肤色、不同观点的人友好相处。学校希望大家学习科学知识，发展科学兴趣，培养科学精神，养成实事求是、尊重规律、理性严谨、探索创新的科学品格，要让学科学、爱科学、研究科学成为"锦城"风尚。同学们，有了丰厚的人文、社会、科学素养做支撑，相信你们的品质会更上一个层次！

要培养高雅的品位。生活不仅需要牛奶和面包，也需要诗和远方。我们不但要追求丰富的物质生活，也要追求高雅的精神生活。比如我们的先贤孔夫子，他不仅有对道德学问的追求，对政治理想的追求，还有对艺术和美的追求。他能看到《诗》的"思无邪"，能体会到"《诗》可以兴，可以观，可以群，可以怨"；他"在齐闻《韶》，三月不知肉味"。可见他对诗歌和音乐的欣赏已经达到了很高的境界。所以，他不仅要"志于道，据于德，依于仁"，还要"游于艺"，培养高雅的品位。锦大为贯彻习近平总书记指示，弘扬中华美育精神，正在大力普及文化艺术知识，提升同学们对艺术的理解、鉴赏能力，引导同学们体认审美价值，陶冶性情，使每位"锦城"学子求真、向善、尚美；不但能鉴赏人文作品如文学、绘画、雕塑、建筑、音乐、舞蹈、戏剧、电影、曲艺等之美，还懂得热爱和欣赏大自然之美；不仅追求环境之美，还追求心灵之美。我校"一体两翼"的教育，就是要通过艺术和体育使大家文雅而不懦弱，健壮而不粗野，使每位锦大学子都能养成通情达理、文质彬彬、谈吐文雅、举止得体的君子之风、淑女之品，体现锦大的文明之美、礼仪之美、青春之美！

三、发展"三力"

一是学习力。教育是百业之基，学习力是万力之母。一个人的生存和发展需要许多种能力，而这些能力往往都是由学习力衍生出来的。未来学家阿尔文·托夫勒说，未来的文盲不是不认识字的人，而是没有学会怎样学习的人。所以，同学们不仅要学会具体的知识和技能，还要学会学习本身。要培养主动学习的意识、持续学习的毅力、高效学习的方法、终身学习的能力；要锻炼收集文献、分析判断、总结归纳、构建结构、迁移拓展等能力。为了实现这个目标，只是被安排着学习是不行的，要变被动为主动，学会自主学习；只能回答老师的问题是不行的，还要学会去发现问题，提出问题；只等着老师给出标准答案也是不行的，要尝试着去分析问题，解决问题，自己寻找答案；只读教科书是不行的，还要有大量的课外延伸阅读；只是呆坐着听老师讲课是不行的，还要开动脑筋，认真思考，多到图书馆查资料，多到实验室做实验，多在计算机上搞模拟，多和同学们切磋讨论；只满足于卷面考高分是不行的，还要投身到项目中去，体验运用知识解决问题的过程；只学习已有的知识也是不行的，还要学会探索新知、创新创造。总之，要在不断地学习实践中发展自己的学习能力。

二是思考判断力。人类最突出的优势，就在于有思想、会思考、能判断。可以说，人类取得的每一次进步，都离不开那些卓越的创造性思考、批判性思考、反思性思考的推动，没有了这些思考，人类就无从进步。对于个人来说，思考判断的能力是我们驾驭人生的第一手段。所以，同学们要特别学习逻辑思维，发展思考判断的能力。首先，要坚持独立思考，不要人云亦云。其次，要学会批判性思考，多问几个为什么。要像耶鲁大学前校长理查德·莱文强调的那样："能够从那些表面的、有误导性的和迷惑人的东西中区分出合乎情理的东西。"在照片可以 PS、视频可以剪辑、信息可以被选择性传播的今天，要了解事实都是困难的，而要做到在了解事实的基础上做批判性的思考则更加不易。因此，我们不仅要有实事求是的态度、坚持真理的勇气，还要有广博的知识、扎实的理论、深厚的学养做支撑；要有严格的、科学的、富于逻辑的推理、证明等能力来实现。"锦城"的精神是追求事实，追求真理，追求至善！只有养成良好的思考判断能力，我们才能去伪存真，才能离事实和真理更近一步，才能真正驾驭我们的人生！

军训场上生龙活虎的 2018 级新生（宣传处 供图）

三是行动力。马克思曾指出："哲学家们只是用不同的方式解释世界，问题在于改变世界。"而改变世界的关键在于行动。邓小平同志很早就告诫我们说"空谈误国，实干兴邦"。习近平总书记说"幸福都是奋斗出来的"，号召大家"撸起袖子加油干"。这些名言里饱含着行动的智慧、实干的精神、成事的要诀。任你才高八斗、经纶满腹、满脑子伟大的计划和设想，不干，就只能是空想，是不会有任何成绩的。所以，同学们要提升行动力，就要有真干的精神、实干的作风、会干的本领以及对"干得好""干得漂亮"的追求！为此，你们要提高表达和沟通的能力，因为这可以让你们获得更多的理解，赢得更多的支持；要有团队精神、协作力量，因为一个人的努力只是加法，而一群人的努力则是乘法，一个巴掌拍不响，众人拾柴火焰高；要懂得坚持，有三分钟的热度并不难，难的是持之以恒，只有久久为功、百折不挠，才会取得最后的成功！要"止于至善"，做人做事要以卓越和完美为目标，并践行不达此目标永不停止的奋斗精神！

同学们，你们人生最宝贵的大学生活开始了。让我们不忘初衷，培养"三品"，发展"三力"，达到"三成"——通过"锦城"的教育，每一位同学都成长、成人、成才！将来为中华民族伟大复兴作出更大贡献！谢谢大家。

如何办好高质量的应用型大学

——在雅安职业技术学院的讲座讲稿[1]

（2018年9月27日）

在刚刚召开的全国教育大会上，习近平总书记指出"教育是国之大计、党之大计"，"坚持把优先发展教育事业作为推动党和国家各项事业发展的重要先手棋"；李克强总理强调要"推动教育从规模增长向质量提升转变"，"培养更多适应高质量发展的各类人才"；今年6月30日，在中国共产党四川省第十一届委员会第三次全体会议上，彭书记提出要全面推动我省的高质量发展。可见，"高质量"已经成为当前教育界的关键词、主旋律。作为一所应用型大学的校长，今天，我想就"如何办好高质量的应用型大学"这个主题与各位探讨和交流。

主要涉及四个方面：

第一，中国高等教育为什么要提高质量？

第二，质量问题是如何产生的？

第三，什么是高质量的教育？

---

[1] 9月27日，党委书记、校长邹广严教授应雅安职业技术学院邀请，赴该校考察交流，并给该校管理干部和教职工、学生代表近300人作题为《如何办好高质量的应用型大学》的专题讲座。本文根据讲话录音整理。

第四，锦城学院是如何实现高质量办学的？

一、中国高等教育为什么要提高质量？

（一）教育发展与经济发展的要求不适应

首先，我们来看两组数据：

1.根据"十三五"规划纲要编制前有关中外技术竞争的比对研究，在信息、能源、环境、生物、农业、海洋、交通、新材料、先进制造和公共安全等10个领域1149项技术群体中，我国有17%的技术达国际领先水平，31%的技术与国际水平基本同步，还有52%的技术与国际水平存在着或大或小的差距。这也就是中国科协在北京举行新闻发布会时的说法——中国科技创新进入了跟跑、并跑、领跑"三跑并存"的阶段。但是，今年《科技日报》推出了一个新专栏叫"亟待攻克的核心技术"，梳理了我国被"卡脖子"、亟待攻克的29项核心技术。总编辑刘亚东表示，虽然我国的科技是"三跑并存"，但还是"跟跑为主"。

2.工信部部长苗圩在全国政协第十二届常委会第十三次会议上对《中国制造2025》进行全面解读时指出，在全球制造业的四级梯队中，中国处于第三梯队，而且这种格局在短时间内难有根本性改变，要成为制造强国至少要再努力30年。第一梯队是以美国为主导的全球科技创新中心；第二梯队是高端制造领域，包括欧盟、日本；第三梯队是中低端制造领域，主要是一些新兴国家，包括中国；第四梯队主要是资源输出国，包括OPEC（石油输出国组织）、非洲、拉美等国家。

综合这两组数据来看，改革开放四十年，中国的GDP达到了世界第二位，但是经济发展的质量还不高。我们主要依靠的是人口红利，而不是人才红利，人才红利在高科技领域中的表现尤为突出。中兴事件就是一个教训，所以习近平总书记说，我们的教育不能满足科学精神培养、科技人才供给、核心技术突破的需要，要切实增强紧迫感和危机感。

当前，我国的经济发展已经迈入一个新的阶段。党的十九大是这个新阶段的重要标志。我们在2020年全面建成小康社会基础上，要用十五年的时间也就是在2035年左右让中国进入发达国家行列。这里的"发达国家"，不仅仅是经济强国，更是富强、民主、文明、和谐、美丽的现代化强国。我们当前面临的是历史交汇期，是一个从"规模增长"转向"质量提高"的新历史时期。

教育和经济从来都不是割裂的，它们之间存在着千丝万缕的联系。一方面，经济发展影响产业变化，产业变化带来人才需求变化，人才需求变化影响教育变革。正如改革开放搞活了市场经济，需要大量生产一线的应用型人才，职业教育和高等教育的规模扩张呼之欲出。另一方面，按照亚当·斯密和舒尔茨的"人力资本理论"，教育投入在未来预期的时间段内会形成人力资本，人力资本使劳动者的生产能力增加，即边际产量递增，最终会提升劳动生产率，促进经济发展。

因此，当前中国经济发展从"规模经济"向"质量经济"转型的过程中，教育必然从"数量递增"向"质量提升"转变。

（二）教育发展与建设人才强国、教育大国的要求不适应

大家都知道著名的钱学森之问："这么多年培养的学生，还没有哪一个的学术成就，能够跟民国时期培养的大师相比。""为什么我们的学校总是培养不出杰出的人才？"的确，中国历史上大师辈出的年代，公认的有两个，一个是春秋战国诸子百家争鸣时期，一个就是距离我们比较近的民国时期。章太炎、梁启超、陈寅恪、王国维、胡适、鲁迅、竺可桢、钱穆、马寅初、梁漱溟等这些民国大师们，创造了一个时代，至今仍有深远影响。但他们当中大多数都有留学经历。看看获得"两弹一星功勋奖章"的23位科学家，他们当中只有于敏和钱骥没有留学经历，其余21位元勋都留学于美、英、法、德、苏等国。钱学森就是从美国回来的，他是冯·卡门的学生，冯·卡门是世界级的航空航天专家。

再看看当下，国内非常著名的两位教授，原来就职于北京大学的饶毅和原来就职于清华大学的施一公（现在他们是西湖大学的创办者），这两位也是从美国留学回来的。他们创办西湖大学，采取的措施就是大力引进外国的师资团队，连助教都引进，给美国名牌大学助教的开价是他现在工资的三四倍。施一公曾说，西湖大学要超越北大、清华，他的办法，第一是拿钱堆，第二是搞人才全盘引进。这和香港科技大学走的路子差不多。这个事例说明，我们的教育与建设人才强国和教育大国的要求不适应，现在要办世界顶尖一流大学，还得主要靠从国外引进人才、引进师资。

再看看我们国家基础研究的原创性问题。有数据表明，我国依赖进口的技术产品有3717项，其中有重大影响、近期无法替代、严重受制于人的关键核心产品有455项。我国在基础研究方面，缺少从0到1的原创性成果，在从1到2的模仿过程中也缺乏对基本原理的理解和再创新的能力。而美国在芯片和操作系统这"一硬一软"两大产业中占据着垄断地位。任正非就说华为现在"进入了无人区","找不到方向"。为什么呢？因为华为的前一段发展是"追赶型"的，现在赶上去了，前面成了无人区，该怎么做，他自己承认"不晓得"。前面是1到N，是比较容易的，但是从0到1，就不是那么容易了。

所以，我们的教育要想培养出一流人才，跻身世界一流，支持原创性的基础研究，都还有一定差距，所以要提高质量。

（三）世界性教育危机带来的影响

2017年9月，世界银行发布了《2018年世界发展报告：学习以实现教育的承诺》。该报告称，全球教育正面临"学习危机"。总体来看，现在学生的学习效果并不好，而造成学习危机的各种直接原因，既有学生自身的问题，也有教师的问题，还有政府教育投入不足和配置不公的问题。

例如，该报告指出，学术水平、教学水平、师德水平低的教师是全球教育质量不高的重要原因。在经济发达地区，优秀教师为学生带来的学习成长是较差教师的三倍，在发展中国家这一数字则更高。缺乏优秀的教师，课堂对学生的吸引力自然就不够，对学生学习的主体性、主动性、积极性调动也不够。

现在的学习危机也是全球性的，典型表现是厌学、逃学、不好学、学习效果不理想。该报告调查表明，特别是发展中国家，厌学、逃学、不热衷于学习的现象普遍存在。学生满足于及格，满足于应付；搞歪门邪道，代考、作弊甚至成了一个产业。

可见，这里所说的"学习危机"实际就是教育危机，包括教师教学危机、学生学习危机和政府教育投入及管理问题。这在某种程度上揭示了全球教育正面临一个更深层次、更系统的问题，就是教育投入和教育取得的成果、教育的质量不成正比，没有达到预期的目的。

事实上，国内也受到一些危机的影响。今年6月，教育部在成都召开新时代全国高等学校本科教育工作会议，陈宝生部长作了重要讲话。他明确指出我国高等院校存在理念滞后、投入不到位、评价标准和政策机制导向还没有聚焦到人才培养上来等问题，特别提到了"水课"

邹广严校长与在雅安职业技术学院工作的"锦城"校友合影留念（温晶晶 摄影）

和"玩命的中学、快乐的大学"等问题。所以，近期教育部又印发了《关于狠抓新时代全国高等学校本科教育工作会议精神落实的通知》，要求全面整顿本科教育教学秩序，严格过程管理；淘汰"水课"，合理提升学业挑战度，严把毕业出口关，坚决取消"清考"制度等。这些无疑都指向了一点，那就是我们的高等教育必须进一步提高质量！

二、质量问题是如何产生的？

质量问题的产生既有高等教育发展普遍规律的问题，也有中国特殊性的问题；既有教育管理的问题，也有学校自身的问题。具体而言，有三个方面原因：

（一）急速扩招带来的必然结果

中华人民共和国成立以来，中国的高等教育有许多重大的转折点。比如1952年的院系调整、十年"文化大革命"、1977年恢复高考，这些都是重要的节点。到1999年，发生了一个历史性的转变，那就是高等教育的扩招。

扩招之前的20世纪，中国高等教育一直处在精英教育的发展阶段。1949年全国普通高校只有205所，学生人数仅11.65万人，到1965年全国高校仍只有434所，学生人数为67.44万人。1978年，我国高等教育的毛入学率是1.55%，1988年是3.7%，1998年是9.76%。长期以来，我们国家的情况是读大学难，哪个村子如果哪年能够考上一两个大学生，大家都说不简单。

到了1998年的时候，美国回来一个经济学家，叫汤敏，毕业于伊利诺伊大学经济系。他给朱镕基总理写了一个报告，建议高等学校应该扩招。为什么呢？因为1998年正值亚洲金融危机，高校扩招既有利于缓解就业难，还可以促进教育消费。就这样，在1998年，我们对"教育消费"这个概念还不是很懂的时候，汤敏就这样给中央领导建议。这个建议被采纳了。1999年1月13日，国务院批转了教育部《面向21世纪教育振兴行动计划》，该文件明确提出在2010年，我国高等教育的入学率要达到适龄青年的15%。扩招也在1999年拉开了序幕。

扩招后，中国高等教育进入一个快速扩张期。1999年，高校为1071所，学生人数436万人；我们仅仅用了四年时间，即到2002年，毛入学率就达到15%（而不是《行动计划》中预计的十年），我国进入高等教育大众化阶段。

这是一个非常重要的节点，因为按照美国学者马丁·特罗在1973年6月发表的《从精英向大众高等教育转变中的问题》一文的观点，入学率低于15%属于精英教育阶段，入学率大于15%小于50%为大众化阶段，入学率大于50%为普及化阶段。也就是说，我们只用了四年时间，就从高等教育的精英化阶段进入了大众化阶段。

按照《2017年全国教育事业发展统计公报》公布的数据，2017年我国高等教育毛入学率达到45.7%，已经是发展中国家比较高的水平了。可以说，自1999年以来这一段时间，是中国历史上高等教育发展得最快的一个时期。高中毕业生有大学上的问题基本解决，但是有好大学上的问题还没有解决。

学校多了，规模大了，质量问题就应运而生。但是，今天我们来看，扩招本身没有错，在我国高等教育发展太慢的情形下，扩招是当时促进高等教育发展的一种快速而直接的手段。

而且从世界范围来看，大众化过程中都普遍存在着质量下降的问题。马丁·特罗总结了美、欧、日教育大众化进程中，都不可避免地因为数量增长对高等教育系统和支持高等教育的社会提出了各种问题。这些问题产生于高等教育的每一个方面——财政和管理，学生入学和选拔，课程和教学形式，教师的聘任、培训和社会化，标准的制定与保持，考试方式和授予资格的性质，学习动机和学风，教学和科研的关系等。所以说，质量问题的产生首先来自发展的基本规律，它的产生也是必然的。

（二）中国高等教育大众化的特殊性

质量问题产生的第二个原因在于我国高等教育大众化过程的特殊性，这与世界范围内或者说世界教育发达国家的大众化过程是不同的。可以说，中国在解决大众化载体的问题上并没有做好准备。

马丁·特罗指出，教育机构不能无限制扩张，它们受传统、组织、功能和财政的限制。所以当进入大众化阶段（入学率超过15%）时，就必须增加非精英教育机构，快速发展大众型高等教育机构。

我们再来看看美国、日本等发达国家的高等教育大众化进程。美国高等教育在1940年时毛入学率就越过了15%的门槛，开始步入大众化阶段；日本紧随其后，从20世纪60年代到70年代中期经历了一个初期大众化的阶段，毛入学率从1960年的10.3%快速提高到1975年的38.4%。

事实上，高等教育的大众化不能寄希望于传统精英型高等教育机构规模的无限扩张，无论是美国还是日本，在高等教育从精英走向大众的过程中，都有适合其过渡的环境促使大学产生"变异"。

在美国，早在1862年（南北战争时期），美国国会就通过了《莫雷尔法案》，即由政府免费提供土地用以创办"赠地（Land grant）学院"。这个法案使美国59个州分别获得3万英亩土地创办大学，并且允许大学将这些土地变卖，用卖地之资作为学校经费。赠地学院后来大多发展为州立大学，这些州立大学一开始就提出把学问、职业教育和为社会服务作为办学目的，为其高等教育大众化做好了准备。

同样，20世纪初的日本，由于以帝国大学为首的官立学校无法满足升学需求和人才需要，因此私立专门学校发展起来。《大学令》及其一系列相关政策实施后，私立专门学校（私立大学）成为高等教育数量规模扩大的承担者。2016年日本《文部科学统计要览》记载，到2001年，日本私立高校占日本大学总数的74.1%，在私立高校就读的本科生占总数的77.3%。到2015年，私立高校占比为77.54%。可见，日本的私立高校已经占到四分之三还多。有了这个庞大的私立学校基层，日本的大众化进程也获得了较好的支撑。

再看看中国，我们在扩招这段时间内，高等教育的规模发展得很快。但是，这个快是在没有充分准备的情况下，在没有很好基础的情况下仓促上马的。

中国高等教育从精英化到大众化的进程中，载体问题是如何解决的？主要依靠三条路径：

第一是刚才所说的传统公立大学的扩招；

第二是2003年开始，大量独立学院的诞生；

第三是扩招后，中专、大专等专科学校的大批升格。

早期中国的独立学院基本上是公办校内设的二级学院形式，自2003年《教育部关于规范并加强普通高校以新的机制和模式试办独立学院管理的若干意见》（简称8号文件）颁布后，独立学院正名，且开始大规模发展。据教育部统计数据，2003年我国民办本科高校还只有9所，到2010年独立学院数达到峰值323所。目前，独立学院在校生数约占全国普通高校在校生数的五分之一。在国家财政教育投入不足且高等教育快速迈入大众化要求的前提下，独立学院的诞生是一种应急举措。

同样，为了承载大众化的飞速发展，中专升大专、大专升本科的"升格热"在扩招后也急剧加速。1999 年 3 月，教育部发布《关于师范院校布局结构调整的几点意见》指出，要逐步提高师范教育层次结构重心，"由三级师范（高师本科、高师专科、中等师范）向二级师范（高师本科、高师专科）过渡"。于是，中等师范教育的规模被压缩，不少中等师范学校升格成为大专，并推动原有的师范专科学校向更高一个层次的本科院校发展。《意见》颁布的第二年，全国就有 32 所师范专科学校升格成为本科院校，升格的师专数占当年升格"老专科"数的 43%。据不完全统计，2000 年教育部统计的 599 所本科院校中有超过 12% 的学校是由专科学校升格而来。如果把《中国教育年鉴（1998 年）》统计的具有高等学历招生资格的 428 所专科院校名录与 2016 年 6 月教育部网站公布的《全国高等学校名单》作比较，可以发现，428 所专科院校中陆续已有 340 所升格成为本科院校，所占比例高达 79.4%。快速升格的过程中，有一部分学校是做好充分准备的，而也有一些学校是急于升格，但办学质量并未提升的。因此，质量问题随之而来。

正是由于我国高等教育大众化进程没有做好充分的准备，扩招、独立学院应运而生，专科学校升格，都是紧急措施。所以，扩招的基本规律，加之中国自身的特殊性，使得教育大众化进程中的质量问题相应产生。近二十年来，社会公众对高等教育的质量问题也确实多有诟病。于是，提高质量的命题被提上日程。

（三）教育部门高度集权管理，学校缺乏自主性、自觉性、自律性的结果

产生质量问题的第三个原因在于，长期以来，教育部门高度集权管理，但学校缺乏自主性、自觉性、自律性。双方面的管理因素，致使高等教育质量问题的产生。

事实上，《高等教育法》中对"自主制定招生方案""自主设置和调整学科、专业""对举办者提供的财产、国家财政性资助、受捐赠财产依法自主管理和使用"等七项办学自主权作出了明确的规定，但是，多年以来，高校的办学自主权并未得到很好的落实。中国的大学要是没有自主权，是办不好、办不出特色、办不出高质量的。陈至立（曾先后担任教育部部长、国务委员、全国人大常委会副委员长）退休以后悟出一个道理，她在一次讲话中提到，中国教育最需要的是多样化，而政府管得太多，规定得过细，就没有多样化。

教育部门管得多、管得细，实际上在一定程度上影响和不利于各类学校主体发挥自主性、积极性、能动性。而一些学校自觉性、自律性较差，才导致出现了教育和管理上的"放水"现象，出现了"水课"，才使社会公众质疑高等教育的质量。

如果教育部门一边"放"，即放手多元化办学，增加供给；一边"帮"，即支持、帮助高等学校搞建设，促发展，提质量；一边做好"监管"，即当好学监，监督学校依法办学、安全办学。这样才既能保证政府的监管，又能释放学校自身的办学活力，从而提高办学质量。

三、什么是"高质量"的教育？

从这次全国教育大会、新时代全国高等学校本科教育工作会议、中国共产党四川省第十一届委员会第三次全体会议的精神来看，"高质量"的教育已经成为当前教育界的核心目标。那么，什么叫"高质量"的教育？我想，对于应用型院校而言，教育质量的最高层级，其实应当是"教有所用"，或者说毕业生为社会需要所认可。

这里有一个问题需要厘清，我们应该怎样树立大众化教育阶段的质量观？大众化教育是一个多元化、多样化的阶段。所谓多元化，就是办学主体多元化，就是各种办学形式多样化。研究型大学、应用型大学并存的一个阶段，我们必须建立新的质量观。不同类型的大学要有不同的质量观，不能用一把尺子来衡量，不能用一个标准来评估。正如爱因斯坦所说，每个人都身怀天赋，但如果用会不会爬树的能力来评判一条鱼，它会终其一生以为自己愚蠢。就是说，用会不会爬树来评价一条鱼，那么这条鱼恐怕一辈子都不可能成为一条"合格且优秀"的鱼了。所以，对研究型大学而言，办学质量好不好，要看其能否培养出研究型人才，有没有大师，科研成果能否对人类进步作出贡献；对应用型大学而言，如果以此为标准考核质量，就是文不对题，离题万里，应用型大学的高质量，就是要看培养的人才是否能适应社会需要，胜任岗位工作要求，具备一定的可持续发展能力。

四、锦城学院是如何实现"高质量办学"的？

四川大学锦城学院是2005年由四川大学申办、经教育部批准成立的全日制普通本科高等学校，是从建校起就旗帜鲜明地走应用型办学道路的一所多学科、综合性的应用型大学。学校地处成都高新西区，占地1500余亩，现有全日制普通本专科学生21000余人，其中，本科生16000余人。

学校现有财务会计学院、计算机与软件学院、电子信息学院、机械工程学院、建筑学院、土木与环境工程学院、文学与传媒学院、外国语学院、工商管理学院、金融学院、艺术学院共11个二级学院，开设有52个本科专业、18个专科专业、100余个专业方向，形成了文、理、工、经、管、艺等多学科协调发展的办学格局。

锦城学院2005年建校时在三本招生，2010年省内招生分数线已被考生顶到了二本线，2012年获批省内二本招生，2015年审计学（ACCA）获批一本招生，生源质量不断提升。今年，学校全部录取的是第一志愿考生，共有近7000名本专科生报到，在四川省同类院校中具有较强的生源吸引力。

学校现有省级应用型示范专业3个（网络与新媒体、软件工程、市场营销），省级民办高校重点特色专业质量提升计划项目4个（金融学、会计学、机械设计制造及其自动化、物联网工程），省级卓越工程师教育培养计划项目1个（计算机科学与技术），省级专业综合改革试点项目2个（软件工程、工程造价），省级示范实验教学中心2个（现代企业管理实验教学中心、物联网与通信工程实验教学中心），省级精品课程、精品资源共享课程、创新创业示范课程4门（"中国民俗学""应用写作""创业管理""创业学"），省级规划教材2部（《土木工程概论》《新编现代实用文写作》），省级教学成果奖3项（"创业学"课程建设与创新、互联网时代技术型文科人才培养模式探索、"全能记者教学模式"研究与实践），省级科学技术进步二等奖1项（"山区桥梁人工集料混凝土的性能提升技术与应用"项目）。

锦城学院是教育部指定信息平台——中国高等教育学生信息网授予的"学生最满意的十大独立学院"；在中国管理科学研究院《中国大学评价》（武书连主持）独立学院排行榜上名列"全国十强高校"；在《广州日报》公布的全国应用型大学排名中，名列全国独立学院第8位；获批"四川省整体转型发展改革试点单位""四川省地方属高等院校人才培养模式创新实验区建设单位"；荣获"中国民办高等教育优秀院校""全国社会实践先进单位""全国五四红旗团委""全国创建'平安校园'示范学校""四川省普通高等学校毕业生就业工作先进单位"等荣誉称号；学校的"应用型人才培养创新模式研究及实践"课题获批"四川省软科学研究计划项目"；《中国教育报》头版头条、《中国青年报》专版以及人民网、新华网等各大媒体都报道了学校办应用型大学的特色经验。

全国政协副主席、农工党中央常务副主席刘晓峰曾评价"锦城学院已经成长为

2016年5月，锦城学院团委荣获"全国五四红旗团委"（校团委　供图）

一所著名的应用型、创业型大学";四川省副省长杨兴平同志视察学校时,对锦城学院应用型大学建设给予充分肯定,并称赞学院办学特色显著,有声有色,印象深刻;教育厅朱世宏厅长在视察我校工作时指出,"锦城学院已成为四川省民办教育的排头兵,起到了示范作用";中国教育学会会长钟秉林指出"锦城学院应充满信心,旗帜鲜明地办好高水平应用型大学";中国民办教育协会会长王佐书认为"锦城学院走出了一条应用型办学的成功之路"。

过去十三年,锦城学院旗帜鲜明地办应用型大学,获得了教育界、学生、家长和社会公众的充分认可。如果说锦城学院基本实现了"高质量办学",主要经验来自以下六个方面:

(一)应用型院校的办学定位:办什么样的学校

任何一所学校建校的前提是解决办学定位的问题,也就是明确要办一所什么样的学校,这就是确定目标。任何一个团体和组织,要完全统一想法很困难,但统一一个目标能做到。让员工为一个班子工作很困难,为一个共同的目标工作能做到。而定位就是目标。锦城学院在筹建时,从指导思想、竞争策略和定位原则三个方面解决好了办学定位的核心问题。

1.指导思想:跳出教育看教育,跳出教育办教育

高等教育进入大众化阶段后,在象牙塔里办学的时代就永远结束了;计划经济时期大学生短缺的时代也永远结束了;传统大学培养什么人,用人单位就要接受什么人的卖方市场更永远结束了。这时,如果还单纯从教育内部审视教育,则是"不识庐山真面目,只缘身在此山中"。因此,我们另辟蹊径,提出"跳出教育看教育,跳出教育办

教育"的思想，改变了传统教育家办学单纯地从"供给侧"出发的惯性思维，增加了企业家、社会活动家看教育的办学角度，结合"供给侧"与"需求侧"，站在经济社会发展对大学人才培养要求的角度来审视当下的教育。而企业家、社会活动家往往对社会需求和新技术发展有着天然的敏感，把企业家、社会活动家的外部视角和教育家的内部视角相结合，这样才可能对应用型大学的创建有一个较为全面的认识。

应该说，"应用型"这个概念诞生之初，就与社会需求有着密不可分的联系。人类社会不但需要牛顿发现力学定律，还需要钱学森把火箭送上天。应用型大学的诞生是经济社会发展对人才需求的一种积极回应。因此，锦城学院认为，毕业生能否为社会需要并认可，是检验应用型大学办学成功与否的唯一标准。

2.竞争策略：学校错位竞争，人才分类培养

高等教育进入大众化阶段，学校多了，规模大了，同质化、无特色就是一种危险。因为中国高校几乎都参与了扩招，形成了在生源、师资、资金、雇主等市场资源上的激烈竞争，如果不能区别定位、错位竞争，势必混战一场。但是，中国高校的竞争不应是零和竞争，而应是错位竞争、特色竞争。不同学校在不同的办学定位上都可以办出一流，研究型有一流，应用型也有一流。

十多年前的中国，明确提出办应用型大学的高校并不多。多数本科高校还在争办研究型、研究教学型、教学研究型等类型的大学，似乎不挂"研究型"就会低人一等。但锦城学院就在办学定位同质化现象严重的"红海"中，另辟蹊径，找准自己的"蓝海"，明确"学校错位竞争，人才分类培养"的竞争策略。在全国2000多所普通高校中，既要防止趋高趋同，又要避免攀比跟风。

同时，由于社会进步和科技发展，一些国家和地区呈现出后工业化或信息化的特征，产业门类增多，社会分工越来越细，因此，对人才的需求更加多样化。现在，就业市场上出现的"大学生就业难和用人单位招人难"并存的局面，就是对高校人才培养"方式雷同、方向单一"的传统模式所提出的挑战，要解决这个问题，大学生人才必须分类培养。

3.定位原则：定位准，定位稳

锦城学院自成立之时起，就清醒地认识到自己与母体学校在历史积淀、文化传统、师资力量、学科建设、财政状况和生源质量上都是不同的，不可能办成同一类型的学校，不可能在同一个层次上竞争。学校十三年来旗帜鲜明地办应用型大学，坚持定位准，定位稳。

学校发展定位：经过两到三个"十年奋斗"，建成西部领先、国内一流、国际知名的"一流应用型大学"。

学校类型定位：多学科、综合性的应用型大学。

学校层次定位：以本科为主，高等职业专科教育与联合培养专业硕士为辅。

人才培养定位：以培养高素质、复合型、经世致用的应用型人才为主。

专业设置定位：专业设置以社会需求为导向，以促进行业发展为目的。

服务面向定位：立足四川，服务西部，面向全国，为地方经济社会发展提供人才支撑和知识技术等全方位的服务。

正是由于锦城学院找准方向，谋求特色，一以贯之，错位竞争，才实现了异军突起。

（二）应用型院校的人才培养：培养什么样的人

习近平总书记在全国教育大会上说："培养什么人，是教育的首要问题。"锦城学院在培养什么样的人方面，重点这样做：

1.培养标准：做人第一，能力至上

做人第一，能力至上，就是一会做人，二会做事。

"国无德不兴，人无德不立。"中国自古以来选拔人才的标准便是"德才兼备，以德为先"，所以，学校把做人的教育摆在首位。我们认为，大学教育首要的任务就是继续教会学生做人，完善人格，培养负责任的合格公民，把中华民族优秀传统文化与社会主义核心价值观结合起来。立德为先，具体来说就是要培养学生的"三品"，即：高尚的品德、高贵的品质和高雅的品位。具体内容在后面我会讲。

"能力至上"要求学生具备的核心竞争力是：纵向可提升的专业能力和横向可迁移的适应能力。学生应达到"两双三力"："两双"即双语交流和双证培养，双语交流要求学生能够用普通话和一门外语与人进行交流，双证培养是要求学生毕业时最终要取得毕业证书和从业资格证书。

"三力"即学习力、思考判断力、行动力。

学习力——教育是百业之基，学力是万力之母。一个人的生存和发展需要许多种能力，而这些能力往往都是由学习力衍生出来的。未来学家阿尔文·托夫勒说，未来的文盲不是不认识字的人，而是没有学会怎样学习的人。所以，锦城学院的学生不仅要学会具体的知识和技能，还要学会学习本身。要培养主动学习的意识、持续学习的毅力、高效学习的方法、终身学习的能力；要锻炼收集文献、分析判断、总结归纳、构建结构、迁移拓展等能力。

思考判断力——人类最突出的优势，就在于有思想，会思考，能判断。可以说，人类取得的每一次进步，都离不开那些卓越的创造性思考、批判性思考、反思性思考的推动，没有了这些思考，人类就无从进步。所以，锦城学院的学生要特别学习逻辑思维，发展思考判断的能力。首先，要坚持独立思考，不要人云亦云。其次，要学会批判性思考，多问几个为什么。就像耶鲁大学前校长理查德·莱文强调的那样："能够从那些表面的、有误导性的和迷惑人的东西中区分出合乎情理的东西。"在照片可以PS、视频可以剪辑、信息可以被选择性传播的今天，要了解事实都是困难的，而要做到在了解事实的基础上做批判性的思考则更加不易。因此，我们的学生不仅要有实事求是的态度、坚持真理的勇气，还要有广博的知识、扎实的理论、深厚的学养做支撑；要有严格的、科学的、富于逻辑的推理、证明等能力来实现。"锦城"的精神是追求事实，追求真理，追求至善。只有养成良好的思考判断能力，我们才能去伪存真，才能离事实和真理更近一步。

行动力——马克思曾指出："哲学家们只是用不同的方式解释世界，问题在于改变世界。"而改变世界的关键在于行动。邓小平同志很早就告诫我们说"空谈误国，实干兴邦"。习近平总书记说"幸福都是奋斗出来的"，号召大家"撸起袖子加油干"。任何人就算才高八斗，经纶满腹，满脑子伟大的计划和设想，不干，就只能是空想，是不会有任何成绩的。所以，我们培养学生提升行动力，就要有真干的精神、实干的作风、会干的本领以及对"干得好""干得漂亮"的追求。行动力包括"言必信，行必果"；包括提高表达和沟通的能力、团队精神、协作力量；包括做事要持之以恒、百折不挠等。我曾经说过，"一个好的计划或设想，人们想到了不一定能做到，做到了不一定能做好，做好了不一定能坚持下去。只有那些想到了、做到了、做好了而且能够坚持下去的人才会取得成功"，就是这个意思。

2.课程体系："三大教育"

为了落实人才培养标准，在课程体系上，锦城学院自建校起就创造性地开展"三大教育"，包括明德教育、知识教育和实践教育。

（1）"构筑三品"明德教育

这次全国教育大会上，习近平总书记强调了人才培养要全面，指出要把立德树人融入思想道德教育、文化知识教育、社会实践教育各环节，培养德智体美劳全面发展的社会主义建设者和接班人。锦城学院的"三大教育"（"构筑三品"明德教育、"一体两翼"知识教育、"三练三创"实践教育）契合了习近平总书记关于"要把立德树人融入思想道德教育、文化知识教育、社会实践教育各环节"的要求。

明德教育的核心是价值观教育，要在价值观的指引下进行明德教育。在锦城学院，要培养学生的"三品"：

一要培养高尚的品德。品德就是伦理规范。道德人品是一个人的灵魂，一个合格的公民必须明大德、守公德、严私德；必须明是非、知荣辱、辨美丑。道德的最高境界是有爱人之心、助人之乐、容人之量，或如孔夫子所说，能使"老者安之，朋友信之，少者怀之"。锦城学院提倡学生讲诚信、讲礼仪、讲感恩；对祖国、人民尽忠心，对父母、长辈尽孝心，对同学、同事尽爱心，就是要让同学们养成高尚的品德，完善一个合格公民的人格。

二要培养高贵的品质。品质就是素质修养。一个优秀的大学生不仅应该掌握专业知识和技能，还应该具备专业知识以外的人文素养、社会素养、科学素养。学校鼓励学生广泛阅读百家经典，增进人文知识；培养学生的民主作风和平等意识，学会包容、同情和善良，做到不好同恶异，不落井下石，不加害无辜，不恃强凌弱；促使学生有广阔的世界视野，能与世界不同文明、不同民族、不同肤色、不同观点的人友好相处；要求学生学习科学知识，发展科学兴趣，培养科学精神，养成实事求是、尊重规律、理性严谨、探索创新的科学品格。

三要培养高雅的品位。品位有雅俗之别。生活不仅需要牛奶和面包，也需要诗和远方。我们不但要追求丰富的物质生活，也要追求高雅的精神生活。比如我们的先贤孔夫子，他不仅有对道德学问的追求、对政治理想的追求，还有对艺术和美的追求。他能看到《诗》的"思无邪"，能体会到"《诗》可以兴，可以观，可以群，可以怨"；他"在齐闻《韶》，三月不知肉味"。可见他对诗歌和音乐的欣赏已经达到了很高的境界。所以，不仅要"志于道，据于德，依于仁"，还要"游于艺"，培养高雅的品位。锦城学院弘扬中华美育精神，大力普及文化艺术知识，提升同学们对艺术的理解、鉴赏能力，引导同学们体认审美价值，陶冶性情，使每位"锦城"学子求真、向善、尚美。

因此，锦城学院是把立德树人与传承文化相结合，以明德教育为基础，开展中国传统文化教育。因为中华文明是世界上唯一的历经五千年而未曾中断过的文明，其具有横向的普适价值和纵向的永世价值。中华文化囊括了儒、释、道各学派和历代先贤的智慧和思想，具有仁爱、正义的底蕴，开放、包容的特性；同时，中华文化绵延五千年，具有原创内生、经世致用、历久弥新、与时俱进的特点，今天她依然是推进我国社会主义现代建设的强大精神力量。所以，要实现中华民族伟大复兴，培养新时代中国特色社会主义接班人，大学就必须肩负起传承中华优秀传统文化的重任。

在践行举措上，一方面，学校实现了课程、课本、活动的"三结合"：明德教育已列入全体在校生的必修课；学校编纂出版《百家经典选读》《中华传统文化经典选读》及"当代大学生明德教育教材系列丛书"等教材；设立"锦城9·28尊师节"，开展"礼仪月""感恩月""诚信月"等活动。另一方面，学校通过硬环境（孔子像、建筑命名）和软环境（《论语》诵读会）的结合，营造传统文化氛围。

办学十余年来，锦城学院涌现了割肝救母的钟颖、见义勇为的周建良、舍己救人的吴祖恩、孝老爱亲的张博研等一大批明德典型；在传统文化教育的熏陶下，"锦城"学子普遍养成了健全的人格和良好的修养，展现出了具有鲜明民族精神、时代精神和"锦城"精神的良好风貌，受到家长、用人单位和社会各界的一致好评。

一个很典型的例子就是中国建设银行本来只招收985、211高校的学生就业，但是他们的行长来我校参观访问时，走在路上看见很多孩子见了校长和老师都很有礼貌，一路上都听见"校长好""老师好"，就对我说："您培养的学生不错嘛，很有素质，很有礼貌，应该招这样的学生，就来一个'985''211'+'锦城'吧。"当即决定招收锦城学院的毕业生。这就是"锦城"的文化教育、素质教育的结果。

（2）"一体两翼"知识教育

"一体"是指学校教学的主体是自然科学、社会科学和人文科学相结合的知识教育，着力提高人的智育水平；"两翼"即艺术和体育，使学生文雅而不懦弱，健壮而不粗野，从而加强了"三品教育"的达成。

需要说明的是，锦城学院的"知识教育"特别重视知识的运用。中国传统大学历来重视知识，并信奉"知识就是力量"，但用这个理论指导应用型大学教育是不够的。我们提出"知识就是知识，运用知识才是力量"。因此，"搞好一个项目比考出一个高分更重要，解决一个现实难题比拼凑一篇论文更重要，干好一件事情比空谈理论更重要，做好一项实验比死记硬背更重要"。用人单位反馈，"锦城"毕业生能快速适应工作岗位，将理论与实际结合，专业知识和实践能力强，工作效率高。

文雅而不懦弱，健壮而不粗野。2018年10月15日，锦城学院足球队荣获四川省高校大学生足球比赛普通组冠军，并获得体育道德风尚奖、金球奖、金靴奖（通识学院　供图）

在"两翼教育"方面，我们基本做到了"天天有体育活动，周周有文娱比赛，三五天有一场报告会"。学校给学生描绘校园活动的"全景图"，我们希望他们每个人都有一个舞台，每个人都能扮演主角，每个人都能赢得掌声！

（3）"三练三创"实践教育

"三练"即吃苦耐劳意志训练、组织纪律与团队精神训练、职业素质能力训练；"三创"即创新思维、创造能力、创业精神。实践教育的本质是行动和实践。

实践教育有两项重要的特色教育不得不提：一是劳动教育，二是创业教育。

针对社会公众认为大学生缺乏吃苦耐劳的精神、生存实践的本领、勤俭节约的美德、迎难而上的气魄等问题，2006年，锦城学院实施"农场劳动教育"。学校规定所有在校生都必须完成农场劳动必修课程的实践学习，并取得2个劳动教育学分，这在全国高校中是首创。劳动教育符合习近平总书记在全国教育大会上提出的"要在学生中弘扬劳动精神，教育引导学生崇尚劳动、尊重劳动"的要求。劳动是就业的基础，培养人的生存本领。人要发展，必先要能生存。生存的知识、技能和技巧，不仅要在课堂上学习，还要通过课堂之外的劳动实践来获得。学生通过劳动锻炼会更加尊重劳动，懂得珍惜，学会感恩，勤俭节约。通过对校友的调查，我们发现，劳动是学生离开学校后仍会深刻记忆的东西。锦城学院就是要把中国人热爱劳动、尊重劳动、不畏困难、迎难而上的基因传递给下一代人。近年来，学校涌现出一些劳动教育的典范，如"锦城养牛郎"、青年创业导师罗斌，国家级标准化示范农场创造者罗森，带领全村种植草莓创业致富的村支书、"草莓西施"戢静艳等。中央电视台和《人民日报》《中国青年报》等多家中央、省、市媒体以新闻、深度报道和访谈等形式报道了"锦城"特色的劳动教育。

锦城学院还有一个首创，就是创业教育。2006年，学校推行创业教育，规定全体在校生必须完成创业必修课程的实践学习，获得2个学分。学生通过16学时的创业必修课+创业方案设计大赛+学生模拟公司锻炼接受"三位一体"的创业教育。创业是就业的升级，培养人的发展能力。从创业教育来看，首先是培养学生的创业意识和创业精神，解决想创业、敢创业的问题；其次是培养学生的创业本领和实践能力，解决会创业、能创业的问题。从创业教育的意义来看，在普惠层面，让大部分学生具备创新思维、创造能力、创业精神；在高阶层面，使部分学生从就业岗位的竞争者变为就业岗位的创造者。目前，锦城学院的校友创业率超过3%；截至2017年7月，已培养出1148名"锦商"、1440名职业经理人；成功孵化实体公司1303家，创业企业年产值总额约120亿元。学校获批"四川省大学生创新创业俱乐部"；承担教育部、四川省科技厅、四川省教育厅的多项创业教育研究课题；出版《创业学教程——理论与实践》《创业管理——大学生创新创业基础》《精准创业——大数据环境下的运行原理与策略研究》等前沿教材、专著；创业类课程获批省级精品资源共享课、四川省首批创新创业教育示范课程；创业课程体系获"全国民办高校创新创业课程建设奖"。

3.资源分配："三个阶段"

教学资源有很多，一个本科生在大学学习的四年中，时间是很重要的一个资源，这个资源如何安排好，十分重要。锦城学院统筹"三个阶段"的教学资源安排，即：

理论基础知识必修阶段，通过授课、讲座、作业、练习和线上线下阅读来完成。这个阶段的重点：一是学习知识，原则是所排课程要少而精，知识容量要管用、够用、能用、会用，要讲深讲透，举一反三；二是通过听课、阅读、讨论、互动，学会深度学习；三是检索正反文献，举行专题辩论，培养学生批判性思维和判断能力。这个阶段一般为 2.5—3 年。

工学结合专业实践阶段，通过实验、实习、实践完成。突破实践环节是应用型人才培养的关键，而工学结合是实践的最好形式。工学结合的教育模式最早可追溯到 1903 年英国桑德兰特技术学院在工程和船舶及建筑系实施的"三明治"教育；美国俄亥俄州辛辛那提大学工程学院的郝尔曼·施奈德教授于 1906 年开创的学习与工作多次交替的"学工交替"合作教育已成为目前世界上较为流行的工学结合合作教育模式；德国的"双元制"教育以"学历证书＋职业证书""学校学生＋企业员工""工学交替，校企融合"为核心，也已成为中国不少职业院校竞相效仿的教育模式。锦城学院要求学生顶岗实习，真刀真枪操作，并且完善管理，学校有教师跟踪，企业有师傅帮带指导，使学生学到本领，能够胜任岗位工作，企业获得人力支持，实现工学双赢。这个阶段根据专业的不同，大致为 0.5—1 年。

综合能力整合提升阶段，通过综合运用所学知识和能力，完成毕业论文或毕业设计，以达到提高学生提出问题和解决问题的能力。锦城学院强调毕业论文选题注重与社会生产的实际相结合，现有 50% 以上的毕业论文/设计（包括不同科类毕业汇报演出、作品展示、社会调查报告等）在实验、实习、工程实践和社会调查等社会实践中完成。这个阶段约需要 0.5 年。

通过"三个阶段"的教学资源安排，对学生开展理论基础训练、综合能力训练、专业技能训练和创新实践能力的训练。

4.培养手段："三大培养"

学校在横向"三大教育"的基础上，还着力抓好纵向"三大培养"：

学习能力培养。学习能力对于一个人、一个民族的生存和发展具有重大意义。因此，学校特别重视培养学生主动学习的意识、高效学习的习惯和终身学习的能力。比如，学校向学生推介"十种学习法"，包括预习设问法、系统认知法、参与互动法、温故知新法、循序渐进法、学思结合法、学用结合法、举一反三法、专注学习法、合作学习法。在"锦城"，学生只能回答老师的问题是不行的，还要学会去发现问题、提出问题；只等着老师给出标准答案也是不行的，要尝试着去分析问题、解决问题，自己寻找答案；只读教科书是不行的，还要有大量的课外延伸阅读；只是呆坐着听老师讲课是不行的，而要开动脑筋，认真思考，多到图书馆查资料，多到实验室做实验，多在计算机上搞模拟，多和同学们切磋讨论；只满足于卷面考高分是不行的，还要投身到项目中去，体验运用知识解决问题的过程；只学习已有的知识也是不行的，还要学会探索新知、创新创造。

岗位胜任培养。学校于2010年和2016年先后进行了两轮大规模、高信度的就业岗位调查，调研了600余家企业，涵盖2000余个就业岗位，出版了《大学生就业岗位调查报告》。调查对岗位需求、行业需求、区域需求、技术进步需求开展了"四大调研预测"，同时关注学术前沿、产业前沿、技术前沿、管理前沿的"四大前沿领域"，可以说是"显微镜+望远镜"式的调查。学校根据岗位需求（其在本质上集中代表了社会需求）制定人才培养方案，着力于学生的岗位胜任能力培养，目标是培养学生胜任各行业的中高级岗位。

事业成功培养。学校不仅抓就业教育，而且抓好从业教育，对学生今后的人生负责。教育学生养成有礼貌、能吃苦、懂规矩等职场素养，教育学生只有通过刻苦努力、全身心投入才能成功，只有正面思维、阳光心态才能成功，只有不怕失败、百折不挠、坚持到底才能成功。

（三）应用型院校的基本认知："五个第一"

我们认为，办高质量的应用型大学还要正确认识、妥善协调大学一系列重大关系的基本原则，我们归纳为"五个第一"：

一是在大学的三个职能（教学、科研、社会服务）中，人才培养第一。

无论是教学、科学研究，还是社会服务，最终目的都是培养人才。人才培养永远是大学教育的中心工作。在锦城学院，没有离开人才培养的科学研究，也没有离开人才培养的社会服务。凡是立足培养人才的，我们都是允许和鼓励的。所以这三项职能中，不说谁是第一，唯有"培养人才第一"。哪个能培养人才，哪个就第一。不过，从总体来看，我们学校，教学所占的比重最大。

二是在高等教育面临的三个问题（规模、质量、公平）的关系中，教育质量第一。

对高等教育而言，从全局来说，教育部说公平第一，但对于一所学校来说就是教育质量第一。一个没有教学质量或质量较低的学校是没有竞争力和发展前途的。锦城学院用了十年时间从两千人发展到两万人，这个速度非常快。但是教育质量是最关键、最核心的问题。所以，我们说"教学质量是学校的生命线"，建立教学质量保障体系，为的就是保证大学教育的高质量。为了保障教育质量，学校还要求"两个主体"的全身心投入：一是教师全身心投入教育；二是学生全身心投入学习。所以，2005年学校创立，在三本招生；到2010年，录取分数顶破二本线；到2015年，ACCA被批准一本招生，实现了招生质量的"三级跳"。

对学校而言，要实现建设和发展的远景规划，必须有一批全身心投入的干部、教师和创业者；对学生而言，最宝贵的教育资源是时间，而这个资源的价值量（或含金量）取决于学校的服务、教师的加持、学生的努力；对教师而言，须做到传道、授业、解惑，做好教学、科研、服务，教师必须投入时间、精力和智慧，对学生负责，对学校负责。只有教师全身心投入教书育人，才能引导学生全身心投入学习实践。

工商管理学院黄春艾老师（前排右四）利用课余时间，组织"艾深克读书会"，促进学生成长增值（工商学院　供图）

在"锦城"，没有不培养人才的活动，没有不辅导学生的教职员工；在"锦城"，每一门课程都是通过精心设计的，为的是提供一种学生受益最大化的教育；在"锦城"，每一位教师都拥有工作室，每一位教师在工作室门上都张贴了课外辅导学生、答疑的时间，增加师生面对面交流的目的是把培养人才的时间延伸至课外；在"锦城"，学生在哪里，老师就在哪里。

三是在学校的"三个增值"（指学生、老师、学校的增值）中，学生增值第一。

"锦城"提出"三个增值"，让学生、老师和学校增值。这里，学生增值是第一位的。学生的成功就是学校的成功。学校的增值是有前提的，学校的增值是通过师生的增值来增值的。所以，我们非常关心校友的成长，非常关切毕业生职场的成功。

四是在学校的"五个课堂"中，第一课堂（即教室课堂）第一。

锦城学院有"五个课堂"（教室课堂、实验室课堂、生产基地课堂、课外活动课堂和网络在线教育课堂），排在第一位的是教室课堂。教室课堂是传授知识、培养思维、提高素质的主战场，教室教学是学生增值的主要方式。所以我们提出"锦城课堂大于天"的概念，要求师生对待课堂做到"六个像"：像见贵宾一样尊重，像做祭祀一样敬畏，像初恋一样有激情，像约会一样有期待，像演员上台一样有表现欲，像探险家一样有好奇心。

五是在学校三支队伍（师资队伍、管理队伍、服务队伍）建设中，师资队伍建设第一。

一所学校成功与否，关键在于老师。美国哥伦比亚大学拉比教授说："大学就是教授，教授就是大学。"美国前总统奥巴马说："一个学校的水平不可能高于它的老师水平，老师的水平决定学校的水平。"所以，师资队伍建设是第一位的，而"双师型"教师队伍是应用型大学的一张王牌。

在锦城学院，认定"双师型"教师有三条标准：一是来自业界的精英作为专职教师，二是来自业界的管理者作为兼职教师，三是科班出身的教师要取得行业资格证书。对于来自业界的专职"双师型"教师，锦城学院实行"三高"政策——待遇高、平台高、重视度高。他们不但给学生上课，还给教职员工开讲座。

引进不难。难的是如何让业界人士"讲台上讲得好"，让高校教师"实战中做得好"，让每位教师都"既是能工巧匠，又是专家学者"。在"双师型"师资队伍建设上，锦城学院还远比引进业界精英的通行做法走得更远。为此，锦城学院制定了《教师双向进修制度》，要求来自业界的教师要通过入校进修听课、岗前培训等方式，提升教学理论和技巧，以尽快与教学岗位接轨；来自高校的教师要通过考取行业资格证、赴企业挂职锻炼、参与校企横向课题等形式到业界进修，以获得一线的实践经验。这项制度使学校实现了从"单向引进"到"双向进修"的"螺旋上升"！"双向进修"打破了单纯引进行业精英的"一条腿走路"的现状，使自有教师与业界教师既互补，又融合，补齐短板，发挥长板，"两腿都硬朗"。目前，我校经认定的双师型教师占比约65%。

不仅如此，锦城学院的"双师型"团队还给东南亚国家政府官员办起了培训班。2013年底，学校教师团队为柬埔寨王国旅游部、商务部选派的20名高级国家干部提供了为期20天的旅游管理和贸易促进培训；2016年起，学校与泰国商会大学合作，联合培养硕士研究生，学校派出数十位"双师型"教师，参与授课，担任导师；2017年，学校开展"尼泊尔媒体记者研修班"，提供技能培训，服务"一带一路"倡议。

（四）应用型院校的教学模式：以质量为中心，以改革为突破口

1．"三不放水"，保持大学教育的高水准

前些年，民众对高等教育的反映是有些"水"，就是在大学的教育过程中，学校管理"放水"，老师教学"掺水"，学生学习"注水"。学校和老师没有给学生适当的压力，学生读不读书、做不做作业都能把大学混过去。所以陈宝生部长说，要淘汰"水课"，打造"金课"。

我们梳理了一下，发现很多高校在这一层面上不同程度存在着"三放"的问题，就是：管理上的"放羊"，教学上的"放水"，育人上的"放任"。

管理上的"放羊"，老师上课来下课走，干部对学生管理不到位。这在很多大学校长的文章中都有提到，相信大家也有自己的观察和了解。锦城学院特别学习了上海财经大学田国强教授的文章。他从美国回国后，到上海财经大学任教，觉察到国内大学的管理是"放羊式"的管理——学生没人管，大多时候是放任自流，是否课外阅读，是否做作业，是否实习，都没人管，所以写了一篇文章——《关于加强学风、教风建设的建议》，他指出的问题基本上是存在的，也是我们应该直面的。

教学上的"放水"，表现是多方面的。其一，教师备课不严谨，上课东拉西扯；其二，学生平时上课不努力，比如课前不预习，上课不听讲，课后不复习，但他想要考试及格，怎么办呢？就寄希望于老师到了期末考试的时候划范围、勾重点、漏考题，变相地进行作弊，甚至有的学生给老师打电话要分。有的老师在平时的教学过程中不严

格管理，学生上课到不到、认真听讲没有，没人管，到了期末进行突击，这几乎成为某些师生之间心照不宣的约定。

育人上的"放任"。什么是放任？就是对不良的思想和习气太迁就。现在的学生大多数都是独生子女，是家里的掌上明珠，或多或少有些骄纵的习气，甚至吃喝玩乐，这对他们的成才、成长极为不利。《礼记·曲礼》中说："敖不可长，欲不可从，志不可满，乐不可极。"我校规定"三不准"（不准抽烟、不准喝酒、不准打牌），并公开处分了几个违反"三不准"的同学。

锦城学院怎么做？

我们自建校时就提出"优教严管是人才培养的必由之路"。办学初期，我们根据学生特点曾提出"半军事化管理"，行课时间不准随意进出校门，但这种管理受到学生抵抗，很多学生戏称学校为"锦城高中"。后来我们适当放宽了一些，但还是严禁学生深夜不归。这从一个侧面反映了我校对治校治教的严谨，毕业生和校友也常常说，没有当初"锦城高中"的严管，就没有如今职场发展的成功。

2010年，我们就要求学生上课背书包，带"三大件"——书、笔和笔记本，这在社会上引发一阵风波，媒体褒贬不一，但执行严格措施的结果是——学生受益、家长好评、教育同行认可。

2013年，我们提出"从严治校，三不放水"。"不放水"是教育的良心和底线，是对学校、对教师的起码要求，"放水"是对学生、对家长、对学校、对社会的不负责任。自此，学校开始实施"三不放水"的教学管理举措，即教师对学生学习过程管理不放水，教师对学生的期末考试不放水，学校对教职员工的考核不放水。后来，学校进一步扩展"三不放水"的内涵，即教育不放任，管理不放羊，考试不放水。我们认为，没有好的教风就没有好的学风，没有好的考风就没有好的学风，没有一定的淘汰率就没有好的学风。

学校要求老师在每学期的第一堂课都给学生展示教学大纲，让学生了解课程的教学重难点。学期末不允许老师给学生划定考试范围，不圈重点，不出模拟题。一开始也遇到了少部分学生的不理解和抵制。但是，我们坚持从严治校，严格管理，这就使得学生重视教学大纲，上课集中精力听课，认真做好课堂笔记，课后做好复习。在做好这一方面的同时，我们也重视教学过程的"不放水"，要求老师课堂上要提问，要进行课堂考试，要布置课后作业并及时批改。一手抓期末的节点管理，一手抓学习过程的过程管理，取得了良好的效果。可以这样说，"三不放理论"坚守了大学教育的良心底线，保证了大学教育质量的高水准。

2."两设一翻""三改一长"，实现师生同频共振共鸣

在教学改革方面，我们也大刀阔斧地做了一些尝试。

（1）"同频共振共鸣"和"教育合力说"形成

大家都知道，以前传统的课堂教学提倡"以教师为主导"。20世纪80年代中期以来，瑞士心理学家皮亚杰提出的"建构主义学习理论"，在西方十分盛行，就是说：学习是引导学生从原有经验出发，生长（建构）起新的经验，探究式学习就是建构主义观点在具体教学中的运用。21世纪以来，中国一些高校开始提出"以学生为中心"的教学观念。

我们为了对"以教师为主导"和"以学生为中心"这种一元主体式教学观念进行修正，创造更符合教与学基本规律的课堂教学形态，在2011年提出了"实施'三大教学改革'，师生同频共振共鸣，开

创教学改革新局面"，后来我们把它系统阐述为师生同频共振共鸣的"教育合力说"。

因为物理学里有一个概念是"共振"，两个物体振动频率相同时，会发生共振现象，共振后能量要比原来大得多。物体因同频共振而发声的现象，又称为"共鸣"。所以，同频是共振的前提，共振才能发生共鸣。

把这个概念应用到教育上，可以说，教育不是万能的，只有当好的教育者和受教育者意向一致的时候，教育才有可能改变受教育者的命运。这就要求老师的教育频率和学生学习的频率一致，即师生同频共振的时候，教师力量和学生力量产生的合力，即教育力，就会增大能量。教育力在此时是最大的，效率最高，效果最好。

师生在教学中"同频"有三个方面：一是当教学目标与学习目标一致时，双方会产生共鸣；二是当教学内容的兴奋点与学习内容的兴奋点一致时，最容易产生共鸣；三是当教学进度与学习节奏相吻合时，共鸣的时段会更持久。因此，教师在教学过程中要想办法促进三个方面的同频共振共鸣。

师生同频共振共鸣，能够把注意力聚焦到一个问题上，就好像通过放大镜把阳光聚到一个焦点上，焦点的温度或热量就比普通光线高多了，如此，"课堂的温度"就能热起来。

为了实现师生的同频共振共鸣，近年来，我们实施了"两设一翻，三改一长"的举措。

（2）"两设"：课程与课堂设计和教育工程师的养成

在锦城学院有一条铁律：没有"两课设计"一律不得上讲台。实施"两课设计"的目的是达到"两个提高"：努力把传统的"备课"

提高到"教育工程学"的水平，把传统的"教书先生"提升到"教育工程师"的高度。学校提出"三个精心"的要求：每一门课程、每一节课堂都必须精心设计、精心实施、精心评估；设置八个"规定动作"，包括教学目标设计、教学内容设计、教学方法设计、教学互动设计、教学管理设计、评价方式设计、作业设计、推荐课外读物设计。

通过"两课设计"，要创造一个有温度、有浓度、有梯度的课堂："有温度的课堂"是师生同频共振共鸣的，是丰满而有热度的课堂；"有浓度的课堂"，教师的教学内容是有深度、难度和挑战度的；"有梯度的课堂"，教师要能够考虑不同学生的学习节奏，从而提供教学的适宜节奏。

（3）"一翻"："翻转课堂"——站在教学革新的前沿

2012年，锦城学院学习了可汗学院的慕课教育，发现如果有效地利用新技术平台拓展教学空间，在一定程度上可以提升学生的学习效果。随后，我们在部分学院开始尝试实施"优课"（UOOC：University Online/Offline Courses，大学线上线下一体化课程），其执行原则是："一个结合"，即线上和线下相结合，也是课外和课内的结合；"两个再造"，即教学内容的再造（教师改编或自制视频）和教学过程的再造（从先教后学改变为先学后教，边学边教）；"三个自主"，即课外学生可以通过网络自主安排在线学习的时间、地点和内容。

2014年起，学校在全校范围内推行"翻转课堂"教学，并实现"全覆盖"，即要求每1位专职教师至少有1门课程实现"翻转"。学校投资100多万建设了在线课程制作室；开发了校内"翻转课堂"的数字平台，叫"锦城在线课堂"（Jin Cheng Online Course），简称

JCOC，师生在该数字平台上实现在线教学。通过翻转教学，学生实现了课前、课中、课后的全程学习。

实践证明，"翻转课堂"与传统课堂的有效结合，能够调动学生学习兴趣，提高课程教学质量。

（4）"三改"：三大教学改革——打破传统模式的有效尝试

我校于2011年提出"三大教学改革"，试图打破传统教学模式，与国际教育接轨。

教学内容改革。根据社会需要和知识的更新发展重组教学板块，通过去掉、调整、增加、嵌入，做到教学内容接近前沿，立足应用，上下衔接，减少重复，特别注重课程教学大纲与职业标准的对接。为此，我们花大力气，先后于2010年和2016年两次进行就业岗位的大调查。

教学方法改革。紧密结合应用型人才培养，在全校范围内推行"教师八大教学法"，即案例教学法、项目驱动法、问题导向法、模拟仿真法、以赛促学法、在线教育法、"翻转课堂"教学法、头脑风暴教学法。同时，辅之以学生"十种学习法"来提升学生学习力。教学方法的改革促成了教师的生动教学和学生的主动学习，形成了师生共鸣的教改局面。

教学评价改革。大力破除"卷面考分决定一切"的评价机制，从三个方面迈出了教学评价改革的步伐，一是标准答案与非标准答案并重，鼓励学生打破常规、大胆质疑、积极探索、勇敢创新；二是变末端管理为过程管理，平时成绩与期末考试并重，对学生的学习活动进行动态管理和激励，以好的过程保障好的结果；三是以项目、作品、专利、竞赛、实验实训实习、创新创业等为考核重点，突出对运用知识解决实际问题能力的考核。

（5）"一长"：提出并推行教育学的"长板原理"，使学生长板更长、亮点更亮

管理学上有一个"短板原理"或称"短板效应"，意思是一个由若干块木板组成的木桶的盛水量是由其最短那块板决定的。这个理论是否适合于教育和人才成长？我想不完全适合。学校在研究人才成长规律时，创造性地提出了与管理学上的"短板原理"相对的适用于教育和人才成长的"长板原理"，即一个人在其基本面（德智体美劳）可以的情况下，其成功取决于他所具有的最长的那块"板"。

我们可以分析很多科学家、艺术家都是有短板的。钱锺书是著名学者、作家、文学研究家，但他考清华时数学只考了15分；吴晗是历史学家，他考大学时数学是0分。由于他们都有一技之长，后来都成了"家"。这就叫"长板原理"。

"长板原理"以"多元智能"等理论为支撑，与"学校谋特色，学生谋特长"的精神一脉相承。学校和教师的重要任务，就是激发学生的潜能，帮助学生发现、发展、发挥自己的特长，努力使学生的长板更长、亮点更亮。要营造宽松的氛围，注意鼓励创新，宽容失败，发挥长板，包容缺点。在"长板原理"的指导下，我们形成了"以长补短""扬长避短"的评价机制，比如学生可以用一定级别的大赛获奖或经认证的优秀作品代替毕业论文等。更重要的是通过"长板原理"，突破学生个性化的培养。首先测定学生的长板，然后帮助学生确定目标，最后为学生制定个性化的培养方案。

总体看来，近年来，锦城学院通过"以质量为中心，以改革为突破口"的教学模式改革，有效地解决了困扰教学质量提升的弊病，在

一定程度上实现了教学的高质量，学生和家长对我校教师教学水平和教育教学质量方面一直保持着较好的口碑传播。

（五）应用型院校的社会合作："四合作"和"四融合"打造学生实习就业"四条高速公路"

为什么我国大学生占总人口的比例并不高，却出现了就业难的问题？原因很多，高校缺乏与社会、与经济组织、与大型企业的深度合作，是其中之一。德国的应用科技大学声誉高、学生就业好，一个重要原因是背靠全球知名企业，包括奔驰、拜耳、西门子等大企业，有些企业甚至就是一所大学的举办者。而这恰恰是我国高校所缺乏的。

锦城学院从建校伊始就深刻认识到，高校与社会的广泛互动、借力发展十分重要，特别是与大企业的深度合作，更是重中之重。谁与大企业联合得好，谁就发展得好，这是办应用型大学的真理。锦城学院的做法是"四合作"和"四融合"：

1. "四大合作"

学校创造性地开展与地方政府、行业协会、企事业单位以及国内外高校的四大合作，为学生的就业和深造打通"四条高速公路"。包括四川省国资委、商务厅、四川省企业联合会、路桥集团、川航集团等600余家大中型企事业单位，都已成为锦城学院的"教学实习就业基地"。学校还与美、英、加、法、日、韩等国家的近40所知名高校建立了紧密合作，为学生提供国际化教育平台。

同时，学校推出了提升就业的六大措施：定向培养、对接就业；提前实习，促进就业；专场招聘，落实就业；鼓励创业，带动就业；拓宽渠道，扩大就业；重点指导、帮扶就业。通过"请进来，走出去"的办法，每年举办招聘会100余场，提供的就业岗位数超过应届毕业生总数的两倍，这在全国来说都是少有的。

校企合作。张明高副校长（前排左一）代表锦城学院向四川盛泰建筑勘察设计有限公司授"教学实习就业基地"牌（就业处　供图）

正是锦城学院的"产教融合生态圈"，创造了毕业生连续多年高就业、就好业的局面：超98%的高就业率，50%的高端就业。不少"锦城"学子在德勤、安永等全球驰名会计师事务所，工、农、中、建四大行，中铁二局、蓝光集团等知名企业就业；更有千余名同学被北京大学、复旦大学和美国哈佛大学、哥伦比亚大学等海内外著名高校录取。"就读锦城，锦绣前程"已经成为学生家长和社会各界的广泛共识。

2."四个融合"

在"四大合作"的基础上，我们又加强校企的"四个融合"：

一是形成学校与政府、行业、企业共建共享的实验室建设"硬件融合"。学校与中国移动四川分公司共建价值5000多万的"移动通信实验室"；与成都市青白江区人民政府、美凯龙公司共建"物流实验室"；由用友软件、金蝶软件等企业参与共建的"现代企业管理实验教学中心"和中国电信四川分公司等企业参与共建的"物联网与通信工程实验教学中心"已获批"省级示范实验教学中心建设项目"。

二是形成校企协同育人的"机制融合"。如建立"校外协同研究基地"（工商管理学院与青白江区政府共同成立"四川大学锦城学院·青白江市场营销研究院"）；成立"校内产教融合中心"（知识产权研究中心、文创学院、经济管理与文化数据应用研究中心等）；创立"校内外联动专业班"（文传学院与"今日头条"合作开设"新媒体头条定向班"；财会学院与普华永道合作开设"实习方向班"，与丹马士环球物流合作开设"软件应用教学班"）。

三是形成人才培养与产业需求对接的"教学融合"。学校通过"项目＋人才打包式培养""虚拟创业驱动式培养"（与金蝶公司合作软件研发和销售虚拟创业项目）、"自主产品产学研用培养"（教师与企业对接，带学生在"智慧家庭实验室"中自主从事智能家居产品的研发）等多种方式，将产业前沿与应用型人才培养深入融合到教学的各个环节。

四是形成智力、产品、人才三大成果转化输出的"成果融合"。学校将优秀的人才输送到合适的岗位，将合作研发的成果应用于企业发展，实现校企资源互享、品牌共赢。目前，学校通过与地方企业建立横向课题合作，为企业解决了很多实际困难，年均横向合作10项以上。如学校与青白江区政府、成都国际铁路港管理委员会合作，服务于国家"一带一路"倡议；与四川省连锁商业协会、成都市旅游协会等行业协会达成合作，服务于"行业协同创新"；与花秋茶业、慧才科技等企业开展多元合作，服务于"企业业态更新"等。同时，通过实施培训计划，服务"全民继续教育"。近年来，已开展了百余个培训项目，为西藏国资委及下属企业、凉山州教育局、江油市教体局、华夏银行等数十家政府和企事业单位，培训了数千名学员。仅 2017 年，我校为各行业、各领域提供的培训服务就有 63 期，共计2230 人接受培训服务，受到不少的好评。

通过"四大合作"和"四个融合"，现在，"支持教育，首先支持'锦城'"这句话已成为"锦城"合作伙伴的共同心声。

（六）应用型院校的未来发展：站在前沿，面向未来

当前，工业 4.0 时代，以移动互联网为基础的新技术突飞猛进，大数据、云计算、智能制造、虚拟现实技术等日新月异。技术变革带来产业变化，技术变革冲击人才培养。应用型院校同样面临挑战。

我们认为：教育这个事业，本质上是面向未来的事业。当我们培养一个孩子的时候，是为了他（她）的未来；当我们接到一位大学新生时，我们的教育至少要考虑到四年之后。教育既要有适应性，还要有前瞻性，应努力实现从适应社会到引领社会的跨越。大学必须抓住以移动互联网、大数据、云计算、智能制造、虚拟技术等为代表的新技术革命的战略机遇并迅速作出布置和调整，解决新形势下教什么、怎么教的问题，从"适应型"向"未来型"转变，努力走在技术革命的前列。应用型院校更要抓住机遇，站在前沿，面向未来。

因此，2016 年 10 月，锦城学院首次提出了"努力走在技术革命前列，超前培养'未来型人才'"的命题，开启了"未来教育"的新

图景。

我们召开"未来型教育论坛",深入研究未来的教育、大学、管理、教师、学生、学科、专业、课程、班级、教育技术等方面;开启新文科、新工科、新商科、新艺术学科的"未来型学科建设",着力培养技术型文科人才、金融新业态人才、智能系统研发人才、新型技术工程人才;建设云计算与大数据应用研究院、智能工程技术应用研究院、机器人研究所、BIM实验室、量子通信实验平台、无人机实验室等教学研究机构;启动一个平台、一张网、一个数据库、一张卡的"四个一建设工程",建成融合贯通的"智慧校园",建设新技术融合应用、多元开放、不失磁性的"智慧学习场";促使教师成为提供个性化指导的"私人订制师"、指导学生跨学科学习的"学习设计师"、引导学生多渠道学习"伙伴引导者"、追踪新技术和行业前沿的"前沿追踪者";力争培养具备新思维、掌握新科技、服务新产业、胜任新岗位的"未来型人才",走在高等教育改革的前沿。

总之,应用型院校如何实现高质量办学,其实应当仁者见仁,智者见智。在高等教育大众化阶段的中国,应用型院校的高质量就是教有所用、独一无二、人民满意。

全面改革薪酬体系，激励员工进步增值

——在全校工资改革方案宣讲大会上的讲话

（2018年9月30日）

刚才，王亚利副校长给全体教职员工宣讲了我们即将实行的工资改革方案。这是我校迈入发展新阶段后，人力资源工作的新产物，是促使我校薪酬绩效工资走上正规化、规范化的新举措。现在，我把关于工资改革的一些想法给大家讲一下。

一、我们想把大家的工资涨起来，但不能当糊涂官

我以前多次讲过，我们的目标是实行一种有竞争力的工资制度，要把我校的工资水平提高到同行业羡慕的水平。这就是物质待遇上保证教师衣食无忧，专心致志教书育人。第一步的目标，让省内独立学院羡慕；第二步，在省内民办学校中有竞争力；再扩大一点儿，省属本科高校中，我们的薪酬水平也要有竞争力。这其实是我和大家一起创办锦城学院那一天就想达到的目标。这是我校高质量办学的重要保障。

因此，我们现在千方百计想把教职员工的工资涨上去，但是我们不能当糊涂官。什么意思？就是涨工资这件事绝不能稀里糊涂，搞平

均主义，绝不能不分青红皂白，不分干不干活，不分干得好不好，把大家的工资都"大锅饭式"地涨上来。我们必须清楚，倒退到计划经济时代"吃大锅饭"是没有出路的。中国改革开放四十年来取得的成就，首先归功于企业改革，就是从打破"铁饭碗"和"大锅饭"开始的。过去吃饭要粮票，穿衣要布票，买自行车要车票，这是物资短缺时代的特殊做法。如今我国成为世界第二大经济体，自然不会再搞平均主义，因为平均主义实际上照顾了懒人和竞争中的弱者。我们涨工资同样是这个道理，要坚决杜绝"无功受禄"的现象，同时也要防止"有功少禄"的偏差。

什么是薪水？古代讲"俸禄"，现在讲"工资""薪酬"。它是员工向所在的组织提供劳动而获得的各种形式的酬劳。这里最关键的就是，付出劳动和所获报酬的对应问题。任正非对待薪水这件事这么说，一要给对人，二要给够钱。什么是给对人？就是该涨则涨，该涨多少涨多少。给够钱，什么是"够"？这是个相对的问题，给你的薪酬和你付出的劳动相适应，就是"够"。所以，涨工资不能乱发钱，要坚持多劳多得、优劳优得的原则，否则就违背了公平的原则，会打击员工的工作积极性。

考核是晋级的前提。这次工资改革、定岗定级、提升待遇有一个基本条件，就是岗位考核首先得合格，所有员工进档第一要完成岗位工作任务，要"零事故"。给学校造成重大事故或损失，关键时刻给学校丢面子、掉链子都不行。所以，基本条件是"完成任务零事故"，涨薪幅度是"贡献大小看成效"。你贡献多了，学校就多发薪酬。如果你觉得学校给少了，可以提出申请嘛。

同志们，学校和你们的想法实际上是一样的，就是要创造一个平台，让大家充分发挥作用，从而使我校员工的工资水平有竞争力。

二、"两个相适应"是薪酬制度的基本原则

关于薪酬改革的事，我要强调两句话，也就是"两个相适应"：第一，学校工资的总水平与学校的地位相适应；第二，个人的工资水平与自己对学校的贡献相适应。

为什么工资水平和学校地位要相适应？如果学校办得不好，但员工工资高，这说明学校管理不善，就是孔子说的"德不配位"啊，"德薄而位尊，智小而谋大，力小而任重"，是要遭殃的。所以，我们现在本着"赏罚分明"的原则来搞工资改革，以成都信息工程大学（以下简称"信工大"）为参照，看看我们能不能达到它的水平。如果我们的工作水平、社会地位各方面都达不到信工大的水平，而教职工收入却达到了信工大的水平，其实会被同行笑话，说这所学校乱整。你不要以为别人只会因为我们收入低而瞧不起我们，如果我们收入很高，但贡献小，社会声誉低，别人一样也瞧不起我们。所以，我校员工的薪酬水平要与我们的社会声誉、地位和品牌影响力相适应。

我们现在已经建校十几年了，有了很好的基础，要把大家的收入涨上来，但是你得给我一个理由，有理有据地给大家涨工资。如果学校搞得一般化甚至很糟糕，工资怎么涨得上去？如果学校办得很好，你个人却贡献甚微，又为何给你晋级？

我们计算机学院的一名专科生——余万同学能够署名CN期刊检索论文51篇，其中第一作者2篇；唐娅雯同学署名CN期刊检索论文

22篇，其中第一作者1篇；工商学院的王必强同学以锦城学院的劳动教育和"翻转课堂"为案例研究，以第一作者的身份发表论文2篇；我们的老师能不能在我校的教育教改研究上多下功夫，多总结经验，多发表科研成果？

所以，就个人而言，我们把大家薪资水平涨上来的同时，大家的贡献也都得摆到桌面上来。无论是教学贡献，还是科研贡献，或是辅导育人贡献，都得有显性可见的成果啊！你的收入与你的贡献和能力相适应，这是个人价值在团体中体现的基本原则。我们要以长期的贡献定薪酬，以短期的贡献定奖励。我们一定要强调每位员工对学校的贡献价值，以实现个人增值和学校增值。

我们这次薪酬改革的目的，一方面，要使大家都关心学校，不但关心学校的品牌和声誉，而且要关心学校的巩固和发展；另一方面，要使那些与"锦城"一起奋斗的员工、不断作出卓著贡献的员工，无论在什么样的岗位，都能分享到学校发展的成果，有合理的薪酬回报。

三、融入"三个话语体系"（即"锦城"话语体系、官方话语体系、社会第三方话语体系），提高我校社会声誉和地位

"锦城"建校以来，我们以培养人才为中心，建立了一整套自己的独具特色的话语体系。譬如说，我们的应用型人才培养标准，第一个阶段提出"三会两双两强于"，就是要求学生会动脑，会动口，会动手，能用普通话和一门外语与人进行交流，毕业时要取得毕业证书和从业资格证书，即"双语交流"和"双证培养"，动手能力强于研

究型大学的毕业生，理论基础知识强于高职学校的毕业生。第二阶段就明确为"做人第一，能力至上"，要求学生一会做人，二能做事。做人第一，就是修养"三品"——高尚的品德、高贵的品质和高雅的品位；能力至上，就是培养"三力"——学习力、思考力、行动力。再比如说，劳动、创业列入全体在校生的必修课等等，我们自己定规则，办大赛，搞评比。这些都是我们建校以来的独特创造，也是学生和家长认可的。这些特色教育我们要坚持，也必须坚持，并要进一步深化。这是我们"锦城"独树一帜的话语体系和名片。我们现在已经有十届毕业生，培养了 100 多位银行行长，200 多位高校教师，600 多名党政机关干部，800 多名文化艺术工作者，1200 多名公司老板，以及数以万计的工程师、会计师、职业经理人等。还有我们的"技术型文科人才""金融新业态人才"等，这都是我们的人才培养成果和特色。

但是在坚持这些的同时，我们还需要认知和融入另外一个话语体系，就是教育界、教育系统大家共有的官方话语体系。官方的话语体系对学校建设发展和教育教学的评价有一套标准，概括来说有三个方面。一是评估。教育主管部门组织的评估、评比，如学校教学水平评估、审核评估、学科评估、专业评估，以及示范专业、特色专业、在线开放课程、精品课、示范课、教学成果奖等体现教育教学水平的各类评估与项目评审。二是竞赛。国家和省级有关部门组织的教师和学生竞赛，现在有数十种之多，特别是学生竞赛更直接地反映学生的学习和实践能力，譬如说，"互联网+""挑战杯""数学建模"等竞赛。云南大学滇池学院为什么能在"互联网+"竞赛中拿到全国金奖？现在我们要进一步重视通过竞赛来提升学生的学习和实践水平，反映我校的人才培养质量。三是检索。即通过官方认可的CSSCI、EI、SCI等学术科研论文检索及专利、发明等检索。这些检索的结果是教育主管部门和同行都认可的。刚才王副校长拿数据说话，浙江大学宁波理工学院CSSCI、EI、SCI来源期刊论文发表数是我们的近4倍。所以，在这方面，我们任重道远啊。

此外，我们也要重视社会第三方话语体系，即各种社会机构排名。这些机构排名，有的不靠谱，例如所谓"中国校友会"大学排名，我们可以不理它。有的还是有些参考价值的，例如武书连大学评价排行榜、《广州日报》应用型大学排行榜等等。第三方评价主体既不是我们自己，也不是教育主管部门，相对而言，可能较为独立、客观、公正地对学校作出评价，有一定参考价值。

总之，"锦城"话语体系我们要坚持，因为学生认可，家长欢迎，社会声誉好；官方话语体系我们要融入，因为这在一定程度能反映我们在教育同行的同类评比中的地位；社会第三方话语体系我们要关注，因为其有助于衡量我校在客观评价和品牌塑造中的相对位置和影响力。学校的社会地位是由话语体系来决定的，所以三个话语体系我们都要融入，既要群众口碑好，也要学术声誉好，还要社会反响好。因此，对我校社会地位有贡献的老师和学生，我们都要予以表彰。

四、薪酬管理的过程中，处分员工时不冤枉一个好人，奖励员工时不亏待一个能人

薪酬改革还有两句话很重要，那就是：处分员工时不冤枉一个好

人，奖励员工时不亏待一个能人。处分是为了惩前毖后，治病救人；不亏待就是按劳分配，多劳多得，大贡献大得。员工犯错，我们要调查情况，实事求是，给予正确的处理，允许申辩，不冤枉人，不孤立人。批评惩戒要有标准，发挥警示和促进成长的作用。同时，我们在利益分配、进行奖励的时候，也千万不能亏待一个能人。什么叫能人？就是为国家、为社会、为学校流了汗、出了力、有贡献的人。前段时间有一则新闻报道了中国航天科技集团第六研究院第十一研究所原副主任设计师张小平离职的事情。他是我国载人登月计划中的重要人才之一，但是这样的重要人才没留住，失去后院长又追悔莫及。问题在哪里？在于日常工作中，重要人才没有得到应有的重视，绩效评价没有予以正向激励，情感管理没有认真落到实处。所以，我们现在这个定岗定级的岗位管理和绩效管理，都要遵从不冤枉一个好人、不亏待一个能人的原则，当然一般的人也不要亏待。

我们还要制定一条规定，即犯了一点儿小错或一般的错，没有造成重大损失的，允许将功补过。功过相抵有余的，即立大功补小过的，仍可授奖或晋级。

五、做好薪酬体系的顶层设计，保证有限的钱用在刀刃上

回过头来，为什么说今天提的这个方案是一项改革。过去十几年我们搞的是津贴加绩效，小步快跑，每年根据具体情况确定标准、要求和方案，用很多办法慢慢把大家的工资涨了上来。现在，我们要转向顶层设计的方式，搭建一个工资框架或体系，让大家都看得见自己

的发展前景和方向。同时，学校给职工涨工资，关键是要达到激励员工进步增值、促进学校发展的效果。

这个方案实行的是岗位工资制。如教师序列设四级（即助教、讲师、副教授、教授），每级分五档，共二十档。具体做法是以"岗"定级，以"效"定档。"岗"是什么？是岗位。岗位是组织要求个体完成一项或多项责任以及为此赋予个体的权利的总和。一个岗位一定要与一定的工作职责相对应。有些岗位要求具备相应的学历或职称，但学历和职称不等于岗位。"效"是什么？是绩效。即工作（劳动）的结果和成效。光有过程不等于绩效，通过工作（劳动）取得一定的成效和结果才是绩效。根据我校年功序列的原则，我们除了在本工资框架外保留校龄工资，在考核绩效时，也适当考虑在本校的工作年限，这体现了对职工忠诚度和奉献度的认可。当然，总的原则还是"绩效第一，年功第二"。

这个方案较大幅度地提高了每一级员工的初始档，即起点工资，并且将具备一定岗位资格的合格职工一次性进入该级最低档，目的是使这个工资有竞争力，从而对这部分职工起到激励作用。现有工资高于该级最低档的，按现状进入新的薪酬体系，并保有申请升档的资格和机会。

这个方案给予所有员工进一

四川大学锦城学院文件

川大锦院人事〔2018〕239 号

四川大学锦城学院关于岗位定级工作的通知
（试行）

学校各单位：

根据《四川大学锦城学院教职员工岗位考核管理办法（试行）》（川大锦院人事〔2017〕385 号）文件精神，通过对教职员工实行岗位定级制度，实现科学合理的聘期管理机制，进一步完善岗位职责，明确工作目标，鼓励优秀人才，发挥教职员工在教学、科研和管理服务方面的"长板"优势，全面提升学校核心竞争力。特针对教职员工开展岗位定级工作，具体要求如下：

- 1 -

锦城学院薪酬体系改革的一项重要举措——岗位定级

步升档晋级的权利和机会。办法是自愿申请和组织审核相结合；条件是在一个考核期内具备了岗位（职务）的升迁或业绩的提升。因此，今后职工的工资变动是有序的、动态的、规范的。

这个方案实行工资能升能降的原则。岗位变动，有升有降；业绩考核，有好有差。因此，工资薪酬也不可能是单向的，只能升不能降，只能多不能少的。要能多能少，能升能降。

这个方案实施的结果是差异工资，即不同岗不同酬，同岗工资也可能有差异，充分体现多劳多得、优劳优得的原则，工作难度大、贡献大的职工，就应该得更多。

我们贯彻这个方案要突出重点，兼顾一般。重点仍是抓好"两个骨干队伍"的建设，即教师骨干队伍和管理骨干队伍。在两个骨干队伍中，还要向"三全两高"或者"四全两高"的职工倾斜。什么是"三全"？"三全"即：一是"全身心投入"，即课内课外忙起来，投入育人中来；二是"全天候服务"，即以"学生在哪里、教师在哪里"的精神服务于学生增值；三是"全过程优秀"，即教学管理五个项目（学生考勤、课外作业、阶段测验、课程论文/设计、课堂讨论）全过程优秀。"四全"是什么？就是再加上"全方位做好"，在教学、科研、社会服务方面都做好。"两高"首先是"学生满意度高"，包括学生对学校课程内容的满意度、教师教学方法的满意度、教育新技术应用的满意度等；其次是"教学反馈率高"，包括师生面对面交流反馈、在线教学反馈、作业反馈等。总之，我们的薪酬要重点向绩优的员工倾斜。

工资改革方案广泛征求意见后，成文即行，由党委副书记、副校长王亚利教授和人事处抓好改革落地过程中的宣讲解释和问题解决工作，相关职能部门和二级学院要做好配合工作，包括教学评价、绩效评价等。总之，我们希望每一位员工都能既关心自己的成长，也致力于整个学校的发展；希望你们都能努力向上攀登，不断为自己增值，为学生增值，为学校增值！谢谢大家。

发扬民主，自治自律，开创学生会工作新局面

——对第十四届学生会主席团的集体谈话

（2018年10月30日）

各位同学：

我校第十四届学生代表大会胜利闭幕，选举产生了新一届学生会。首先，我代表学校党委、师生员工向你们表示热烈的祝贺！

1919年，清华大学成立了第一个学生自治会，北京大学成立了学生干事会，他们诞生于五四运动爱国、民主、科学的洪流中。可以说，这是学生会组织设立的源头。学生会本质上是一个学生自治自律的组织，如今它已经发展成为共产党领导、共青团指导下的最大、最基本的学生组织。我校自2010年起提出了学生自治管理的"三自三助三权"模式。"三自"就是学校提倡学生自主学习，自觉实践，自律管理；"三助"指学生可申请担任助教（教学助理）、助研（科研助理）、助管（管理助理）；"三权"是指学生拥有学习主动权、生活管理权、课外活动安排权。其根本目的是为学生打造一个充分发挥主体性、创造性的平台。这是我们提倡学生自觉自律、自主自治的精神体现。

我曾在2005年11月24日锦城学院首届学生会成立大会上对学生会提出过"一个作用、五个模范"的要求，就是要求学生会发挥"桥

梁作用"，成为连接学校、教师和学生之间的桥梁，学生干部要成为"学习的模范""工作的模范""团结的模范""主体性、建设性公民的模范"和"公众服务的模范"。

今天，在选举产生新一届学生会后，我想给各位主席团成员讲五条意见。

一、学生会要发扬民主思想，因为学生是这所大学的主人

民主思想自古有之。战国时期的孟子就提出过"民贵君轻"的思想。古希腊哲人亚里士多德曾说："民主来自于人们认识到人类既然生而相似，便应生而平等。"列宁在《国家与革命》中将其表述为："民主意味着形式上承认公民一律平等，承认大家都有决定国家制度和管理国家的平等权利。"如今，民主是社会主义核心价值观的重要组成部分，而选举民主是民主重要的内容之一。解放战争时期，解放区农村选村干部，采取的是投豆子的方式，每一位代表的背后放着一只碗，乡亲们依次而行，认真投放每一粒豆子，行使他们解放后翻身做主人的权利。这是那时候的选举。

现在，我们学生会的民主选举很好地贯彻了"学生是学校的主人"的民主思想，体现了平等自治的民主价值，实行了民主选举的有效实践，效果是好的。本届学生会主席团成员，是由666名代表民主差额选举产生的。我特别关心的是，我们的学生干部不能是指定的，应当是公正、公平、民主地选出来的，是真正让学生自己做主的。所以，你们学代会的口号是"谁当主席你做主"嘛，再进一步说，谁当代表也由你做主，这体现了民主的精神，培养了学生民主的意识。我

看到团委张贴出来的海报，把每位主席团候选人的名字和照片都列了出来，竞争上岗，发表自己的竞选口号和演说，接受代表们的质询和考验，这些都是很好的形式。作为候选人来讲，经过了民主的考验；作为代表来讲，行使了自己的权利。这是民主的实践和锻炼，很重要。民主不能只是说在嘴上、挂在墙上，一做起来就是代替别人做主，这样不好。民主就是人民群众来做主，服从多数，尊重少数。这次你们公开、公正地选出代表，再由代表选举产生学生会领导，这比学校指定好，这样才能真正体现"锦城"的价值理念。我们既要有民主的思想，又要有民主的实践；既要有民主的意识，还要有民主的作风。没有民主的实践，就不会有民主的作风。我们党历来强调"权为民所赋"嘛！所以，我首先肯定，你们这次选举来源于群众，服务于群众，非常好。实行民主，关键是扎根以人民为中心的发展思想，这既是一种价值观，又是一种精神，还是一种作风。

民主的实践。学生代表民主选举产生校学生会主席团（校学生会　供图）

二、学生会要克服官僚、文牍作风，切实为学生服务

最近网络曝出了一则新闻，说某高校学生社团QQ群里，一位低年级学生会的"试用干事"询问"7号要开会吗"时@了"杨学长"，这位"杨学长"是该校的学生会主席，结果社群管理员在群里说："杨主席是你们直接@的？现在你是在叫学长？我不想看见第二次。""请各位试用干事以后注意自己的身份和说话方式。"这怎么得了啊！类似这种官僚化的现象，这些年在高校的学生会里不少见。这是一种极其错误的倾向。一名学生当了学生干部，就变成"官"了，学生会变成了一个"衙门"或"机关"，可以高高在上发号施令了，甚至必须称"主席""部长"这样的官衔才舒服，这很危险。我们"锦城"的学生组织内部不叫职务，一律称"同学"。延安时期，大家都叫"同志"，"小平同志""少奇同志"，很亲切啊。所以，你们互相之间都应该称呼"同学"，"恰同学少年，风华正茂"嘛，同学之间的交流，就应当真挚亲切。你将来走出学校，也要学会和群众、同事打成一片，虚心向群众、同事请教，这样才有可能赢得群众的欢迎和爱戴。我校有十几位毕业生当了村干部，和群众打成一片，很受群众欢迎。他们就任之前，我给他们讲，当一名村干部，最关键的就是要有亲和力、公信力和执行力。

除了官僚作风，学生会还要克服文牍主义。学生组织不要大事小事搞得很复杂，也不要大会小会都照稿念。不能做什么事都只做表面文章，满足于开了多少会，发了多少文件，不深入基层，不调查研究。这些文牍主义、形式主义的作风都得克服，要扎扎实实为同学服

务，切切实实围绕学校的人才培养这个中心搞活动。要记住，你们办的活动不是给领导看的，是供同学参与和组织的，是锻炼大家各方面能力和综合素质的。所以，我希望学生会能和广大学生打成一片，深入实际，调查研究，切实地履行自己的责任，更好地为同学服务。

三、学生会要当好学校管理的"桥梁"和"助手"，及时反映学生的要求和关切

学校的发展既要依靠老师、干部，也要依靠学生。学生会就是我们依靠的对象之一。你们要当好学校的"眼睛"和"耳朵"，发挥好学校管理的"桥梁"和"助手"作用。"眼睛"就是要看到每个角落，"耳朵"就是要听到四面八方。要关切广大学生的学习和生活，要反映广大学生的迫切要求，要维护学生接受优质教育的权利。例如，我们现在规定要提高教师对学生的教学反馈率。什么叫教学反馈？就是师生面对面交流、在线学习反馈、作业反馈等。学生享有教师对学生教学反馈的权利，有权在网上咨询老师，有权在课余时间找老师答疑。我们规定每位教师要公布答疑的时间和地点，就是既明确教师课后辅导学生的义务，也明确学生课外请教教师的权利。如果哪位老师不批改作业，不答疑，你们就有权向所在学院甚至学校反映；如果有老师整个班的作业都不批，甚至叫学生代其批改作业，这就需要你们有效、真实地反映。我们鼓励老师要"三全两高"，即全身心投入、全天候为学生服务、教学全过程优秀，教学反馈率高、学生满意度高。但是，同学们也要配合。如果你们下课和周末都离开学校，跑出去吃喝玩乐，老师又怎么为你们的学习服务呢？我们要求老师要做

到教学管理全过程优秀，老师要提问、互动，布置阅读任务，如果你们课上不积极讨论，课后不切磋问题，那师生共鸣、教学相长怎么可能实现？为什么有一位学生在北大的时候一天只读十几页书，到了美国一天要读一百页书呢？就是因为老师要求第二天上课要讨论，不读书就没有发言权。所以，我校的老师这些年来也一直积极地改变教学方法，但这需要学生的配合与共振。所以，学生会要当好学校管理的"桥梁"和"助手"，要配合学校深化改革。你们要反映学生关切的一切问题。例如，今年夏天，有一个宿舍连续几天没有热水洗澡，可是这件事没有及时反映。我批评了后勤系统，批评了学工系统，我也要批评你们。对这样的事情要反应灵敏，因为它涉及学生生活的切身利益。又例如，我们的教室运行时间久了，有的设施难免会损坏，教室里有的凳子坏了没有修，这种事情就要马上反映。我们不怕有问题，就怕没有人通过正常渠道反映；不怕没有人反映，就怕没有人及时加以整改。学生的切身利益就是学习、生活和活动，学生会要为学生服务，就必须及时反映学生的关切。

学生会当好学校的管理"助手"，还要做的一件事就是参与学校考核教职员工，收集和代表学生发表意见。学校考核员工，要听取各方面意见，而且是听取真实的意见，不是假意见，不能提供假情报。例如，有的同学一方面抱怨某位老师上课不好，另一方面又给该老师打高分，这样就不能反映教师教学的真实情况。评教打分是学校赋予你们的权利，但是你们不能滥用权利，而应实事求是，慎重地使用权利。要按照学校的有关规定评教，老师认真负责就打高分，不负责就打低分，而不能相反。对学校行政管理人员、后勤服务人员和保卫人员等的考核也要听取师生意见，这都要求你们认真负责、实事求是、出于公心、真实客观地配合校方做好工作，以发挥学生的主人翁作用。

四、学生会要带领学生严起来、忙起来、动起来

今年 6 月，教育部在成都召开了本科教育工作会，其中一个主要精神，就是要改变"玩命的中学、快乐的大学"的状况。对大学生不是减负，而要增负。我校学生在大学四年，有多少时间是属于自己支配的，我们做了一个测算，每年 365 天，去掉周末、节假日和寒暑假，真正在校的时间只有 192 天。这当中，每天平均上课 4.44 小时，除了休息和用餐，每天课余时间大约为 8.56 个小时。由此可见，我们学生有大量的课余时间有待开发和利用。而且我们四年中只有三年多一点儿的时间在上课，所以真正在学校上课的时间并不多。此外，还有周末、节假日和寒暑假共计 173 天的放假时间。那么，你们就要考虑课余时间该怎样用，放假时间该怎么用？学生会有一个很重要的职责，就是要带领学生严起来、忙起来、动起来！"严"就是要严格要求自己，自律学习，自觉实践；"忙"就是要促使同学们把一分一秒的"锦城时间"都利用起来，全身心投入学习和锻炼中去；"动"就是要通过各种活动使同学们动起来，练起来，赛起来。

怎么让学生忙起来？必须教育学生学会管理时间。你们主席团讨论"锦城时间"，这就很好。

第一步，每天 4.44 小时的上课时间怎么利用好？现在网上不是说，中国有两千万大学生在教室里听课，其实是在睡觉、看手机、闭目养神吗？所以，教育部说要淘汰"水课"，打造"金课"。课堂教学既有教师"教"的作用，也需要学生"学"的努力。上课要听讲、

讨论、提问、记笔记、做测验，这些都是学生学习的"天职"。每天4.44小时利用好了，你的学习基础才算打牢了；每天课堂时间与教师同频共振共鸣了，你的学习效果才能达到。学生干部不仅要自己带头学、认真学、刻苦学，还应当配合老师共同引导同学们形成课堂勤奋学习的良好氛围。

第二步，周一至周五的课余时间怎么利用？如果每天课余的8.56个小时把书一丢，去玩了，这怎么能行？想当年，在西南联大和延安抗大，学习和生活的条件十分艰苦，但是因为大家有理想，有目标，非常珍惜来之不易的学习时光，受远大的革命志向和崇高的共产主义理想鼓舞，到处洋溢着艰苦奋斗、朝气蓬勃、积极向上的氛围。你们去看《联大八年》的记录，"图书馆里要抢位子，抢灯光，抢参考书，教室里有人隔夜就占位子"，图书馆里坐满读书的同学。而现在，我们的大学生会不会这么积极地学习和忙碌？所以，课余时间我们要引导学生主动投身学习。

校园辩论赛（校团委　供图）

　　一方面，老师们要组织学生开展课外的线上和线下学习；另一方面，要促使同学们养成课前预习、课后复习、多读书、读好书的好习惯；再者，我们的学生会也要组织相应的学生活动，以配合学生综合素质和专业学习的提升，例如搞沙龙、演讲会、辩论会，准备参加各种竞赛等。演讲很重要，能很好地锻炼表达能力。美国总统、英国首相大选的时候，为什么竞选人可以讲得头头是道？就是在学校里面锻炼了表达能力。表达能力有两种，一种是书面的表达能力，一种是口头表达能力。我们要培养的学生，就是"能说会道"加"能干实干"，既会说也会干。有人说自己学问很大，就是道不出来，道不出来怎么证明你有学问？写文章，发论文，讲课演讲，有一样行，都代表你有本事，如果都不行，那就是没学问。所以，学生会组织活动要多开辩论会。比如，我给你们出个题目——我们中国的个别游客为什么出国常常不受欢迎呢？是别人欺负我们，还是我们自身有问题呢？总之我们可以多搞辩论赛，真理都是越辩越明的，使大家能够客观全面地看待周围的世界，而不是一叶障目。多讨论、辩论，既锻炼了口才，又锻炼了思维，还多涉猎了书籍和知识。我们还要培养学生追根求源的习惯，而不是人云亦云。譬如说，有一句教育名言是："教育的本质意味着，一棵树摇动另一棵树，一朵云推动另一朵云，一个灵魂唤醒另一个灵魂。"过去大家都认为这句话是德国著名学者雅斯贝尔斯说的。后来我们就找根据，结果查出来这是个误会。这句话实际是中国人的发明，不是雅斯贝尔斯说的，是对其理论的形象化转译。可见，即便是很好、看似很正确的事物或事件，你也要追究，从哪里来，到哪里去，是不是符合事实。因此，怎么培养学生的批判性思维，提高专业实践能力和解决问题的能力，以及综合学习、融会贯通的能力，这些除了课内训练，还需要在课余时间通过多种方式来实践、锻炼和提高。你不忙起来，就很难提高。

第三步，学生活动能不能向周末延伸，让同学们周末也都忙起来、动起来？我们的学生是不是到了礼拜五就非得往家跑、往外跑呢？我看不一定。我们的学生活动要向周末延伸，要把文艺活动、体育活动搞起来，想方设法让同学们周末放假也留在学校。诵读、打球都是一种"忙起来"。最近我校足球队获得了2018年四川省大学生校园足球比赛（普通组）的冠军，这也了不起啊。我们有的同学，总喜欢窝在寝室打游戏，这就是没有"动起来"。哪怕你到操场上去跑跑步，也是一种"动起来"。今年我校的运动会有几项打破纪录，很好，但是远远不够，许多同学平时的训练还不足。学生会和体育教研室配合起来，平时组织同学们搞点儿体育比赛，网球赛、羽毛球赛、篮球赛、排球赛，也是好事。清华大学不是一直有重视体育运动的传统吗？联大时期，所有学生要上够四年的体育，每天下午5点后，学生们都到操场组织各种体育活动或赛事。所以说，大学生就得忙起来才行，比中学生闲，那就是浪费青春！一年有半年的时间在玩耍，教育质量怎么可能提高？我读书的时候，大学是普遍的五年制。我们一周只有周日放假。我周日上午到教室和图书馆看书，中午回寝室洗衣服，下午出校门转一圈，买点儿生活用品，晚上又返校读书。现在放假这么多，若不好好利用，太可惜了！

第四步，寒暑假期又怎么忙起来？当然，这本身是假期，但是假期怎么利用，利用的程度和安排的事项不同，每个人的成长就不同。正如老板们看待员工成长会说"人与人的区别，就在于上班的八小时之外"，大学生如何把寒暑假充实起来，也决定了你们四年后的区别和差异。有的人一放假就是无所事事或吃喝玩乐；有的人把寒暑假利用起来，读万卷书，行万里路，或到学校图书馆深入学习，或在老师的带领下搞实验发明，或去工厂实习实践，或组织社会考察，或参加各类志愿活动，或欣赏山川美景和人文历史……四年的寒暑假接近12个月，你们想想，每个假期都充实忙碌的学生比那些荒废假期的学生整整多出一年的学习和实践时间，这就是优秀与普通的区别、卓越与平凡的差距啊！所以，学生会也要好好研究，怎么引导和促使同学们利用寒暑假时间多学习、多锻炼、多实践。

总之，我们的学生会要努力让学生严起来、忙起来、动起来，这也是学生会发挥导向作用的一个重要方面。

五、学生会要动员全体同学维护学校的声誉和品牌

学校的声誉是每位学生和老师的切身利益。为什么？有人问你供职于哪里？你说供职于某某学校，别人说这所学校办得很好，作为老师当然骄傲和自豪。问你毕业于哪所学校？如果你毕业于一所声誉很好的学校，别人就会对你刮目相看。所以，学校的声誉是大家共同的利益，学校的品牌靠大家一起来维护和创造。同学们放假回家走亲访友都可以宣传"锦城"。我们学校办了十三年，应该说在广大师生和历届校友的努力下，具备一定的社会知名度和影响力了。去年，工商管理学院廖兴同学扛着校旗从四川跑回家乡广东，今年在营山国际马拉松赛上更是全程扛校旗跑完"全马"；工商管理学院副院长杨治国去西藏时，让锦城学院的旗帜高高飘扬在珠峰大本营。这些都是热爱学校的自然表露。我们每个人如果都把学校的荣誉当成自己的生命来

爱护，那么这所学校肯定会越办越好。

邹广严校长等领导与第十四届校学生会主席团合影（校学生会　供图）

学生会还要与一切损害学校品牌和声誉的行为作斗争。我校有几届学生中出现了损害学校声誉和不执行学校规定的现象。比如，2013年，我们提出严格要求"三不放水"，部分学生开始也是非常抵抗的，在网上发表一些不当言论。现在正气压倒了邪气。因此，学生会要带领全体学生维护学校的利益，要把学校的利益放在第一位，维护学校的声誉就是维护学生的切身利益，这个道理大家一定要想明白。

为学校争光的事情，大家就多干一点。哪些事能为学校争光？怎么样才能维护学校的品牌和声誉？这些问题，你们学生会要好好研究研究。我校历来不靠招生广告，靠的是口碑，学生的口碑比什么都重要。你们回去给在读高中生讲讲在"锦城"读书怎么好，他们就会考虑报考这所学校。当年，我是怎么报考天津大学的？我听高几届的校友说，天津大学是培养工程师的摇篮，天津大学化工系是全国第一，就坚定了自己的报考信念。现在，你们回去也给大家聊一聊锦城学院，我们不仅培养工程师，还培养会计师、艺术家、文学家等等。这样，学校的声誉不就自然而然靠口碑提高了吗？

今天，我借这个机会，给各位学生会主席团成员谈了以上五点意见。毛主席曾说，选上中央委员的不一定水平就很高，没有选上的也不一定都很差。今天，你们被选为学生会主席、副主席，当然很好，但没有选上的同学也不一定差。我们的学生代表们都不错，当选的主席们水平也不错，大家要互相学习，相互团结，做好"五个模范"。

同学们，这届学生会是在全国教育大会和新时代全国高等学校本科教育工作会议召开以后当选的新一届学生会。希望你们能够开创一个新局面，在贯彻这两个大会精神方面，我们要有新的动作，开创新的局面，大家要与我校师生员工一起，努力把学校办得更好！

谢谢大家！

2019年

十大突破铸辉煌

这一年，重点布局"十大突破"，号召全体师生昂扬奋斗，创造新优势，夺取新辉煌，光大"锦城教育"；

这一年，兴起"讲科技、讲思维、讲深度学习"新风尚，布局发展人工智能时代的大学教育；

这一年，我校坚持十余年的劳动教育受到《人民日报》和 China Daily 等权威媒体的广泛报道，在国内外引发热议，获得广泛好评；

这一年，"严起来、忙起来、长起来"蔚然成风，师生共同推动"五个转变"，努力构建富有"锦城"特色的教育教学新生态。

用昂扬奋斗谱写锦大教育新辉煌

——2019年新年寄语

（2019年1月1日）

　　2019年的钟声即将敲响，在这辞旧迎新的美好时刻，我谨代表锦城学院董事会、党委、行政，向辛勤耕耘的教职员工，向勤奋学习的"锦城"学子，向心系母校的广大校友，向所有关心、支持锦城学院教育事业的各级领导、各界朋友致以最诚挚的问候和最美好的祝福！祝福大家新年快乐、事（学）业有成、幸福安康！

　　即将过去的2018年是我国、我省教育领域激动人心的一年，全国教育大会、新时代全国高等学校本科教育工作会议、四川省教育大会等一系列重要会议胜利召开，以习近平同志为核心的党中央从新时代坚持和发展中国特色社会主义的战略高度，作出了"教育是国之大计、党之大计，必须优先发展"的重要论断，深刻阐明了事关教育事业发展的一系列重大理论和实践问题，是我们落实立德树人根本任务、努力办好人民满意教育的根本遵循和行动指南。

　　认真学习领会这一系列重要会议精神，我们深感使命光荣、责任重大、任重道远。同时，我们也欣喜地发现，锦城学院的办学理念和实践始终与党和国家的要求保持高度一致，诸如"三全"育人，劳动教育，"三创"（创新、创业、创造）教育，"从严治校，三不放水"，

"三大教改"，应用型、未来型办学特色等一系列创新举措还走在了时代发展的前列。锦大创造了一种被教育界和社会公众认可的教育价值。新时代教育大发展的春风让我们感受到了肯定和加持，受到了巨大精神鼓舞，这更加坚定了我们办好一流应用型大学的信心和决心！

2018 年，我们坚持"以本为本"，推进"四个回归"，高扬人才培养主旋律，以教学、管理、服务的"三个高质量"确保了人才培养的高质量。我们育人的目标更高了，要求更严了，措施更实了。通过认真开展"大学习、大讨论、大调研"活动，我们集思广益，制定并贯彻了"坚持一批、落实一批、变革一批、突破一批"的工作方针，全校上下锐意进取、狠抓落实、深化改革、谋求突破，锦大迈上了新高度！

这一年，我校最大的特点就是"忙"：在校内，老师们潜心育人，全身心投入教育事业，全天候为学生的成长成才服务，坚持把教学活动的全过程做好，追求教学、科研、社会服务的全方位出彩；同学们则刻苦学习，忙着迎接学业的挑战，不管是教室、图书馆、实验室里，还是苹果湖边、运动场上、舞台剧场，到处都是认真投入、勤学苦练的青春身影；行政教辅人员也忙着提升学校的管理和服务水平。在校外，我们融入"一带一路"忙，脱贫攻坚忙，"四大合作"忙，实习实践忙，比赛拿奖忙……通过"忙"，我们的师生联系热了起来，各项活动火了起来，竞赛科研强了起来，优秀人才冒了出来，显性成果多了起来，社会影响力大了起来。一个"忙"字，反映了"锦城人"奋斗向上、追求卓越的精神状态，预示着我们必将用元气满满的干劲儿、拼劲儿、闯劲儿，开辟出"锦城教育"气势不凡的新格局、新气象、新境界！

2018年是写满进步、突破和辉煌的一年：两个省级教学成果奖是上级主管部门对我们教学工作的直接肯定；从"锦城"走出了哈佛硕士钟雨霄、"科研达人"余万、15位"签约小作家"以及众多在国际、国内比赛中获奖的同学，这是对我校人才培养质量的有力证明；组建人工智能学院并荣聘美国国家工程院、艺术与科学院"双院士"陈世卿先生担任院长，体现了我们在新技术革命浪潮下建设好"未来型大学"的实力和决心；以"厄立特里亚卓越工程师培训"为代表的"一带一路"项目的成功实施，与日本多所学校签订合作协议，刷新了我校国际化战略的高度！创新"学生个体智能长板探测评估"，完成"长板"普测，让每一位同学都拥有一份属于自己的"测评报告"和"长板计划"，标志着我校的个性化教育和因材施教取得了又一个突破……这一切成果的得来，正如习近平总书记论改革开放的名言："伟大梦想不是等得来、喊得来的，而是拼出来、干出来的。"我为大家这种"拼"和"干"的精神点赞！

老师们、同学们、同志们，让我们继续高举改革开放伟大旗帜；继续贯彻全国教育大会等一系列重要教育会议精神；继续把我校建校以来提出的各项行之有效的办学理念、发展战略、治校举措、任务目标等抓好抓实，促进我校教育再上新台阶！

我们要继续坚持应用型、创业型、未来型的办学定位和发展方向，紧密围绕人才培养中心，全面做好教学、科研、社会服务，进一步落实好"四个一批"，积极融入"三个话语体系"，取得更多显性指标意义上的突破！

我们要把学校的教育改革和世界新一轮技术革命浪潮紧密结合起来，继续追踪新技术革命前沿，变革学校、变革教师、变革课程、变革课堂、变革教学、变革学习，促进锦大教育进一步信息化、智能化、现代化，努力走在新一轮教育变革的前列！

我们要确立更加科学、严格、合理的评价体系，进一步深化薪酬体系等人事制度改革，激励广大教职员工奋发作为、奋勇争先，锻造一支能打胜仗、足以担当学校建设发展重任的一流教师、管理、服务队伍！

我们要继续坚持"四全三高"的高标准、严要求，进一步促进教师的有效教学、学生的深度学习、干部的创造性工作、后勤的高水平服务，把教师的教学态度、作风、品质提高到世界名校的水平！推动我校教书育人和管理服务不断提质升级！

我们要继续推动以"长板原理"为代表的一系列富有"锦城"特色的教育理念在理论和实践上的创新和发展，让广大师生的长板更长、亮点更亮，努力铸造一个"人人有特长，个个有亮点"的卓越"锦城"！

2019年将是"锦城"大变革的一年，大落实的一年！让我们坚定信心，鼓足干劲，继续以超越常规的努力，以不懈的昂扬奋斗谱写锦大新的、更大的辉煌！

做好总结，抓好落实，实现突破，全员昂扬奋斗，光大"锦城教育"

——在2019年工作布置大会上的讲话

（2019年1月14日）

2018年过去了，2019年来到了。按照惯例，我们开个会，总结工作，表彰先进，布置今后工作，展望未来。

今天的讲话不专门讲2018年学校取得的成绩，因为成绩摆在那里。请各部处、各院系自己总结，今天我重点讲一下2019年我们怎么办。

教育有它的本义、常识和发展规律，所以我们不能年年都有新花样，也没有必要提一些新口号，这就难免会有些老生常谈。但是客观形势在不断变化，新的科学技术在不断涌现，教育必须跟上新形势，教育工作者的思想行为必须与时俱进，这就是我今天要讲的内容。

2019年我们的任务是什么？第一件事是回顾和总结，第二件事是落实和突破。

关于总结，办公室整理了自建校以来我们提出的、经实践证明行之有效的理念、制度、办法、措施和特色等等，总共有十个方面，作为总结提纲，供大家参考。今天上午七位教职工的发言，也是对自己和所在单位贯彻学校意图的某一方面的总结。

关于落实和突破，这是今天要讲的重点。对于我校的教育思想、教育理念、教育改革措施和人才培养等等，社会各界都很认可，但他们都有一个担心——能落实否？所以落实是一件大事。所谓"言必信，行必果"嘛！如果我们浮光掠影，说多做少，那再好的规划、计划、蓝图，到头来都是空的。所以，马克思说"一步实际行动比一打纲领更重要"。

今年是"落实"年，要人人抓落实，事事求落实，在落实基础上争突破。我今天要在西昌会议"坚持一批、变革一批、落实一批、突破一批"的基础上，提出十个方面作为全校狠抓落实和突破的重点。

一、做好总结，坚持贯彻"十大治校之道"

（略）

二、抓好落实，谋求学校发展"十项突破"

除了我们要继续坚持贯彻、发扬光大的内容之外，今年，我们重点要落实十项突破，也就是我们在某些方面还需要完善、推进，甚至实现变革的内容。

（一）以"忙起来、长起来"为重点，突破校风建设

我曾经讲过，办好一所大学需要三根支柱，这就是大师、大楼、大好风气。大好风气就是校风和氛围。

蔡元培领导北大，梅贻琦领导西南联大，虽然时间都不长，但成

绩卓著，人才辈出，其重要原因之一是他们都创造了一个良好的校风和氛围。

我校自建校以来，为了造就一个勤奋苦学的校风，可以说绞尽脑汁。其中重要一项工作就是与吃喝玩乐作斗争，跟学生学习以外的力量争夺时间，号召大家到图书馆去，到教室去，到实验室去，到运动场去。但是在相当长的时间内，仍然每月有一两千人晚归（晚上十一点尚未回校）。

邹广严校长手稿

去年，学工系统贯彻西昌会议精神，推出"让学生忙起来，让长板长起来"的做法。以晚归为代表的学风问题可以说有了根本好转。现在每月晚归的学生不到一百人了（其中包括部分实习生）。上个学期有几个星期六晚上，我去图书馆查看，发现学生座位都满了。

学生忙起来了，忙什么呢？除了忙于学习，还忙于准备竞赛，忙于创新创造，忙于体育活动，"一体两翼"嘛！只有忙起来，长板才能长起来，这就叫"学校谋特色，学生谋特长"啊！

所以，我们要以"忙起来、长起来"，促进以校训、"锦城"精神为核心的校风和校园文化建设，形成平等、尊重、信任、合作、和谐、包容的人文环境。其中，在学风建设上，必须强调四个因素：

1.勤（勤奋）

勤，就是勤奋。古语说"书山有路勤为径"，朱了家训说"黎明即起，洒扫庭除"，都是要勤。勤能补拙，勤就是努力。韩愈的名言是"业精于勤荒于嬉，行成于思毁于随"。我们的校风、校园文化必须是紧张而不松垮，忙碌而不懈怠，争分夺秒，惜时如金。

勤就是要让学生把一分一秒的"锦城时间"都利用起来，全身心投入学习和锻炼中去。从内容上说，学生要忙学习、忙考证、忙科研、忙比赛、忙设计、忙活动；从场合上来说，要让学生在教室、寝室、图书室、实验室里学习、讨论、研究、实践；从时间上来说，要让学生白天、晚上都有事做，周一到周末都有事做，甚至寒暑假都忙着实习实践、社会考察、专题学习等。

2.上（向上）

上，就是向上。毛主席不是讲"好好学习，天天向上"嘛，大学生应当有理想、有追求、有目标、有不达不休的奋斗精神，应当还要有自由、和谐、阳光的心态。

3.严（严格）

严，就是要严格。做学问当诚信为本，务实求真，要诚信第一，从难从严。教师、学生做人做事，一丝不苟，精雕细刻，杜绝弄虚作假、马马虎虎。

要有严整的纪律、严格的要求、严肃的作风。具体来说，就要继续坚持"从严治校，三不放水"，学校对老师的要求考核要严，老师对学生的教育、教学、管理也要严。"严师出高徒"嘛！

4.苦（刻苦）

苦，就是刻苦。中华传统讲吃苦耐劳，讲艰苦奋斗，讲学海无涯苦作舟。总而言之，学习是刻苦的过程，不要相信学习是快乐的事情。很多大学问家都是坐了十年、几十年冷板凳的，鲁迅说他的成就是把别人喝咖啡的时间用在工作上的。

对于学校来说，"苦"就是要提高课程的挑战度和难度，对学生适当增负；"苦"就要严格执行"不放水"，使学生摒除任何侥幸心理，回归刻苦学习的正道。文传学院实施的"成才强化措施"，对学生的读、写、听、做等方面做了严格的要求，比如每个学生四年要写40篇文章，学生不刻苦是过不了关的。为什么来参观学习的人都说这个措施好？就是因为这个措施严格要求，引导学生刻苦训练。那么，我们还有什么增加挑战度、增负的途径和办法？我想，教务处可以考虑提升授位的标准和要求，将学生的学分绩点、重修情况、四年在校表现情况等要素纳入授位考核，这是一种办法。各学院也要在提升课程挑战度、促进学生刻苦学习上想办法、下功夫。

校风好，学风好，校园文化好，是一种软实力。在这样的一个大环境、大熔炉里成长的学生不成才都难，这就是突破。我们要让别人看到"锦城"的校风就是不一样。西南联大很成功，成功在哪里？如果要讲物质条件，当时困难得很。但是联大首先有一流的老师，老师素质好；其次有一流的校风，因为国难当头，学习不易，所以大家都很努力，很自觉地学习；第三就是学术自由。我们现在的物质条件比当时好多了，但校风无法和西南联大相提并论，校风建设任重道远。所以，校园文化、校风建设仍然是今年要重点突破的工作。我希望"锦大"形成勤奋、向上、严格、刻苦的学风和校风，大家都要围绕这个目标开展工作。

（二）以大数据、"多元智能"、"长板原理"为基础，突破因材施教和个性化培养

现在大家都在谈论教育改革，改革的方向在哪里？目标是什么？我看就是办学的多样化和人才培养的个性化。办学多样化就是要多家办学，公立的、私立的、中外合作的等等；办学多样化就是以校为本，不能以部为本，千篇一律、千校一面。人才培养个性化是工业化之后对教育标准化的一种突破，是适应信息化、智能化时代的一种必然。在这一点上我们的老祖宗就有先见之明，孔老夫子在两千多年前就提出"因材施教"，而且进行了很好的实践。但是限于科学技术条件及历史局限性，以前的教育只能凭经验和教师的观察来了解学生、教育学生。因材施教和个性化培养没有真正落实，需要突破。现在我们有了大数据、"多元智能"和"长板原理"三大武器，突破大有希望。

1.大数据为因材施教提供学情统计的工具基础

大数据技术提供了我们深度具体了解学生的有效工具。通过对学校和学生活动大数据的挖掘、收集、整理和分析，使我们对学生的生活、学习的习惯、行为、爱好、特点和需求，有了更深入、更具体的了解，这就为因材施教奠定了基础。正如大数据专家维克托·迈尔－舍恩伯格指出的那样，个性化建立在大数据反馈的基础上，在学习的环境下，大规模个性化的实现，需要更丰富的反馈数据流向教师和管理人员。

2."多元智能"为个性化培养提供潜能开发的理论支撑

美国著名的心理学大师霍华德·加德纳提出了"多元智能理论"。

它打破了自20世纪初以来以单一智商测定评价一个人的局限，提出了人具有8种基本的原始智能（语言智能、音乐智能、逻辑数学智能、空间智能、身体运动智能、内省智能、人际关系智能、自然智能）。但是这些智能的长短是不同的，就是说人的原始智能当中，有一种或几种是突出或较突出的，其余是短板或较短的。只要我们善于发现，培育其较长的智能方向，他成才的可能性就会大增。这个理论为我们个性化培养和"长板原理"提供了心理学基础。

丰富多彩的活动促进"锦城"学子发现、发展、发挥特长，帮助学生长板更长、亮点更亮（校团委　供图）

3. "长板原理"为个性化培养提供实践应用的有力武器

"长板原理"是我校的发明，是培养特长人才的有力武器，是我们贯彻了高等教育规律、人才成长规律和大量人才培养实践的结果。我们贯彻"长板原理"，使学生长板更长、亮点更亮的实践已经硕果累累。建校仅十多年时间里，培养了一大批企业家、企业高管、文化艺术工作者、新闻记者、工程师、会计师、银行行长等，充分证明了个性化培养前途远大。

在我校，所有学生都有挖掘潜能、发挥特长的权利和责任；所有教师（辅导员）都有发现、了解、培养学生长板的职责和任务；学校所有部门都要为学生长板成长、选专业、选方向、跨学科学习等开绿灯，大力支持；学校要为广大师生贯彻"长板原理"创造条件和环境；全校上下要形成贯彻"长板原理"是大趋势、是人心所向的强大舆论和导向。

所以，我们要下更大决心学习和应用大数据技术，学习和应用"多元智能理论"，学习和应用"长板原理"，把因材施教和个性化培养提高到一个新层次。

（三）以"四全三高"为标准，突破一流教师队伍建设

教师对于大学的重要性是不言而喻的，所以有人说"大学之大"在"大师之大"。我们现在的关键是，怎么引进、培养一流教师，建设一支高水平的师资队伍？

首先，我们要加强对现有教师的培养、考核和奖惩。人事处去年做了三件事，即一改（薪酬制度改革）、两赛（两项技能比赛）、三训（三项培训），这很好，今年还要加大力度。

我们现在提出的是突破高水平师资队伍建设。你要培养出色的学生，就必须有高水平的先生。2019 年，我们要继续以"四全三高"为标准，突破一流教师队伍建设。大家要注意的是，我们对教师的考核分为两个层次。

第一个是基本考核，包括每年的绩效考核和定岗、定级、定薪，其对应的是工资体系。绩效考核以 480 分为考核分，完成了就是合

格，超过的就多发工资，没有完成的第二年要补上。定岗、定级、定薪改革关键是"两个相适应"，即学校总体工资水平要和学校地位相适应，个人的工资水平要和个人对学校的贡献相适应。现在是我想给大家涨工资，还要给大家找理由，给大家找个什么理由呢？就是大家的贡献。有的老师说："你给我的工资定高了，任务就重了，我完不成。"那又想多拿工资，又不想多干活、多作贡献又怎么可以呢？目前这项工作完成了90%，由于涉及每个人的利益，需要反复与各单位商量，全面考察每个同志的情况。但总的原则是就高不就低，鼓励大家多干活，多出成果，多作贡献。

第二个是奖励优秀，就是我们要按照"四全三高"的标准来奖励那些在教书育人、科研服务方面表现优异、贡献突出的老师，其对应的是奖励报酬（奖励报酬包括单项奖、综合奖和奖励工资）。

1. "四全"（定性指标）

第一，全身心投入。全心全意，心里想的、手上做的都是"锦城"教育事业，就是要发扬以校为家、天天泡在学校的老教师精神。

第二，全天候服务。服务的对象是学生，学生在哪里，教师就在哪里，随时保持与学生的交流和沟通。

第三，全过程优秀。教务处把教学管理的内容分为了五个项目（考勤、课外作业、阶段测验、课程论文/设计、课堂讨论），我们说的"全过程优秀"就是这五个项目的每个环节做得都优秀。

第四，全方位做好。就是大学的三大职能——教学、科研和社会服务，都做得好。如果全方位做好，当然就是顶尖的人物了。

2. "三高"（定量指标）

第一，学生满意度高。对教学的评价是一个综合的体系，包括领导评价、同行评价、第三方专家听课评价和学生评价。学生是教学活动的参与者和接受者，时间长、感受深，因此最有发言权。管理学认为，只有客户的满意度高，才能培养客户的忠诚度。办好人民满意的教育，首先要使学生满意，包括学生对课程内容的满意度，对教师教学方法的满意度，对教育技术应用的满意度，等等。这实际上是学生对教师教学实践效果的一种反馈，倒逼教师更好地了解熟悉学生，提高业务水平，改进教学方法，等等。当然，学生评教的行为也会有偏差，这就要求我们一方面加强对学生的教育，提高当"学校公民"的素质；另一方面要改进学生评教的方法，使之更加科学合理。

第二，教学反馈率高。反馈是教学过程的重要组成部分，它和课堂讲授一样重要。墨尔本大学教授约翰·哈蒂认为，反馈是对学生学业和学习成就影响最大的因素之一。我们现在的做法是学习英国罗素大学集团，它包括剑桥、牛津等24所英国顶尖高校。他们对教学反馈很重视，调查结果是剑桥和牛津比其他22所高校的教学反馈率高出10个百分点，这说明功夫不负有心人哪！我们现在考核的反馈率包括批改作业或试卷反馈，面对面交流、答疑反馈，线上辅导反馈，等等。反馈的个性化特点要求教师因人制宜，讲究反馈的方法、水平和质量。

第三，显性成果贡献率高。什么是显性成果？就是教育主管部门评价体系和社会第三方评价体系认定的可量化的贡献，包括教研教改成果（如教学成果奖、精品类课程、示范专业等）、学术科研成果（如公开发表论文、纵横向课题等）、指导学生竞赛获奖、教师竞赛获奖、考研升学辅导等方面。教师的贡献率与学校的增值是挂钩的，凡是对学校增值的都是贡献。为什么要讲贡献？学校在教育界立足是要讲地位、讲影响、讲声誉的。一方面，我们要获得教育系统更多的显性成果，提升我们的综合实力和地位；另一方面，我们也不得不考虑社会第三方的排名，因为这个排名在学生、家长、社会公众中有影响力。如果我们所有的排名都在后面，但我们自己说自己办得很好，别人认可不？所以，我们的地位要提高，影响要扩大，就要去争取更多的显性成果，需要我们的教职员工们共同努力，作出贡献。

我们要在基本考核合格的基础上，按照"四全三高"的要求，培养和选拔一批有志于献身锦大教育的一流名师，使他们达到一流大学的师资水平，借以带动整个教师队伍水平的提升。

我们要拿出一笔钱，对达到"四全三高"要求的教师予以重赏，按业绩论英雄，不限数，不封顶，要奖到同行羡慕，家庭满意，学生高兴。

（四）以互联网、大数据、人工智能为重点，突破新技术在教育教学中的应用

互联网是这个时代最伟大的发明之一，连同大数据、人工智能等一系列新技术的出现和应用，将带来人类历史上第四次教育革命。我们现在就是要下大力量做好"互联网＋教育"这篇大文章。

1.在线教育

互联网技术的发展催生了以可汗为开创者的在线教育。这个新生事物发展很快，风靡全球。现在的在线教育不仅解决了优质教育资源的共享，也不仅仅是一个镜头、一段视频，而且增加了互动、互助、行为评价和引导等新的技术和色彩。在线教育对学生而言不仅是

学习机会的增加，而且是学习方式的改变，极大地增强了自主性和选择性，突破了时间和空间的限制。对学校而言，把优秀的课程作品推到网上，能更好地发挥大学知识传播中心的作用，更为突出大学的品牌和竞争力，所以我们要把足够的资金和力量倾斜到新知识新创造的发现和生产上，搞好"锦城在线"，力推一部分课程上全国慕课（MOOC）网站，争取在在线教育领域占有一席之地。

目前，MOOC影响最大的是爱课程、学堂在线、智慧树三个平台。2018年初，教育部公布了第一批490门国家精品在线开放课程；前不久，第二批801门国家精品在线开放课程进行公示；四川省也公布了2018年58门省级精品在线开放课程。2019年，我校课程要力争在全国慕课网站上线，哪个学院先做好，哪个先上线。

此外，我们还要在用好线上教育资源上下功夫。面对网上海量的精品课程，我们怎么利用？在这样一个很大的变化面前，我们的管理者、教师、学生都不能无动于衷，动作慢了或者用得不够，就可能导致我们在"互联网＋教育"变革上的落后。去年我们出台了一个《在线开放和跨校课程学习学分认定办法》，方向就很好，"不求为我所有，但求为我所用"嘛。现在的问题是要进一步研究怎样用好这些资源，比如我们能不能考虑每个学生每学年在慕课平台上完成1—2门课，并拿到相关的课程证书。这样，他暑假学1门，寒假学1门，寒暑假的时间充分利用了，而且还跟上了在线学习的形势。如果我们不推动这件事，而别的学校推动了，我们的学生就会落后半拍，而我们绝不能落后。

2."翻转课堂"

"翻转课堂"是学生在课前利用教师提供的相关视频和资料进行

自主学习，课堂时间用来互动讨论并解决问题的一种"以学生为主体，老师为主导"的教学模式。它把线上与线下相结合，把传统的课上与课下的作用颠倒过来，是信息技术作用于教育最成功的结果之一，很可能是未来大学主要的教学方式。

"翻转课堂"我们开展得很早，2012年在计算机系试点，2015年底提出所有教师全覆盖。应该说有成绩，但问题也不少，特别是"翻转课堂"不翻转，或者是弄几个视频做做样子。所以我们现在要明确：每位教师至少有一门课程要翻转，并按照教务处公布的标准逐一考核。在新的教学模式面前，教师们要改变教学技能，以前照本宣科地传授、宣讲知识的技能，要让位于组织学生讨论的技能，让位于从大数据中获取学生信息的技能，让位于对学生教练和引导的技能。教师的主要教学过程应当是：第一，课前提供的学习资源（包括教学节点的大纲、要求、视频和其他学习资料、思考题等）；第二，课中组织讨论并讲解学习重点和难点；第三，课后布置作业、课外阅读和知识拓展，注意多环节的反馈。

当然，学生也要做相应改变，打破多年来形成的对传统教学模式的依赖，从被动听讲到主动、自主学习，从教师提出问题到学生在学习中认真思考、发现和提出问题。最重要的是，学生要养成在没有监管的情况下观看、预习教学有关资料的习惯。没有预习，就没有翻转。

3.利用VR、AR技术改进教育教学

VR（虚拟现实技术）和AR（增强现实技术）是当前教育行业发展应用的重要技术载体之一。VR（虚拟现实技术）通过计算机创建了一个三维动态视景与实体行为交互的可体验的虚拟仿真世界。同样，AR（增强现实技术）也是通过电脑模拟仿真后，将真实世界信息和虚拟世界信息"无缝"集成，使人们达到超越现实的一种感官体验。VR 和 AR 技术在医学应用中，可以通过构建虚拟的人体模型与器官等，开展教学和科研。在我校相关专业的教学中，同样可以得到应用。例如：城市规划、室内设计可以利用虚拟现实技术开发可视化、可体验的场景；虚拟演播室的打造、虚拟旅游产品和文化产品的开发，也都可以通过 VR、AR 技术来实现。

怎么落地？可以考虑建设 VR、AR 虚拟仿真实验室，开展相关专业的虚拟仿真教学；也可以通过产教融合，实现虚拟仿真产品的开发。教师们至少要学会运用 VR、AR 技术来开展教育教学。教育部现在推"国家虚拟仿真实验教学项目建设"，1000 个国家级项目争取难度大，但是省级"虚拟仿真实验教学项目"还是可以尝试突破的。哪个学院、哪个专业可以尝试一下，先行动起来。

当然，突破新技术在教育教学中的应用还有很多方面，比如如何突破人工智能时代的"智慧教育"，如何利用大数据来改进我们的管理和服务等。2019 年，我们仅就上述三方面重点实现突破，就是很大的成绩了。

同志们一定要明白，在信息化、人工智能新时代，大学不会被淘汰，大学教师不会被淘汰，但不懂、不会、不用新技术的教师会被淘汰！人事处、教务处、学工处要全方位促进教师和学生接受新技术教学，抓好对应用新技术开展教学的有关培训，这是基础和前提。

（五）以"国家三大赛一等奖"为目标，突破学生竞赛停留在中低水平的状况

高水平的学生竞赛是反映学校人才培养成果的一个重要指标。这个指标，教育主管部门认可，第三方评价（如武书连《中国大学评价》）认可，我校也很重视。

去年，我校学科竞赛的情况有进步，获奖较2017年实现2倍以上的增长。其中，国家级二等奖有2个，三等奖有1个（全国大学生广告艺术大赛，文传学院二、三等各1个，艺术学院二等奖1个）；省级一等奖38个，二等奖96个，三等奖190个。按照四川省教育厅公布的数据，我校省级学科竞赛的获奖数量居省内民办高校第一。今年的"互联网+"大赛，我校省级立项数居全省高校第一，国家级立项数居全省高校第三（前二为四川大学和电子科技大学）。在指导学生竞赛方面获得"工分"超过300分的有艺术学院（1491）、文传学院（383）和机械学院（375）。

但是，不可否认，我校在竞赛上还存在不足：

一是"三项国赛"国家级奖项少。"三项国赛"即中国"互联网+"大学生创新创业竞赛、"挑战杯"大学生课外学术科技作品竞赛、"创青春"中国大学生创业计划竞赛。建校以来，我们"挑战杯"的最佳成绩是国赛铜奖1项，"互联网+"的最佳成绩是国赛铜奖1项，近两年我们都只取得省级奖项。

二是学科竞赛高层次获奖不多。特别是第三方评价（如武书连《中国大学评价》）体系很重视的"全国大学生数学建模竞赛"和"全国大学生英语竞赛（NECCS）"，我校近两年在"全国大学生英语竞赛（NECCS）"中有全国特等奖2名（计入评价），但建校以来"全国大学生数学建模竞赛"还未取得过任何奖项。数学教研室科研成果很不错的，例如李海艳、李彬老师，但是建模大赛的奖项怎么是零呢？应该是之前不太重视，没有去抓，现在要抓起来。同志们，建模是很重要的，我们搞人工智能，第一是数据，第二是建模，第三是模拟。既然建模这么重要，那我们怎么开展工作呢？我想，可以开一门建模课，在全校选拔数学精英，专门办一个精英班、建模班，派最好的老师教，看能否培养出尖子生来。请通识学院重点研究怎么落实。

2019年我们必须好好谋划和组织，争取"三大国赛"的国家一等奖，实现"全国大学生数学建模大赛"零的突破，争夺更多的国家级奖项，从而把我校的竞赛水平提升到与我校地位相适应的高度。

（六）以"五个一工程"为核心，突破教学科研显性指标

"五个一工程"的任务对象是每个教学学院，每个学院2019年都要争取做到"五个一"，都要想方设法突破教学科研显性成果。具体包括：

1.每个学院建设一个先进实验室

过去，我们发扬艰苦奋斗的精神，本着实用的原则，建成了一批实验室，基本满足了教学需要。例如，我们的工程训练中心吃的是百家饭，别人捐赠的设备不少，在过去发挥了很好的作用。此外，我们还获批了2个省级示范实验教学中心（现代企业管理实验教学中心、物联网与通信工程实验教学中心），主要由财会、工商、金融、机械、电子学院建设。

但当前形势发生了变化，新技术日益发展，我们实验室建设的

进度和水平都得进一步提升。自2017年我们就提出，要适应互联网、大数据、云计算、人工智能等新技术的发展，按照兼具功能性、可观性的标准进行实验室建设。截至目前，建筑学院、机械学院、电子学院、计算机学院4个学院的建设方案已经完成。

序号	建设单位	项目名称
1	建筑学院	BIM创新教学实训中心
2	机械学院	机器人工程实验室（一期）
3	机械学院	激光技术综合实验室
4	电子学院	智慧型人工智能实验室
5	计算机学院	大数据实验实训中心

那么，我们的其他学院在先进实验室建设方面如何打算，如何实现差异化竞争，大家要尽快拿出方案。实验室的建设要求，除了可用，还要可观，让大家用得顺心，看得顺眼。土木学院和建筑学院，能否建立一个西南地区一流的BIM实验室？

总之，每个学院都要在原来的基础上，根据教学、科研的实际需要，建设一个可用、可观、上水平、有特色的实验室，重点打造，形成影响。

2.每个学院建好一门精品课程

课程是人才培养的基本单元。教育部去年开始推动"建设中国金课"的工作，提出实施一流课程"双万计划"建设，即建设1万门国家级一流线上线下精品课程（国家金课）和1万门省部级一流线上线下精品课程（地方金课）。

目前，我们的精品课程数量不多，包括精品资源共享课、创新创业示范课、应用型示范课等省级精品类课程共9门（"无线网络优化""液气压传动与控制""全媒体采访与写作""营销策划""市场营销""中国民俗学""应用写作""创业管理""创业学")。我们要求，每个学院至少要建好一门精品课、示范课、慕课等。有条件建设并争取省级精品慕课的学院，要集中精力建好慕课。学校已经同意，每个学院先建设一门校级慕课，每门课程拨付1万元建设费。我们择优推动上线国内三大慕课平台（爱课程、学堂在线、智慧树），再努力冲击省级乃至国家级精品慕课。除了积极争取精品慕课，还要争取线下精品课程，如省级应用型示范课程、创新创业示范课程（通识类和专业类课程均可申报）、双语教学示范课程、其他精品课程等。对于创造精品课程的教师，纳入显性贡献指标考核计奖。

3.发表一篇高水平论文或争取一个国家级项目

对每个学院来说，要组织优秀教师发表一篇高水平论文（SCI、CSCD、CSSCI、EI、A&HCI）或者做一个国家级项目（国家自然科学、社会科学基金项目，教育部人文社会科学研究项目等）。过去，教师的科研能力是我们的薄弱点，我们曾一度有一半的教师在一年内没有发表一篇论文，论文发表量比不上我们有些学生啊。所以，老师们必须努力，发表一篇高水平论文，或者做一个国家级项目。

2018年我校发表高水平论文的分布情况：通识学院7篇（李海艳老师就发表了4篇SCI）、建筑学院3篇、土木学院2篇、机械学院2篇、艺术学院1篇、电子学院1篇、文传学院1篇、教务处2篇。在我们13个学院中，还有6个学院需要争取零的突破。

从我校2018年国家级课题立项情况来看，全校只有文传学院杨骊的项目《文学人类学视野下的商代玉文化研究》获教育部人文社科项目立项。杨骊在争取国家项目上做得比较好，你们可以向她取经，请她讲讲怎么争取国家项目。总之，在国家项目上，大家要努力，争取实现突破。

4.建立一个课程教学库

这里说的库，或者叫习题库、案例库、问题库、项目库等等。过去我们提出了"教师八大教学法"，实际授课过程中，最核心、最常用、最有效的其实是四种：案例教学法、问题导向法、项目驱动法、以赛促学法。这四种方法需要我们积累大量的案例、问题（习题）、项目和赛题来解决。因此，我们需要建立系统的库，即教师应当针对授课课程，建立系统的案例库、习题库、问题库、比赛项目库、阅读资料库等。

现在的问题是，我们有些教师在课堂上讲的案例太浅显，看起来很热闹，但不能启发学生的深度思考。我们现在必须以更高的要求，更深入的调查研究，搞好教学案例。例如，工商管理学院可以好好研究下企业兴衰的原因；财会学院可以提供上市公司财务报表，让学生分析。总的来说，就是建一个规范而丰富的库，随时抽出来可以用。这是基本功，是基础建设。

教学库的要求，一是案例不能太简单、低级、过时、浅显，要有一定的代表性、复杂性。案例要有深度，问题导向要有针对性，习题要深浅结合，向深度发展。二是要求每个学院、老师都得建！今年，每个教学学院都要组织教师完成好本课程的案例库建设。可以一门课程单独建，跨学科、跨专业课程也可以组织教师团队共同建。

5.每个学院办好一个省级或以上级别的会或赛

办会、办赛是提升学校地位、扩大学校知名度的重要措施。2018年，我们继续从参会到办会，从参赛到办赛，成功举办各类全国、全省性赛事、研修班、学术年会等。如土木和建筑学院承办了"2018年全国高等院校BIM技能应用比赛"，文传学院承办了"全国大学生广告艺术大赛"部分赛事以及"四川省新闻教育学会2018年年会"，通识学院承办了"全国高等学校混合式教学模式下的外语教学理念与方法创新研修班"，艺术学院承办了"四川省大学生原创微电影大赛"……另外，金融学院选了一批老师到成都电视台讲专业知识，文传学院谢天开老师到中央电视台录节目，艺术学院以前也有老师上电视，还有招生处组织老师到中学去演讲，甚至我们每个周末租借场地举行社会考试、举办比赛等，都是为了扩大影响。现在，省教育厅征求2019年举办各类比赛的名单，你们要办什么赛就抓紧时间报。

锦城学院艺术学院连续承办多届"四川省大学生原创微电影大赛"。图为艺术学院院长钱梅教授（左一）为获奖选手颁奖（艺术学院　供图）

2019年，每个学院至少办一次省级以上的会或省级以上的比赛，实现"一院一会（赛）一品牌"，为学校、教师、学生增值作出贡献。

在"五个一工程"基础上，我们争取教学科研显性成果的突破，还要注意抓当前宏观机遇，注意对标建设。如教育部这几年重点推动"六卓越一拔尖项目""国际工程教育专业认证""应用型示范专业和课程""应用型本科产教融合发展工程""三全育人试点"等，有关单位和学院都可以关注、计划和行动。包括我们要想实现"教学成果奖"国家奖的突破，这也需要培育周期，要做好规划和培育。

（七）以"五大战略"为重点，突破《"锦城2025"规划》的贯彻执行

2016年，我们启动了第二个十年计划，有愿景，有目标，有措施，有战略。2019年，我们要继续贯彻"五大发展战略"：

"差异化"的核心就是学校谋特色，学生谋特长。学校的特色，除了过去十余年发展积淀的富有特色的治校之道外，各学院还要在建设全省品牌特色专业以及专业人才培养方案、教学方式、学生管理服务措施等差异化方面下功夫。例如文传学院的"技术型文科人才培养"，建立24个创新平台，培养了17个小作家，这就很有特色，来参观的人都说好。学生谋特长，关键是要发扬"长板原理"，让我们的学生长板更长、亮点更亮。

"复合化"的背景是当前是一个知识融合、技术集成的时代，产业的边界日趋模糊，人才需求日趋复合。我校"复合化"战略的核心就是实现跨学科人才培养。现在，人工智能学院的建设实现了上千学生的跨学科培养；未来，全校各教学单位要进一步打破学科壁垒、专业壁垒、行政壁垒，实现课程跨（开发跨学科融合课程）、课堂跨（多导师跨课堂关联课程教学）、管理跨（跨专业、学院管理）、人才

跨（瞄准技术融合前沿和复合能力培养）的跨学科复合化发展，力争逐年提高毕业生中"复合型"人才的百分比。

"信息化"的关键要做好两条：一是学校层面要加大以互联网、大数据、云计算为基础的信息化、智慧化校园建设，把基础设施建设好；二是所有教师都要掌握信息化的方法和技术，突破以互联网、大数据、人工智能等为代表的新技术在教学管理中的应用。

"产教融合"的核心是要使我校的教学、科研和人才培养与产业、行业、企业密切合作，深度融合，包括合作培养人才，拓展实习就业渠道，合作立项课题开发产品，抓好对外培训工作，等等。各单位要实现全覆盖。工商学院去年横向合作到位资金169万元，分别在青白江、泸州等地开展项目合作；就业处也做得不错，加强与各企业的联系，跑得勤，效果好；财会学院"傍大款"，与立信合作编书，推荐毕业生到华为就业，一次就被录取8名毕业生，普华永道一次录取我校25名毕业生……这些都是很好的举措，要坚持下去。

我开玩笑说"脸皮要厚腿要勤"，大家都要跑起来、动起来、找起来，才能扩展合作的广度，推动合作的深度。就像财会学院，有5000个学生，每个毕业生都要找到工作，谈何容易？我们扩大产教合作，能够保证毕业生都就业，这就很伟大。所以，"产教融合"战略一定要继续推进，这是我们的长处，因为应用型大学与企业有天然的联系，企业就是我们的靠山。

"国际化"方面：一是要进一步推进交换生项目，提升本专科生出国留学的比例；二是要进一步引进名校资源，提升国际合作的高度和质量；三是要争取来华留学生零的突破。国际化是一所学校开放办学水平的体现，一所好大学必然是国际化的。近代以来，我们的经验教训是，闭关锁国必然导致落后挨打，改革开放才能引领我们前进和发展。所以，我一直认为，见贤思齐，向别人学习，不耻辱。我们向美国学，向日本学，向德国学，博采众长。搞教育也不能关起门来搞，要放眼世界，"走出去，请进来"，把国际化这篇文章做好，努力向国际水平靠近。

2019年，"五大战略"都要突破。其中，"产教融合"和"国际化"是我们后来居上的主要渠道，要重点突破。

（八）以"新建三大学院"为抓手，突破锦大特色教育

今年，我们新建了三大学院，一是劳动学院（升级），二是创新创业学院（升级），三是人工智能学院（联合新建）。我们要以这三大学院为抓手，突破锦大的特色教育。

劳动和创业教育，过去做得不错，要在继续坚持中实现突破。

2019年10月25日，锦城学院劳动必修课再次登上《人民日报》，并成为热点话题；同日的中国日报网（*China Daily*）也刊载了相关报道，引发了海内外网友的热议和好评（劳动学院　供图）

1.劳动学院

劳动教育，我校抓得最早、最好、最有成效。现在我们要在原有基础上，一方面，把劳动教育从技能教育提升到品质教育，要努力把中国人热爱劳动、尊重劳动、不畏困难、迎难而上的基因传递给下一代人；另一方面，将其系统化、课程化，做成品牌，现在国家很重视劳动教育，我们要争取在教育主管部门发布的一些项目上取得突破，赢得更多的"奖牌"，要把这个成果进一步家喻户晓，推向全国，推向世界。

2.创新创业学院

我们从建校起就开始抓"三练三创"实践教育，并持续深化，着力构建全员、全程、全方位的创业教育模式，实现了创业的人数多、规模大、效益好的良好局面，涌现出一大批各行各业的精英。

对于创新创业学院，总的要求是要出人才，出成果，出影响力。重点考虑四方面建设：一是建立更加科学合理的课程体系，有专门课程和专业师资等；二是更好地整合有关资源，特别是与专业教育相融合；三是推动我校的创新创业融入区域社会发展，努力走在新技术革命的前沿；四是聚焦竞赛和孵化培育，做大动员，拿大奖，出大成果，提高影响力。

3.人工智能学院

人工智能是21世纪的技术热点，也是全世界都在争夺的科技制高点。今年我们组建了人工智能学院，荣聘美国国家工程院、艺术与科学院"双院士"陈世卿先生担任院长。陈世卿先生是全球著名的超级计算机专家，美国网格超级计算机的发明者，美国克雷公司XMP和YMP超级计算机的首席设计师。早在1988年3月28日，美国《时代》

周刊杂志就将他作为封面人物，世界电脑界称他为"超级巨星"。

人工智能学院目前集合了计算机、电子、机械、金融四个学院的部分专业和老师。现在，我们已经有了一个好的带头人，有一帮有干劲的骨干教师队伍。上一周陈院士的团队也跟每个学院的老师们进行了全面系统的交流研讨，在多个方面达成了共识：争取西南地区"新一代超算中心"项目落地锦大；在我校成立"第三脑研究院"；在一些产学研项目上开展合作，实现科技成果转化。

下一步，人工智能学院要重点做好以下工作：一是抓准培养目标；二是抓好课程体系建设；三是争取"西南超算中心"的落地；四是做好"人工智能+"的工作，例如人工智能+大健康、大教育、大农业等等，如何实现"人工智能+"项目的落地，各学院要注意思考和跟进。

（九）以脑科学为指导，突破学生的深度学习

在大学里，什么是中心？有人说教学是中心，有人说学生是中心。其实应该说，学习是中心。学校是学习和传播知识的地方，不但学生要学习，教师也要学习，管理干部、教辅人员都要学习。这些学习当中，学生的学习是重点。陶行知先生说，教师的职责是教学，不是教师教、学生学，而是教师教学生学。我们说培养人才是学校第一位的任务，而培养人才是通过"学习"这个环节来实现的。

我们过去所做的教学研究，大多是研究先生如何教，很少研究学生如何学，尽管我们也提出了"十种学习法"及一些原则，但还没有从科学的角度来研究，这就造成了我国在认知科学、脑科学方面的落后状态。

　　而国外在过去的一个世纪里，围绕着"人如何学习"这个主题，从环境到机制，提出了许多理论体系。例如华生、桑代克和斯金纳在动物实验的基础上建立的行为主义心理学，将学习解释为刺激与反应的联结；直至20世纪60年代，由于计算机科学、科学哲学的介入，掀起一场认知革命，先后形成了以布鲁纳、西蒙为代表的认知建构主义和信息加工理论。前者强调学习者主动建构的过程，后者将学习类比为计算机处理信息的过程。到80年代由于脑科学的飞速发展，使我们能从细胞分子的水平重新认识学习过程，由神经科学、心理学和教育学跨学科整合而来的教育神经科学，很大程度上重塑了"人为何学习"的理论。

　　在我国，实证式地研究"脑科学与学习"是从20世纪末21世纪初开始的。在此之前我们指导学生学习的做法很多都是经验性的，是对行为和心理的归纳和总结。我们现在要突破的是把学习纳入科学，特别是脑科学、认知神经科学的轨道。简要地说，就是要研究"学习科学"，使学生能"科学学习"，以提高学习的效率（有效性）和质量。

　　现在我们已经进入信息化时代，在眼花缭乱的各种信息工具面前，青年学生的学习既缺乏我国古代读书人刻苦努力的精神，又缺乏现代认知科学理论的指导，所以出现了浅显而不深刻（屏幕化）、零碎而不系统（碎片化）、单调而不综合这样一些浅层学习现象。具体表现就是囫囵吞枣，不求甚解；走马观花，浮光掠影；查查百度，生搬硬套。总的来说，就是学在表面，雨过地皮湿，不深不透，或者说如沙滩上绘画，风一吹，浪一打，没了。学生放下书本，所剩无几。要解决这个问题，就要一个突破或改变：从浅层学习到深度学习，就是要转到以脑科学和认知科学为导向的教学轨道上来。

什么是浅层学习呢？所谓浅层学习，就是机械记忆或了解一些名称、事件或定义定理。它不需要付出太多努力，不需要反馈或纠错，不需要批判性思维的检验。它一般是缺乏内动力，是外力强加于的学习。即知其然，不知其所以然，知道它是什么，不知道为什么。

所以，我们的考试应该分为两类，一类是浅层学习考试，靠机械记忆即可；二是深度学习考试，要学生对知识理解、加工或应用。

深度学习的目标是什么？总的来说，是以下三句话：

1.学得懂（理解）

为什么要学得懂？就是要理解。理解和一般了解是深度学习和浅层学习的主要区别之一。毛主席说："感觉到了的东西，我们不能立刻理解它，只有理解了的东西才更深刻地感觉它。感觉只解决现象问题，理论才解决本质问题。"所以，老师的作用就是让学生理解，讲课的目的就是理解，就是让学生学懂。我们主张在课堂上交流，就是不懂的知识点可以提出来；我们为什么要求老师批改作业，就是检查学生学懂没有。深度学习的前提就是做到高水平的理解。因此，我们在课堂上要让学生多问（引导学生多提问题）、多思（引导学生绘制思维导图，梳理所学的各章节内容等）、多写（要求学生写课程论文/设计、写读书报告等），还可以让学生使用某一知识去解决一个问题（方案），或者试着让学生迁移知识，举一反三，等等。

2.记得住（记忆）

为什么要记得住？就是要将知识形成长期记忆，保持和储存起来，使用时可以随时调出。记得住和记不住，长期记忆和短期记忆，是深度学习和浅层学习的又一个区别。学习从根本上依赖于记忆的加工。按照教育心理学的观点，加工的类型大体上有三类：一是感觉记忆，持续的时间从数毫秒到数秒；二是短时记忆，保持时间大约是 5 秒—2 分钟，一般包括直接记忆和工作记忆两个成分；三是长时记忆，指信息的储存时间较长，可以是数年也可以是一生。那么，如何形成长时记忆呢？就是要促使学生多看、多记、多抄、多考。只有通过反复的练习和测试，才能帮助学生有效形成长时记忆。我们的老师应当增加试题、作业的挑战度，要及时地评阅、检查、反馈、指导。

3.用得上（运用）

为什么要用得上？会用，或提出一个好的解决方案是深度学习的重要标志。深度学习的最终目的是要实现灵活运用，举一反三。灵活运用和死记硬背是深度学习和浅层学习的另一个区别。因此，我们在教学过程中，引导学生多用、多论、多悟。通过学生做项目、做实践、做设计，参与演讲、专题辩论等实践，灵活运用所学知识，培养学生创造性思维和批判性思维，引导学生形成发现问题、解决问题等能力。

今后，我们在学生科学学习上的突破都要围绕这三个目标开展。约翰·霍普金斯大学知名学者玛丽亚·哈迪曼的《脑科学与课堂》这本书上讲了十多种方法，请大家进一步研究学习。

总之，脑科学给了我们新的观点，新的方法和路径，希望老师们认真研究、运用脑科学，以更加有效的教学，促进学生深度学习，让学生学得懂，记得住，用得上，受益终身！

计算机学院以"企业进课堂"的形式，促进学生在学用结合上狠下功夫。图为合作企业51WORLD–成都孚睿思CEO郑兴先生（右一）走进课堂，为虚拟现实与游戏开发方向学生做指导（王春洁　摄影）

（十）以"三大变革"为导向，突破"未来型大学"建设

自1088年世界第一所大学——意大利博洛尼亚大学建立以来，已经近千年了。我们现在遇到了千年以来从未有过的大变局——这是套用李鸿章的话。颠覆性的科学和技术的产生打破了现有的秩序，颠覆了很多思想观念、体制机制、生产生活方式，必然也影响教育。我们怎样来应对大学建立千年以来的大变化、大变局？答案是变。变什么？我们多次讲，就是要变革我们的学校、老师、学生。总的来说，是一步一步地变，不是突变，是在现有基础上不断增加未来型的元素。

1.变革教师，造就"未来型教师"

老师怎么变？

第一，"未来型教师"是学生多渠道学习的知识提供者之一。未来的教学方式、学习方式可能会改变，但课堂仍然是教育教学的重要战场（当然课堂本身也在变）。老师的教学方法，要用新技术来装备。老师是新技术的使用者、新知识的传播者，要引导学生线上线下、校内校外多渠道学习。

第二，"未来型教师"要逐步提升作为伙伴、导师、教练的作用，指导学生学习。未来的课堂不再是教师的一言堂，教师角色将从灌输型的说教者转变为引导型的团队教练或导演。因此，教师应从知识传授者转变为伙伴引导者，学生从课程受众转变为学习主体。老师逐步把学生推到第一线，让学生发挥更多的主动性。老师的责任是指导，是教练，是引导，老师要提供学习的东西，当然了，社会也可以提供，但老师仍然是主渠道。

第三，"未来型教师"是学生的辅导者、答疑者、讨论者，指导学生学习、实践。尽管未来教师提供的学习内容，有不少社会也可以提供，但学校和教师仍然是知识传播的主渠道。更重要的是，学校要更多地发挥交流讨论、思想碰撞的平台作用，教师要更多地与学生交流讨论，给学生辅导答疑。师生的教学对话从你问我答转变为共振共鸣，将来极有可能实现学生在哪里，老师就在哪里。

第四，"未来型教师"应当成为追踪新技术和行业前沿的前沿追踪者，掌握新技术，帮助学生了解新技术，指导学生运用新技术。教师必须克服保守、懈怠、不接受新事物的惰性，跟上世界发展形势，对所在专业领域的知识变化、产业更迭、技术变革，要始终保持敏锐的意识和追踪的步伐，要自己清楚而且要让学生清楚世界的前沿是什么，行业的前沿是什么，学科、专业和产业的前沿是什么。不断前进，构筑长板，避免被社会淘汰。

2.变革学生，培养"未来型人才"

"未来型学生"是什么样的？我们要着力培养什么样的人才，我们的人才培养规格、标准要怎么变化？

第一，"未来型学生"应当是独立、自主、主动的学习者。这是适应未来技术发展和社会变化的一种基本学习力的体现。

第二，"未来型学生"应当突破个性化发展，不仅仅是依靠课程、课表的被动式学习，而是主动建立自己的"课表"。因此，要加强跨学科、辅修工作，学校要灵活认定成绩和毕业资格。

第三，"未来型学生"应当更善于把自己所学的知识进行应用和实践，提出并解决问题。这也是应用型大学要着力解决好人才培养规格的核心问题。

第四，"未来型学生"不仅要会找工作，而且要会创造工作。这需要好奇心、想象力和创新创业精神。

第五，"未来型学生"的自主性和选择性更强了，将从选学校、选专业向选课程、选教师转变。大家都说"新高考"把当前学生选学校的方式将转变为选专业。到更长远的未来，学校恐怕更多地以优课和名师为吸引力，学生更多地将转变为选课程和选教师。所以，教师们要提升自我，更要打造优质课程。

3.变革学校，建设"未来型大学"

未来，学校也要变。一方面是更加信息化、智慧化，另一方面是更加开放化、融合化。但不论怎样，学校还将存在，还是培养人才的最重要的场所。

"未来型大学"，目前有两个问题没有解决。第一个，现在大家都在讲线上线下学习，那科学研究怎么办，实验室要不要？新知识谁来发现？不能都说传播知识，大学还要发现知识。第二个，文凭认证怎么办？现在我们是学位，大学有知识体系和课程体系，完成了学年制或总学分学习后颁发文凭。将来学生自主地学习，随地地学习，有选择地学习，是不是将来课程认证就代替了学位认证？希望大家研究。所以，我想：

第一，"未来型学校"仍然是一个师生学习的共同体，是学习的重要场所之一。我们要为师生创造更为智慧化、信息化的条件。

第二，"未来型学校"是师生探讨、磋商、讨论的地方。我们要为师生创造良好的氛围、场合、机会和体验。

第三，"未来型学校"仍然是对学生知识认证和考核的重要场所。我们要配合社会的发展和学生的需求，开发合适的认证体系和考核方案。

所以，不管怎么说，学校仍将存在，仍是师生交流碰撞的地方，培养能力的地方，我们要强化这些作用，而不是弱化。我们要强调"翻转课堂"和混合教学，将来很可能是主要的教学方式。我们要保持和发扬过去行之有效的理念和做法，在此基础上增加新的元素。这是一种过渡，早过渡比晚过渡好。

三、实现突破，通过"三大机制"推动工作落实

现在的问题是，很多事情说到了不一定做到了，做到了不一定做好了。为了抓好"十大突破"，今年要在落实上下功夫，重点是抓好"三大机制"。

（一）抓"压力传递机制"，传导压力和动力

大家知道，西昌会议分析了我校面临的"四大危机""八大瓶

颈"，我们强调要把突破瓶颈的压力和动力传递到每一个人。压力不能都放在校长、院长头上，或者说都放在领导层头上，压力要传递到每位教职工的身上，并把压力转化为动力，形成人人奋勇、个个争先的强大合力。

（二）抓"目标分解机制"，以目标带动落实

我们有第二个十年发展规划，每年工作还有年度工作目标和任务。但是目标要分解，要层层落实。今天我讲的突破，有的是学校突破，有的是学院突破，有的是个人突破，都要分解到每位教职员工头上，真正做到发展重担大家挑，人人头上有指标。每个员工都要有规划，自己能为"十大突破"做什么？目标分解的过程还要有清单，也就是凡事要有时间节点，有工作流程，有应急预案；并形成制度，做到事事有制度，管理无真空。

党委副书记、副校长王亚利教授（右一）在行政教学总督察办公室周爱萍主任（右二）陪同下深入课堂听课，在课间与任课教师交流（总督办　供图）

（三）抓"督查反馈机制"，强化过程性管理

一是以督查推动落实。评价是指挥棒，督查是推进器。凡工作必可核查，要坚持"督查和自查相结合"，学校成立专门督查机构，派强有力的干部任"总督查"，完善督查制度，对各学院、各部门工作进行督导和检查；各学院、各部门也要加强自查，领导要亲自抓，勤查勤督，以推动工作落实。

二是加强反馈，兑现奖惩。学校各职能部门和各级领导干部，都要认真地、科学地、公正地做好对员工和单位的考评工作，并及时予以反馈。同时，必须严格兑现奖惩，继续贯彻"奖勤罚懒""奖优罚劣""多劳多得""优劳优得"等原则，让做得好、贡献大的同志腰包鼓起来，地位高起来，前途光明起来；对不担当、不作为、凑合应付的同志要进行诫勉谈话、问责，严重的要降级或转岗，长期不合格的要被淘汰。

同志们，以上就是今天讲的三个方面。学校一方面要按照规律办事，按常识办事，要回归本源；另一方面要抓住重点，克服缺点，发扬优点，集中精力攻克难点，把有限的钱用在刀刃上。2019年，"十大突破"是关键，谁突破了就奖励谁，希望重奖之下必有勇夫。我相信，学校会越来越好，大家也会越来越好！祝大家春节愉快，谢谢大家！

接受中央电视台节目组采访实录^[1]

（2019年3月1日）

一、关于应用型大学的办学定位

我们的选择就是办成一所应用型大学。我们一直坚持这一定位，而且定位准，定位稳，不攀比，不跟风，不论社会上有什么舆论，我们都不动摇。我们办应用型大学是始终如一、一以贯之的，因而可以办好。俗话说"十年积一功"，况且我们已经办了十五年，所以就办出了一些特色，办出了一些成果来。

二、关于学生毕业后仍忘不了的教育

做教育，第一个是慢功夫，第二个是长远的目标。我们的教育不仅是要对学生在校时负责，而且要对他将来在社会上的成长或者成功负责，所以这个教育就是要很扎实的，是长久起作用的，是学生毕业

---

[1] 2019年5月，中央电视台发现之旅频道《聚焦先锋榜》栏目组前来我校实地拍摄人才培养纪录片，本文是邹广严校长接受记者采访时的实录，编辑时略有文字调整。该纪录片最后被命名为《人才·锦绣》，分上、中、下三集，在中央电视台发现之旅频道播出。

了离开学校后还忘不掉的、记得住的、依然认可的。比如说，你们看到的劳动（教育）、创业（教育），看到我们的第四课堂、第五课堂，都是这样一个情况。学生毕业几年后，很多都忘掉了，但是这些忘不掉。

农场劳动必修课让学生体悟劳动最光荣、最崇高、最伟大、最美丽，学生毕业多年仍记忆犹新（邓忠君　摄影）

三、关于"长板原理"

你知道，我们学校的"锦城精神"是"学校谋特色，学生谋特长"。为什么要谋特长呢？因为我们学校认为，一个学生的成功，不在于他的短板，而取决于他的长板。陈景润的特长是数学，齐白石的特长是画画，钱锺书的特长是做学问、写文章。他们的成功都取决于他们的特长，他们的长板。我们从中获得启发，形成了教育学上的"长板原理"。我们的老师，我们的干部，我们的辅导员，他们的第一责任就是发现学生的长板，发现学生的智能里面哪一块是有优势的，然后再培养它，让学生的长板更长、亮点更亮。将来，学生凭他的一技之长，在岗位上就可以大放光彩。

四、关于"未来型教育"

首先得明确一个观点：人类教育发展的历史是由科技发展推动的。如果做教育、培养学生离开日新月异的科技和社会发展，关起门办教育，那就要落后了。我们必须明白教育这个事本来就是面向未来的，我们培养一个小孩儿着眼点还在十年后、十五年之后，是不是？不是只看到现在。所以我们培养大学生也是着眼于未来，在学校里必须培养他掌握科技的前沿，站在时代的前沿。所以我们学校不断地在推进传统大学向"未来型大学"这样一个转变，不断地采用信息化的新技术，来改造和发展我们的教育。

"翻转课堂"培训要重点讲清思想和落实问题

——在"翻转课堂"培训工作座谈会上的讲话

（2019年4月29日）

一、我们正面临着教育史上几千年未有之大变局——第五次教育革命

"数千年未有之变局"这句话是清朝的李鸿章说的，我借用这句话来强调我们现在也面临着一个大变局，这个变局就是新技术革命引发的第五次教育革命。

大家都知道，新技术的发展是很快的。以信息技术为例，从计算机的产生到互联网、移动互联网，发展到今天的云计算、大数据、人工智能等，总共用时还不到一个世纪。所以，我们生活在一个新技术日新月异的时代。

各种新技术的不断涌现，深刻地改变了人们的生产生活方式，教育活动也不能例外。实际上，历史上教育的大变革都是新技术引起的。我粗略地总结了一下，我们的教育在历史上至少有五次重大的变革：

第一次变革是在文字发明之后。教育是先于文字产生的，原始人为了生存，就必须教会小孩怎么点火，怎么打野兽，怎么加工食物，

那时候的教育是口耳相传的，但口耳相传是受时空限制的。有了文字以后，把文字刻在龟壳上、竹简上，这就让知识的传播打破了时空限制。所以，文字的发明催生了教育的第一次革命。

第二次变革是在印刷术发明之后，尤其是北宋的毕昇发明活字印刷术之后，知识的传播更高效了，学校教育发生了更大的飞跃，教育的普及化有极大的提高。大家都知道宋朝是我国历史上文化最灿烂的朝代，"唐宋八大家"宋朝就有六家，唐朝只占两家，尽管唐朝的文化也是辉煌的，但宋代比唐代更加辉煌，这与印刷术带来的教育变革有很大的关系。

第三次变革是在以蒸汽机的发明为代表的工业革命之后。工业革命之后，教育的内容、形式都发生了很大的变化。

第四次变革是在影像技术出现之后。广播、电视、收音机的出现，促进了一种叫"广播电视大学"的新型大学的出现（现在叫"国家开放大学"），我在长钢工作的时候，就组织大家每个礼拜定期收看电视课程，有些干部也是广电大学毕业的。影像产品的出现使得教育技术多媒体化了，不仅有文字，还可以有声音，有图像，而且更大地打破了时间与空间的限制。

我们现在所面临的是第五次教育变革，也就是以互联网、云计算、大数据为基础的智能化的革命。现在的教学平台已经不是单纯地传播知识那么简单了，而且有智能化的功能，比如在帮助教师批改作业时，通过后台的数据统计，可以提供很精准的学情分析，一道题哪些人做对了，哪些人做错了，一目了然，老师在讲评时就可以选择性地向做错的人提问；比如它还可以帮助学生作更具针对性的练习，你某一个知识点没过关，系统通过算法，给你推送这些知识点的练习题，直至你掌握了、过关了为止，这就更加接近"因材施教"了。这些变化是历史上没有出现过的，所以我说这是几千年未有之大变局。

教育革命是必定要改变学校的，但是学校的改变是滞后的。大家都知道"乔布斯之问"，2011年5月，乔布斯与比尔·盖茨会面讨论关于教育和未来学校问题时曾经说过一句著名的话："为什么计算机改变了几乎所有领域，却唯独对教育的影响小得令人吃惊？"这便是"乔布斯之问"。为什么会出现这样一种情况？因为教育是一个最稳定或者说最顽固的人类活动，学校又是这种活动中最稳定或者最顽固的"堡垒"。在教育变革中，现在看来，专业公司比学校走在前头。我有一个小本家，原来在阳光保险作高管，拿很高的薪水，突然跳槽到了一所学校，有人问他为什么要跳槽？他说这所学校仅用不到十年的时间，学员就达到了60万人，发展速度很快。所以，就对教育变革的反应速度来看，专业公司比学校快，相比之下，学校——从正面来说是最稳定的，从负面来说就是最顽固的。现在很多学校制作慕课课程，都要借助专业公司的力量，这也可以算是一个证据。

二、教育变革是大势所趋、人心所向

学校变革是大势所趋，但是阻力重重，动力不足。教育变革第一需要资金，第二需要精力，第三需要各方面去推动。光领导有积极性还不行，教师也要有积极性；光领导和教师有积极性还不行，学生也要有积极性，千万不能忽略了学生的积极性。

把握教育变革趋势，锦城学院在2019年分文、理组举办"翻转课堂"教学技能大赛。图为2019年底教职工表彰大会现场，党委副书记、副校长王亚利教授为文、理组一等奖获奖选手颁奖（宣传处　供图）

大数据专家维克托·麦尔–舍恩伯格来中国讲座，他说，互联网也好、大数据也好，人工智能也好，这些新技术不会淘汰大学，但是要淘汰不变革的大学；不会淘汰老师，但是要淘汰拒绝使用新技术的老师。在新技术革命的浪潮下，大学依然存在，但是不变革就是"恐龙"；新技术革命不会淘汰老师这个职业，但是若老师拒绝使用新技术，抱着原来那一套不放，就会被淘汰。我觉得他说的是有相当道理的。变革是大势所趋，也应该及早地成为人心所向。我们校庆那天不是请了中国科学院大学的秦小林教授给我们讲座嘛，他最后引用了一段话说："任何一次技术革命，最初受益的都是发展它、使用它的人，而远离它、拒绝它的人，在很长时间里都将是迷茫的第一代。"我们"锦城"一向走在前列，在教育变革上，我们也必须走在前列！

三、混合式教学、"翻转课堂"是未来主要的教学方式

未来主要的教学方式是什么？我分析还是"翻转课堂"，或者说叫作"线上线下混合式教学"。混合式教学、"翻转课堂"将是今后一段时期内主要的教学方式——不是"之一"，就是主要的方式，越往后这种方式的所占比重会越大。我估计以后没有能离开线上教学的大学。现在党员的学习都要使用APP了，学校怎么能不跟上呢？2012年是慕课元年，我校在2012年就学习可汗学院，在"元年"就紧跟形势，一点儿也没落后；2014年开始做"翻转课堂"，计算机学院很早就总结出了"一个结合，两个再造，三个自主"的经验，我看到现在依然不落后。

但是发展是不平衡的，有的老师走到了前头，有的还落在后面。到现在为止，我们有些老师对"翻转课堂"仍然一窍不通，既不学习又不实践。2015年底，我们就要求在2016年实现"翻转课堂"的全覆盖，要求每一位老师都要推行"翻转课堂"，有的老师做了一门课，有的做了几节课，这都行，覆盖了就好，因为考虑到有一个循序渐进的过程。但有的老师一节课也没有做过，这就很不好。今年对"翻转课堂"考核的底线就不是一节课了，而是一门课，至于是多少学分的课，暂时不做规定，两学分的课程也可以，四学分的课程也可以，总之是充分做好一门课。这个要求是明确的，要纳入今年年底考核的。

四、这次培养重点要讲好三个方面的问题

第一，老师在"翻转课堂"中应该做什么；

第二，学生在"翻转课堂"中做什么；

第三，"翻转课堂"要达到什么目的。

这三个目标，不算高，也不算低。

第一，讲老师做什么。实施"翻转课堂"，老师的角色实质上有一个很大的改变，老师的责任不是减少了，而是增加了。"翻转课堂"不是老师随便找几个片子，然后告诉学生"回去看吧"，不是这个样子的。一，要搞好课程与课堂设计；二，要提供学习资源；三，要进行过程管理；四，要组织课堂讨论、讲解；还有五、六、七……这是你们作为培训老师要力争讲清楚的。这里面的每一项都可以展开讲，比如给学生提供学习资源，你可以引入国内外优质的教学资源，也可以自己制作。适当利用外面的资源是必要的，但完全是"拿来主义"恐怕不行，因为我们的课程是有自己的特点的，北大的课程和锦大的课程肯定不是一样的，对不对？我们要力争根据不同的学情、不同的课程目标，为我们的学生提供量身定做的学习资源。

第二，讲学生做什么。前天，我收到财会学院的一位学生来信，他反映两个问题。第一个问题，他说老师分组学习，让我们自由组合，但是我性格内向，不善表达，没有小组要我，这样一来，我就没有"组织"了，他希望老师能不能既搞自愿结合，也搞一搞"包办"。这孩子从他的角度出发，认为老师也要照顾到像他那样少数的、个别的、内向的同学。这是我们应该重视的，该包办还是包办一下，

不要把这些同学给落下了。实际上我们也不要求大家一定要分组学习，分组是一个方式，不分组也是一种方式。他反映的第二个问题，是给老师提了一个意见，那就是不能用学生的讨论或讲解来代替老师的讲解。我觉得他这个意见是很对的，学生的汇报、讨论不能代替老师的讲解，老师必须讲清楚重点、难点、热点问题。现在我们有些老师让学生在上面讲，讲完就完了，这样肯定是不行的。还有对学生在课堂上的汇报和讨论，老师要提要求，讲什么、讲到什么程度，要有一个比较明确的标准，不能学生随便讲一讲就通过了，要保障课堂效果。

第三，讲"翻转课堂"要达到什么目的。我想，有几个目的是必须要达到的。一是培养学生独立自主的学习能力。学习力是万力之母，这个观点我多次讲过。任何一所大学想把什么都教完是做不到的，但可以教会学生学习的方法、思考的方法，也就是古人说的，要"授人以渔"。二是要进行个性化的指导。"翻转课堂"使个性化教育成为可能。怎么实现的？通过网上的辅导实现的，学生在网上提出问题，老师做出有针对性的回答，不就是因材施教了吗？而传统课堂上这种问答是受了时间限制的，所以说在网上更有可能实现个性化教育，实现因材施教。三是培养学生的综合能力，包括表达的能力、组织的能力、辩论的能力等，这些都是书本上学不到的东西，"翻转课堂"给学生提供了一个很好的锻炼综合能力的途径，老师们要注意用好这个途径。

我看了很多"翻转课堂"的资料，了解了很多专家们的观点，其中非常重要的一点，大家是有共识的，那就是一定要搞好对教师的培训。我们接下来的培训是很重要的，一定要努力把培训办好，给每一位老师讲清楚这三个方面的问题。我历来是反对"言之不预""不教而诛"的,我们要对教师进行考核,必须首先把目标、要求给大家讲清楚。

借此机会,我再强调一下"四全三高"。这是我们今年提出的"十大突破"之一。"四全"就是全身心投入(这是本校教师的第一师德),全天候服务(做到"学生在哪里,教师就在哪里"),全过程优秀(指的是教学管理的五个项目:考勤、课外作业、阶段测验、课程论文/设计、课堂讨论),全方面做好(指的是教学、科研、社会服务);"三高"就是教学反馈率高,学生满意度高,显性成果贡献率高。"四全"是定性的,"三高"是量化的。对"三高"的量化考核,学校最近发了三个文件,教学反馈率以《四川大学锦城学院关于落实教学反馈的意见》(川大锦院教务〔2019〕44号)为依据,学生满意度以《四川大学锦城学院课程及课堂教学学生满意度调查制度实施意见》(川大锦院学工〔2019〕190号)为依据,显性成果贡献率以《四川大学锦城学院教师"显性成果贡献率"考核方案》(川大锦院科研〔2019〕192号)为依据,再加上《四川大学锦城学院关于做好2019年度教职员工绩效考核的通知》(川大锦院人事〔2019〕195号),我们目前一共发了四个与考核有关的文件,大家一定要认真学习和贯彻。以后的评优评奖、晋级晋升,"两设""一翻",再加上这几个"度""率",都是硬指标。

今天就讲到这里,谢谢大家。

行动的三要诀

——在2019届毕业生毕业典礼上的讲话

（2019年6月27日）

各位领导，各位来宾，老师们，同学们，家长朋友们：

大家好！今天，我们欢聚一堂，隆重举行我校2019届毕业生毕业典礼，庆祝同学们圆满完成学业，踏上人生新征程。在此，我谨代表学校向各位毕业生致以最热烈的祝贺！向莅临现场的各位来宾和家长朋友们表示最诚挚的欢迎！向长期以来关心支持学校发展的各位领导，四川大学，各股东单位、合作办学友好单位、奖（助）学金设立单位和个人，以及为同学们的成长、成才付出辛勤劳动的各位教职员工表示最衷心的感谢！

同学们，一群小鸟经过父母的哺育，数月之后，就可以离巢飞向天空，去寻觅属于他们的一片蓝天。"锦城"也是一个"巢"，你们在这里经过四年的学习和训练，今天终于毕业了，也要展翅飞向社会，去寻找属于你们的一片天地。此时此刻，你们对母校恋恋不舍，母校也对你们恋恋不舍。但是，好儿女当志在四方，志在为国家建功立业。所以我祝贺你们毕业，欢喜地看着你们飞向远方，祝愿你们成长、成熟、成功！

同学们，你们毕业之后，首先面临的当然是选择。但一经选定之后便是行动了。行动是人生的大部分，人的一辈子都在行动，行动得好就成功，行动得不好就平淡甚至失败。所以，我今天想和你们说一说行动的话题，送你们三句话。

第一句话是——一分耕耘，一分收获

我国近代的大学问家，子女中"一门三院士"的梁启超先生在给其长子梁思成的家信中说："我生平最服膺曾文正的两句话——莫问收获，但问耕耘。"他教导儿子不必着急，尽力去做。结果大家都知道了，遵从父教的梁思成后来成为中国古建筑学的开创者和奠基人，在古代建筑的研究和保护方面取得了非常大的成就。

之所以要"莫问收获，但问耕耘"，是坚信一个基本道理，即"天上不会掉馅饼"。只有"春种一粒粟"，才能"秋收万颗子"。你无论到什么单位就职，首先必须创造价值、做出业绩，才能受到欢迎！只有吃苦在前、享受在后，才能得到尊重！

之所以要"莫问收获，但问耕耘"，是因为坚信另一个基本道理，即"功夫不负有心人"。很多人很多事都是这样，只有功夫下够了，才能取得成就。被誉为"拯救人的生命最多的科学家"屠呦呦，1969年开始率领团队攻关抗疟药，她并没有想到自己会得到诺贝尔奖，但经过数十年奋斗，不断攻坚克难，她最终发现并提取出了青蒿素。为了证明药效，她甚至以身试药。2015年，她光荣地获得诺贝尔生理学或医学奖，这是中国本土科学家获得的唯一的自然科学类诺奖，这一年她已经84岁了。

我们说要"莫问收获，但问耕耘"，并不是不可以问收获，而是要先问耕耘后问收获，一分耕耘，一分收获，不能指望少劳多获、不劳而获，甚至不劳而多获。印度有名的圣雄甘地曾经列出过七宗社会罪恶，其中有一种就是"不劳而获"。

所以，同学们，孔夫子说："不患无位，患所以立。"我今天对你们说："不患没有收获，只患没有耕耘。"如果你们认准了一条路，看准了一件事，那就拼上去、扑上去，全身心投入，尽心尽力去耕耘，胜利的成果一定属于你们！

第二句话是——把每一件事都做好，是你成功的最好阶梯

我从企业到政府再到学校，积五十年之经验，深知成功之路竞争激烈，但也并非无规律可循。任何人的成功都需要阶梯，阶梯是谁搭的？高人指点，贵人提携，祖辈荫庇，朋友相助，这些当然很重要，但归根结底阶梯还是自己搭的。我从业五十年最深的体会就是：在任何岗位，把每一件事都做到最好，就是成功最好的阶梯。我毕业后到钢厂工作，当工人时是"五好工人"；当班组长时是"模范班长"；等到作了钢厂一把手，满脑子想的都是怎样把企业经营管理好，怎样去"争第一，夺红旗，创一流"。后来调到政府工作，领导全省的城乡建设、环境保护、修路架桥、治水发电等基础设施建设，努力促进产业、经济和社会事业发展，虽然碰到了很多困难，但我从未退缩，心里想着一定不能辜负党和人民的重托，我也很感谢党和人民肯定了我的工作。现在，我最大的目标是要把"锦城"办好，最大的心愿就是看到同学们成才、成功，人生幸福！我办过很多小事，但不因事小就怠慢它；我也办过不少大事，但不

因事大就畏惧它。总之，不管大事、小事、难事、易事，都争取办好，办得令人满意，追求有所突破。这就是我对"止于至善"的理解和践行！

典礼现场（宣传处　供图）

再给大家讲一个案例。我校绵阳校友会会长马超，是工商管理学院2010届毕业生，30出头的他现已担任四川明宏恒进科技有限公司董事长。马超校友从一线的设备管理员、销售员起步，业绩连续多年排名公司第一。2018年，他参与集团年产值上亿元的新公司的筹建，从筹资、建厂，到生产、销售，每一个环节都做得很好。所以，他被委以重任，出任新公司董事长，成为我校校友中第一位国企董事长！他的事迹充分说明：英雄不问出处，有志不在年高。只要坚持把每一件事都做好，你就是一块金子，到哪里都会发光发亮，受人赏识！

同学们，"刀在石上磨，人在事上练"。希望你们始终怀着一颗忠诚、感恩、敬畏的心，认真地对待你们的单位、你们的岗位、你们的工作、你们的事业，把每一件事都当作是一次砥砺、一次锻炼、一次提高，坚持把每一件事都做到最好！这是你们能够为自己搭建的最可靠的向上阶梯，也是对社会、对他人最大的负责！

第三句话是——坚持到底就是胜利

我曾经讲过一段话，这段话已经贴在了仁爱楼的墙上，那就是："一个好的计划或设想，人们想到了不一定能做到，做到了不一定能做好，做好了不一定能坚持下去，只有那些想到了、做到了、做好了而且能够坚持下去的人，才会取得最后的成功。"据说同学们都很赞成。但是不是都能做到呢？这主要取决于是否具备三个方面的品质，这就是耐心、韧性和毅力。

所谓耐心，就是不急不躁，不厌不烦，耐得住寂寞，经得起消耗。我们采访了水电七局的老总，他说一个毕业生能在基层坚持三年，是一定会得到重视和任用的，可惜很多人做不到这一点。我们的校友杜帅，是编导专业2013届毕业生，他毕业后到中央电视台做实习生，月薪800元，住在3平方米的地下室，去浴室洗澡要排队20分钟以上，在这种环境下，他毫不气馁，默默耕耘，先后参与了100多部人物纪录片的制作，始终坚持如初。现在，他已担任中宣部学习出版社网络编辑部副主任！所以，同学们，快与慢其实是相对的，大步流星、平步青云是一种快，认清方向、脚踏实地，少走弯路、少栽跟头同样是一种快！有人说世界上只有两种动物能够到达金字塔的顶端，一种是雄鹰——飞上去的，一种则是蜗牛——爬上去的。雄鹰靠的是天赋，蜗牛靠的就是耐力！

记录毕业的美好时刻（宣传处 供图）

所谓韧性，就是扛得住压力，经得起打击，能够越挫越勇，屡仆屡起。大家熟悉的马云，他自称"不是一个有天赋的人"，"失败了很多次"。考大学考了3次才考上，申请工作失败了差不多30次，前期创业失败了好多次，为阿里巴巴融资时被拒几十次……但正是一股子顽强的韧性支撑他走出了困境，开辟了互联网商业的新天地！他曾经告诫员工说："最大的失败是抛却。"同学们，人生的道路很长，风风雨雨是难免的，如果一碰到困难就动摇，一遇到挫折就后退，一遭到打击就一蹶不振，甚至领导批评两句就灰心丧气，一走了之，那终究只能是一事无成。

所谓毅力，就是能够咬牙挺过最艰难的时刻，直至到达终点！拿破仑说："决定战争胜负的关键，往往在于最后五分钟。"钱学森说："常常是最后一把钥匙打开了神殿门。"可见，胜败往往是最后一刻才见分晓的，奇迹往往是最后一刻才会诞生的。一般的坚持不是胜利，坚持到底才是胜利！就像跑马拉松，有人可以出色地跑完前面的20、

30、40公里，但马拉松的全程是42.195公里，最后的两公里才是最艰难的。在2017年的天津全运会马拉松项目中，四川选手王刚红在距离终点还有700米的时候体能耗尽，她四次摔倒在地，三次顽强站起，最后的2米是手脚并用靠着顽强毅力爬到终点线的！所以，鲁迅先生在20世纪20年代就曾说："优胜者固然可敬，但那虽然落后而仍非跑至终点不止的竞技者，和见了这样的竞技者而肃然不笑的看客，乃正是中国将来之脊梁。"我希望同学们都能做脊梁，永不言败，永不放弃，永远坚持到最后，非跑至终点不可！

　　同学们，你们马上就要起飞了，要飞向远方。我祝愿你们展翅翱翔，鹏程万里，飞得更高，飞得更远。但有一件事请记住，要常常飞回西源大道1号看看，这是你们起飞的地方，这里是你们的母校！

　　谢谢大家！

端正一个观点，做好两件事，
兴起"讲科技、讲思维、讲深度学习"风潮

——在2019年学期工作会上的讲话

（2019年7月15日）

今天，我主要讲一讲这个假期我们做什么。总的内容是：端正一个观点，做好两件事。

一、端正一个观点：教师不是轻松的职业

同志们，我们现在要纠正一个观点。纠正一个什么观点呢？我前几天在新员工入职大会上也讲过，现在社会上很多人认为教师是很轻松的职业，是一个一年只干半年活的职业，他们还在网上算了一笔账：法定节假日加周末加教师特有的寒暑假，一共是150多天，所以他们认为教师的工作是很轻松的。教师队伍中有些人也有这种思想，有些人选择当老师，不是因为觉得这个职业有多么崇高，而是看中了这个职业有两个假期，很轻松，我们有的老师刚来学校的时候也是这么想的。我现在就要纠正这样的观点，要强调一下，这个看法是不符合实际的，也是不应该的。

事实上，一个称职的、优秀的老师绝对不是很松垮的。在中国不

是这样，在外国也不是这样。《从走近到走进——美国高等教育纵览》这本书是介绍美国大学的，里面有一个例子说美国政府要求一位老教授填写他的工作时长，一个礼拜工作多长时间，他填的是60个小时；康奈尔大学（美国常春藤盟校）校长写文章说康奈尔大学教师工作时间是每周60到80小时。另外，根据2003年美国国家教育统计中心发布的《全国高校教师研究报告》显示：高等学校教师每周工作的时间平均为54.4小时，即便是按照这个数据，以每周工作6天来算，每天需要工作9小时，如果以每周工作5天来算，则每天超过10小时。可见，在美国，大学教师不是每天只工作六七个小时，不是讲几节课就行了，从工作时间来看，完全不是这样的。

我们刚才听了几位老师的发言，计算机学院的王春洁说："要让学生忙起来，教师首先要忙起来。"忙起来就得投入时间和精力，不投入时间和精力就不是真的忙起来。工商管理学院的杨泽明老师也说过："学生在哪里，老师就在哪里。"如果不投入时间和精力，怎么能够做到呢？计算机学院的段华琼老师开展"翻转课堂"，课程结束后，学生要求继续翻转。这说明什么呢？说明她做得好，学生学有所得。要达到这个教学效果，不投入时间和精力不行。马磊老师也很有创造性，创新上课的方式，他刚才讲："不能无视跟不上趟的少数。"要解决少数的问题，这也是需要时间和精力的。同志们，我们要把教育搞好，需要付出足够的时间和精力。我们提出"全身心投入是'锦城'教师的第一师德"，这句话是我们的发明，别的学校可能没有这样说。我们为什么要这样说？就是基于一个基本的理论：教育需要时间和精力的投入。

我给今年的毕业生讲"一分耕耘，一分收获"，教育工作也是

"一分耕耘，一分收获"。老师在培养学生上要想有成绩，在科学研究上要想有成绩，在教学上要想有成绩，就需要时间，需要精力，需要"泡"在学校里的精神。所以，说老师是一个轻松、松垮的职业——错，大错特错！别人这样说是不对的，我们自己这样认为，也是不对的。必须纠正过来！教师是一个很辛苦的职业，很忙碌的职业，需要投入足够时间和精力的职业。要想出成绩，就要做到所想的、所做的，全部都是教育。

"锦城"教师在暑假指导学生制作科技作品（宣传处　供图）

所以，同志们，放假不是耍，而是充电，是换一个方式准备教学，换一个方式提高自己。

我多次讲，很多事情要用些笨办法，不要老去想怎样投机取巧，老去想"弯道超车"——不见得超得过去。凡事要老老实实地做。所以有人写文章说，任正非很伟大，他的伟大就是尊重常识的伟大，就是按照常识来办。企图投机取巧，企图搞几个小花样，应付过去，是不可行的。一个人不能这样做，一个学校也不能这样做，学校的声誉和地位是大家长年努力累积的，是大家用辛辛苦苦的投入换来的，绝对不可能是天上掉下来的。

这是我第一个要讲的，要端正一个观点，或者纠正一个错误的说法。只有这样，我们才能正心、诚意，为职业发展打下正确、坚固的思想基础。

二、这个假期要求大家做两件事

（一）总结和反思

总结什么？反思什么？总结我们建校以来的办学经验和教训，各学院、各系还要总结办院、办系以来的经验和教训，再加上总结今年上半年我们各项工作做得怎么样。总结的提纲，就是今天上午几位老师的发言主题，就围绕这些主题来总结。"反思"这个词，大家听到了也许不舒服。实际上这是一种必不可少的习惯。一个人、一个团体、一个组织，从来不反思，总是说"老子一贯正确"，那是不行的。从来没有"一贯正确"那回事儿，大家都是会犯错误的，都是会做错事的，做错了要紧不？有的要紧，有的不要紧。错了改过来就好。怕的是不反思，不吸取教训。

教师讲课，有的讲得很好，有的讲得不好，讲得不好的怎么改进？要反思。所以，有教育学家说："反思是教学进步最主要的手段。"我们不仅要反思教学，还要反思整个教育。我们提出要"忙起来、长起来、严起来"，就是反思的结果，我们有一部分老师和学生，他不是忙起来了，也没有长起来、严起来，而是松松垮垮的。学生说我在高中拼命地学，到了大学拼命地要。这样下去，中国的教育还有希望吗？所以，教育部去年在成都召开全国本科教育工作会议，就提出了教育要严起来，用我们的话说就是"不放水"，我们2013年就提出要"三不放水"，这些都是反思的结果。

今天四位老师做得都不错。我们现在要研究，别人能做到，我们为什么做不到？总督办督查的情况，"翻转课堂"优秀的三分之一，一般的三分之一，差的三分之一；评分在90分以上的三分之一，还有三分之二没有达到90分以上。有一部分老师就该总结了，为什么人家能做好，我做得还不够好？有人说，"翻转课堂"不好推行，学生反对。那为什么段老师的学生就支持，还要求继续搞下去呢？古人云"行有不得，反求诸己"，要反思啊。

党委副书记、副校长王亚利教授讲的"M+3"，不是今天的发明，"三大改革"是在2011年提出的，慕课建设是2012年启动的，"三不放水"是2013年提出来的。现在是要有重点的、可量化、复查的考核。这几条谁做得好就奖励谁。怎么奖励？第一是涨工资，第二是发奖金，第三是给荣誉称号。苏联有一个发明，叫"功勋教师"，我们以后也可以这样，或者别的什么称号，大家可以讨论。要学校奖励你，不到点就提前给你涨工资，你就得做出点样子来，就需要做得比别人好。如果你不比别人做得好，凭什么给你先涨工资呢？我们的规定是三年调整一次，为了鼓励先进，也有动态调整的途径，对于业绩优秀的，不到三年也可以晋级。

第一件事，总结和反思，大家要认真做，放假前这两天要做，放假后还要继续做。

（二）学习和实践

假期是一个学习的好机会，找个地方，换个环境，愿意到海边，愿意到山上，都可以。但是不论去哪里，都要学习、实践。我们仍然要坚持"双师型"的方向，要鼓励老师假期到生产单位去实习，就像计算机学院和很多公司搞合作，师生真刀实枪地做项目，这不很好吗？

学习的内容大致有这三个方面：

第一，我推荐几本人工智能与教育的书——《教育的未来——人工智能时代的教育变革》《人工智能时代的教育革命》《人工智能与未来教育》。我们处在人工智能的时代，如果想不被淘汰，就要走在前头。有人说"翻转课堂"，有些名牌大学都没有好好做，我们为什么要这样做？别忘了改革和创新是我们后来居上的两大法宝，搞传统的一套，你只能跟在名牌大学后面跑，想超过去是很难的。我们的优势是老师中年轻人居多，"翻转课堂"可以做得比他们好。同样，人工智能，我们也不能落后。

第二，动员大家研究脑科学和认知科学。就是研究怎样学习效果最好，研究学习的科学。中国的传统学术是重经验、重感悟的，现在要讲认知科学和脑科学。我也推荐一本书给大家，叫作《教育与脑神经科学》。

第三，怎么样搞好教学，怎么样把教学的水平提高，特别是培养逻辑思维、批判性思维的习惯和能力。这方面我也推荐一批书给大家看，包括《批判性思维》《思维第一——全面提升学习力》《扶放有度实施优质教学》等。我们要注意培养学生的思维能力，不要人家一煽动，就头脑发热、一哄而上。我举几个例子给大家：一个是国内的旅游团在曼谷的机场唱国歌，和别人闹起来；一个旅游团因为飞机晚点，在日本大闹东京机场；有几位天津游客到瑞士旅游，提前到了酒店，没有地方住，提出在大堂里面休息，酒店不赞成，叫来警察执法。新闻在国内报道出来后，很多人一哄而起，说人家欺负了咱们。同志们，这和我们平时的思维有关。我们现在有些舆论导向是说中国的老百姓到哪里旅游，就是帮助当地拉动了经济，是我们帮助了他们，挽救了他们。好像我们不去，别人马上就要垮掉似的。所以一些人出去旅游，就带着这样的思维，认为我是来给你们"恩惠"，是来"救"你们的，既如此，你们不应该把我奉为上帝、满足我一切需求吗？如果我们培养的学生是这样的思维的话，那真是很可怕的。其实旅游最初的意思只是说到另外一个地方去，体验另一种生活方式而已，有谁去旅游是为了发展当地经济去的？而且市场经济是平等互利的，不是谁恩惠谁的问题。我们中国的传统是入乡随俗，到哪个国家，就要尊重哪个国家的法律和风俗。所以，我们教育学生，很重要的一点是要教会他们怎么看问题，怎么思考问题，这是对他们的一生有深远影响的。

学生专心致志搞科技创作（宣传处　供图）

三、全校"新三讲"：讲科技、讲思维、讲深度学习

人工智能时代，大学教育怎么搞？我看重点要放在解决人工智能不能做的事情上，人工智能不能代替的就是我们的奋斗方向。例如高阶的批判性思维，这就是人工智能短期内所不能代替的，应当成为我们教育的重点。

我们要在全校兴起一个"讲科技、讲思维、讲深度学习"的风潮，全校都要讲这个，不论教什么的都要讲这个。

要讲最新科技是什么，无论文科还是理科，都要讲最新的科技发展。我校文传学院把文科和计算机技术结合起来，开创了"技术型文科"路线，这是一大发明。传统的文科生靠笔杆子、嘴皮子，现在的文科生呢？笔杆子、嘴皮子不能丢，但还要会用计算机，会操作各种软件，我们培养的技术型文科人才很受社会欢迎，就是因为我们与时俱进，让传统的文科插上了现代科学技术的翅膀。文科都要讲科技，理工科就更不用说了。

第二，要动员所有的老师，在教学过程中，讲逻辑思维、批判性思维、高阶思维，这是人工智能代替不了的。

第三，要讲深度学习。人工智能领域有一个概念叫"深度学习"，是指机器的深度学习。我们现在讲的是人的深度学习，而人的深度学习是和脑科学联系在一起的，要想促进学生深度学习，必须研究脑科学才行。这次我们的哈佛女孩钟雨霄校友回来作分享，就讲了她是怎样深度学习的。

总之，让我们在全校兴起一个"讲科技、讲思维、讲深度学习"

的风潮！

同志们，马上就要放假了，但假期只是换了一个地方学习，换了一种方式充电，以另一种形式准备教学和科研而已。我希望每个单位布置下去，开学的时候考一次试。不考试是不行的，评价这根指挥棒要用起来。中层干部8月份要到昆明去开会，第一是考试，第二是学习，第三是头脑风暴，看你们给学校发展出个什么主意。

希望大家要把假期利用好，我不祝你们假期愉快，祝你们假期忙碌！

谢谢大家！

希望校友对母校作三个贡献

——在锦城学院云南校友座谈会暨云南校友会成立大会上的讲话[1]

（2019年8月18日）

看到我们的校友在云南发展得很好，我非常高兴！听了大家的介绍，不管是就业的，还是创业的，在各行各业都做得很好！同时，大家也对学校的工作、对学校的教育提出了很好的意见和建议，这对学校的发展、对我们改进自身的教育很有帮助。

今天，我重点讲两点。

一、希望你们有很好的发展、光明的前途

学校最大的希望是我们的校友有很好的发展和光明的前途。无论是就业的、创业的，还是在读书深造的，都希望大家能在自己的岗位上有好的发展，在自己的轨道上顺利前进。

---

[1] 8月15—20日，锦城学院2019年改革发展研讨会暨第14期暑期干部学习班在昆明市召开。8月18日下午，在会议酒店召开了云南校友座谈会暨云南校友会成立大会，本文是邹广严校长在会议上的讲话。锦城学院高度重视校友工作，由邹广严校长兼任锦城校友总会会长。出于对商业秘密的保护和校友职业隐私的考虑，文中隐去了校友的名字。

人的一生是一场马拉松比赛，胜负不是短期内就能决定的。我们北方人讲不能搞一锤子买卖，就是说眼光应该放得长远一些。欧洲有句谚语说："谁笑到最后，谁笑得最好。"对同学们来说，人生的这一场马拉松比赛才刚刚开始，你们从"锦城"毕业之后到了工作岗位，我看大家都能够发扬"锦城"精神，把"锦城教育"发扬光大，在各个岗位上小有成就。我经常开玩笑说，你们比我那个时候发展得好。我在你们这个年龄的时候，还在工厂当工人，从1968年到1975年，在炼钢炉前工作，1975年到1980年也一直在车间，在基层工作了十几年。你们有一个好的开头，这很好。希望大家不急不躁，不要想着一毕业就要发大财。当然了，刚才发言的涂某某校友发展得已经不错了，毕业才几年时间，又在经济下行压力加大的时候，创办的企业销售额已有七千多万。在就业岗位上，大家也都能独当一面。这些都是很不错的。总之，你们有很好的开始、很好的发展、很好的前途，这是我们很高兴看到的，也是我们最大的希望。

二、希望你们对学校作三个贡献

作什么贡献？是不是要捐赠？——大家不要有这方面的顾虑。我跟校友办讲过，现在不动员大家搞捐赠。我校的校友都很年轻，尚处在事业起步阶段，挣了些钱，应该用于滚动发展，壮大事业。至于捐赠不捐赠，以后有条件再说。将来你们有大出息了，成了比尔·盖茨那样的富翁，捐赠学校一两个亿也很好。但现阶段，我们不动员校友捐赠。现阶段希望大家作的三个贡献，与钱、物无关，但十分有意义。

第一，希望大家好好发展。大家对学校的贡献，首先是自身的发展。你们就是一个个"锦城"毕业生的样板，你们发展好了，就证明"锦城教育"成功了。所以要讲对学校的贡献，你们自己好好发展就是第一位的。你们发展得越好，就越能证明"锦城教育"的成功。刚才某某校友发言说自己刚毕业，在单位不比其他学校毕业的同事差，甚至比他们更能干，这就是"锦城"的底气！你们代表了"锦城"的形象和教育实力，你们发展好了，就是对学校的贡献。

第二，希望大家做母校的义务宣传员、代言人，利用一切可能的场合，宣传"锦城"这所学校，宣传"锦城教育"。如果人家问你，四川的锦城学院怎么样啊？你就理直气壮地说："好得很，我就是'锦城'毕业的。"你们说话比我们说话管用，我们自己说自己好，别人可能会认为是"王婆卖瓜，自卖自夸"。但校友说话就不同了，校友本来就最有发言权，对不对？学校的荣誉就是师生的前途，宣传"锦城"，扩大学校的影响和口碑，也是对学校的重要贡献。

邹广严校长题词（校友办　供图）

第三，希望大家关心学校发展，多给学校一些反馈和意见。校友的反馈和意见是推动教育变革和办学进步的重要力量。大到学校怎么办，人才怎么培养，小到什么课程管用，哪些方面可以改进等，希望大家都能知无不言。还有，我们的校友在各地工作，希望大家把看到的、听到的别的学校的好做法、好经验介绍给我们。学校历来的方针是"见贤思齐"，孔夫子讲"三人行，必有我师"，别人总有某些方面比我们做得好，我们要虚心学习。不能认为自己什么都做得比别人好。希望大家把掌握的信息及时反馈给学校，帮助学校更好地办学。

有一个好消息告诉大家，我们现在是西南地区最大的民办高校之一了。不但规模大，而且档次高。因为我们目前虽然还没有独立的硕士点，但已有联合培养硕士，我们的老师中也有不少博导、硕导，而且还在一本招生，因此可以说档次高。总之，档次高、规模大、质量好、培养的学生有前途，这就是大家的母校、现在的"锦城"！同学们，你们可以骄傲地想一想，2005年，我们招了两千多人，今年招了八千多人。八千多人在"文化大革命"以前，就是重点大学的在校生规模，像北大、清华、我的母校天津大学等就是这个规模，我们今年一年的招生就是那个年代重点大学的在校生总数，而且那时候的学制还是五年。现在可以讲我们是西南地区规模最大的民办高校之一，最有成果的民办高校之一，我们的学生、校友也是最棒的！

今天的座谈会就开到这儿，这是第一阶段。第二阶段就是请客吃饭。今天我出钱请大家吃饭。请校友们回到各个学院，一边吃饭，一边交流。刚才有校友说了，交流——包括口头交流、书面交流——是一个重要的本领。我听了大家的发言，水平都不错，讲得都很好。接下来我们边吃饭，边继续交流。

谢谢大家。

创造新优势，夺取新辉煌，发展人工智能时代的大学教育

——在2019年改革发展研讨会暨第14期暑期干部学习班上的讲话[1]

（2019年8月19日）

同志们，这几天我们集中讨论了人工智能时代的大学教育，几十位干部都发了言，大多数人做到了三条：第一，读了书；第二，联系了实际；第三，提了些建议。这都是符合我们改革发展研讨会学习要求的。今年暑期，我给大家推荐的学习资料比较多，包括几本书和两期《活叶文选》——美国东北大学校长约瑟夫·E.奥恩所著的《教育的未来——人工智能时代的教育变革》、朱永新等中国学者所著的《人工智能与未来教育》、贝尔科教集团创始人王作冰的《人工智能时代的教育革命》和南京大学人工智能学院的《南京大学人工智能本科专业教育培养体系》，两期《活叶文选》收录了人工智能发展前沿和"人工智能+教育"方面的重要文献资料。所以，大家读了书，扩大了视野，面对人工智能、大数据、移动互联网等新技术给教育所带来的巨大变化，结合学校实际，围绕人才培养、学科专业建设、课程

---

[1] 8月15—20日，我校2019年改革发展研讨会暨第14期暑期干部学习班在昆明市举行。会议主题为"人工智能时代下的大学教育"。本文是邹广严校长的总结讲话。

体系改革以及本职工作创新等方面都开展了热烈的讨论，提出了宝贵的建议。我的意见是，各位的发言会后都可以整理一下，形成论文，发表在《锦城学院学报》上，广泛开展交流学习。

研讨会现场（宣传处　供图）

事实上，我校第一次提出"努力走在技术革命前列，超前培养'未来型人才'"是在差不多三年前了——2016年10月。应该说，在高校中，我们讲这件事，还是比较早的。培养适应人工智能时代的"未来型人才"，不但要适应现在的社会发展形势，而且要能够应对将来的技术发展趋势，现在看来是很有必要的。我们要想创造锦城学院新的优势，夺取未来发展新的辉煌，就要进一步深入研究和发展人工智能时代的大学教育。下面，我重点讲四方面的内容。

一、人工智能发展的三个阶段

大家都认识到了，我们生活在一个变化的时代，而且是一个变化很快的时代，人工智能使这种变化加速、迭代、升级。如果就人工智能本身来讲，从人和机器的关系来看，大致可以分为三个阶段。

第一阶段，人工智能的成长阶段。从 1956 年达特茅斯会议，四位专家提出"人工智能"术语以来，到现在已经 63 年了，它经历了有起有伏的时期。所以，如果要给人工智能的发展划分第一阶段的话，可以说，它是一个成长的阶段。就人与机器的关系来说，我认为这个阶段是以人为主，适当地利用机器。最典型的就是机械手，我们把人工智能当成人的每个器官的延伸。大家去长虹电器看一下就知道，我们从日本买来的机械手是最典型的机械手，搞程序编排。工厂里还有很多把模件从此处搬运到彼处的各种机械手。这个阶段，人工智能就是人的四肢的延伸，以人为主，机器为辅。这个时期经历了很长的时间，没有绝对性的突破。

第二阶段，人和机器并行共处的阶段。这个阶段的特征是什么呢？人工智能入侵了人类，摧毁了人类一部分的工作岗位和一部分产业，但是总体上还是人机并行的。可以说，我们现在刚刚进入这个阶段。例如翻译可以用机器人，但你说是否马上就能够取代人类所有的翻译？那还不能。否则咱们外语学院今年的招生就不会那么好，但是有一部分工作确实会被取代。又例如说将来银行的柜台，都是机器人代替了，可能否？可能。财务处说现在会计要失业了，这是有可能的，因为规范化的操作最容易被机器所取代。我们现在处在人机并行共处的初级阶段，就是机器人完整取代了一部分人的工作，而且将来可能取代得越来越多。

第三阶段，以人工智能为主、人机合作的阶段。很多专家预测到 2040 年左右，70% 的工作岗位会被机器取代。那时候，机器将取代人类的大多数工作，特别是初级的、重复的、规范化操作的工作。例如富士康，有人说富士康离开了中国的劳动力就难以维系，因为我们的劳动力素质好。但是买一台机器十几万元，可以顶替多个工人三班倒，无人车间就成为可能。所以有人预测，未来人类当中将出现一部分"无用阶级"，就是有一部分人不知道干什么。无用阶级是外国人的说法，通俗来讲就是你的岗位没有了，被机器人取代了。当然，这是下一个阶段，这个阶段什么时候到来？谁也说不清，反正是预测。

我笼统地把人工智能时代划分为这三个阶段，我们现在处在第一阶段到第二阶段过渡的时期。现在关键要研究什么问题呢？关键是做好四件事：分析新的形势，应对新的挑战，创造新的优势，铸造新的辉煌。

二、我们面临的三大挑战

我三年前讲"追踪新技术革命，培养未来型人才"，那时候教育部还没有提出新工科，我们提的是"未来型学科建设""未来型人才培养"。那个时候大家都觉得那是未来的事情，但现在大家都感到形势逼人了，这是我们面临的新形势，所以我们要研究当下的形势和挑战，今年我校的招生就把这个问题暴露和表现出来了。

第一个挑战，是新技术革命的发展和应用带来的挑战。这件事从国外到国内都形势逼人。《教育的未来》后记中写道："1944年，《牛津英语字典》中还没有'手机'的词条，'微芯片'一词也在几十年后才出现。仅仅70多年后，计算机打败人类，人工智能开始作诗、作曲，语音可以指挥电脑，自动驾驶、无人配送、人脸识别技术、智能医疗、智能金融、智能教育都已经开始裹挟我们的生活。"2017年，国务院发布了《新一代人工智能发展规划》，随后，科技部分批次认定了5个国家新一代人工智能开放创新平台，百度研发自动驾驶，阿里主攻城市大脑，腾讯发展医疗影像，科大讯飞专注智能语音，商汤集团挑战智能视觉。我们看，一流的大学在人工智能方面都很有作为：美国的大学，动作很早，发展很快，例如卡内基梅隆大学、斯坦福大学；中国的大学，有国家的支持，起点很高，如清华、北大、哈工大，最近这几年它们正在这方面快速发展。一方面人工智能本身的发展很快，另一方面高校在应用、研发、创新方面，虽然起步不早，但是起点高、动作大、速度快，有国家支持。包括我们的母体学校四川大学，在智能教学和教育支撑系统方面都发展很快，建设智能校园，设立智慧教室，一个教室花几十万，安装各种智能教育技术设备，等等。所以，人工智能本身的发展带来了挑战，应用这个技术也带来了挑战。人工智能，你是使用前沿，还是创造前沿？你是硬件的前沿，还是软件的前沿？例如我们在BIM的应用上，在省内是先进还是落后？因此，我们面临的第一个挑战是人工智能本身发展快，高校的应用、研发、创新也发展得快，我们要认清形势。

第二个挑战，是招生风向的变化带来的挑战。这次会议一开始，我就跟大家说，我们要研究今年有的学院招生好、有的学院招生不好，是什么原因。是风向变了？还是我们的牌打得好？招生好的单位，有的因为是风向这边吹，有的是因为牌打得好。顺风顺水不算什么本事，逆风飞扬才算本事。改革开放以来，招生风向是发生了几次变化的。第一次是改革开放后的一段时期，最受欢迎的专业是国际经贸类，谁懂外语就比较吃香，我女儿1988年考西南财大的国际金融系，该系的分数线最高；第二次是经济体制改革、企业转型时期，我国搞以企业改革为中心的经济体制改革，建立现代企业制度，应运而生的就是以MBA为主的大工商类专业，包括金融、财会、工商相关专业，风集中就往这边吹了，那个时候能读MBA，就不简单；第三次是亚洲金融危机后的一段时期，亚洲金融危机带来的影响首先是金融热，其次是大搞基本建设，拉动经济增长，所以土建就异军突起，土建+财会类专业一下子就火热起来，我们"锦城"建校之初就有"招生土、财、主"之说；第四次就是人工智能时代来临的近两年，信息化、人工智能使计算机、电子这类学科和专业飞速发展，以电子科技大学为代表的一系列工科高校招生愈来愈好。要说我校前几年计算机学院虽然出路好，但是进口不算旺，而这两年招生持续向好。以前的"土、财、主"，现在招生反而都以不同的速度开始下降了。所以，现在风向的变化，导向了人工智能，导向了与人工智能相关的专业。人工智能本质是算法的问题，就把数学专业都带起来了，原来数学专业可是冷门啊。因此，第二个挑战——招生风向的变化给我们很多院系带来了压力。

第三个挑战，是来自考生、家长和用人单位的挑战。高校处在竞争当中，而生源竞争是所有竞争中最核心的竞争之一。没有好的生源，又想教出好的学生，很难。当然，这个好生源的"好"，不只是指高分，还应当包括综合素质及其特长等等。没有教不好的学生，只有不会教的老师——这其实应该算谎言。我过去讲过，我们的本事不是挑选拔尖的学生，而是把原本一般的学生培养成优秀的人才。这当然是对的，但有一个基本条件，即他愿意接受"锦城"的教育。实际上，任何学校都承认，生源质量很重要。今年总体上，我们的招生是打了胜仗的。第一专业志愿一次招满，分数线有所提高，教育厅还给我们增加计划，这说明生源好。听说有的学校多次补录，生源成为大问题。我们招生不错，但是压力也很大。招生处总结了考生和家长的十个诉求，"锦城"的十个优势、六个劣势，我们所有的干部都填了考生和家长最关心的三个问题。归纳一下，大体上除了关心入学资格外，首先关心的还是学校，例如学校的校风怎么样？条件怎么样？老师怎么样？你的王牌是什么？就业和考研情况怎么样？这些都在考验我们。原来我们的王牌专业是"土、财、主"，现在我们说不出，因为现在我们是什么都不错，但是似乎什么也都一般，缺少响当当的王牌。我们尽管一直坚持从严治校，但是社会上总有种舆论，认为独立学院、民办学校都是拿钱买文凭，都是混的、耍的，这种偏见对我们办学仍然有影响。我们不能左右公办和民办在所有制性质上的区别，也不可否认国家在政策上对公办和民办还是区别对待的。我们与公办高校根本不在平等的基础上竞争，我们的学费比他们贵些，考生来报考我们而不报他们，也真的是认准了我们"锦城"的办学理念和教育模式。因此，我们的招生和办学能处在中上游的位置，已经很不错了。我们的招生分数线在前几年是冲上来了，现在考生是按照惯性思维来填报志愿的，刚上一本线，高个十来分，就报考"锦城"吧；高出二本线四五十分，就报考"锦城"吧。惯性的好处是降下来难，坏处是升上去也难。今年我们理科录取线上升了一名，这是以计算机学院为代表的突破，文科还要努力突破。

以上三大挑战是我们面临的新形势。重点院校、新技术的挑战，招生风向变化对我们的挑战，家长和用人单位对我们的挑战，这对于一个学校来说，都是生死存亡的大事。有的学校三次征集志愿，那还怎么办学？但是我估计这些学校也可能是个别专业生源缺乏。所以，我们智能制造学院的汽车服务工程专业和电子学院、工商学院的个别专业，既然招生不好，可以考虑一下未来的出路，是停招、停办，还是合并？其实现在很多重点院校的专业因为招生不好也停办了，教育主管部门也提倡专业适当调整。专业建设就是这样，有的要发展，有的会萎缩，有的要调整方向，有的可以合并转办。事实上，除了来自新技术、招生风向、外部关切的挑战之外，我们还受到政策的限制，公办、民办教育的分化越来越严重，但"锦城"仍旧扛起了四川民办教育的大旗，这面大旗必须高高举起！怎么做？——应对挑战的最佳措施就是创造"锦城"教育的新优势！

三、我们应做好三大应对

第一条应对是坚守底线，回归本分。

教育的底线是什么？教育的本分是什么？我们教育的底线是不误人子弟，教育的本分是培养社会需要的人才。无论社会怎么变，但教育的本质不会变，培养真正的人的本分不会变，所以我们必须坚持那些最基本的东西。锦城学院建校以来所采取的那些举措，现在看起来都是经受住考验的。例如说，我们的人才培养标准"做人第一，能力至上"，这个走到哪里都正确，什么时候都不能变；"三不放水"，让教学严起来、学生忙起来，是家长关切的严格管理，无论什么时候都不能变；我们的"双证培养"（现在叫"1+X双证培养"），国务院、教育部在全国高校中开展试点工作，证明了我们建校时的举措十分正确；我们把劳动作为必修课，党中央现在提倡"劳动光荣"，这也是习近平总书记现在重点强调的素质教育；我们把创业作为必修课，后来李克强总理提出了"大众创业、万众创新"，我们又早行动了十多年；我们的中华优秀传统文化教育，一开始就把孔夫子立起来了，为的是让学生在"明明德"的大学之道中汲取文化营养，建立习近平总书记所说的"文化自信"。这些初心我们都不能忘、不能丢，这些本分都有我们自己的特色，都该保持和发展。所以，我们得有底线思维，底线是不能够误人子弟；我们的本分不能变，本分就是培养学生成人成才。同志们，你们现在看我们的"从严治校，三不放水"等各项措施，都是经过时间检验并被充分证明是正确的，否则就会有人说读民办学校是花钱买文凭。招生处在网上回答网友——考生问："'锦城'的校风怎么样？"我们答："你可以查一查，原来叫'锦城高中'，现在有'三不放水'，提倡'勤上严苦'"。还有，我们的"三大改革""M+3"等等，这些都是底线和本分，在培养人才方面都是行之有效的，并不因为人工智能的发展而有所改变。

所以，希望大家回去以后好好总结我们行之有效的东西，继续保持并发扬光大。教育部陈宝生部长不是说要"回归常识，回归本分，回归初心，回归梦想"吗？什么第一？培养人才是第一，教学、科研、社会服务都是为人才培养服务的，包括竞赛都是为培养人才服务

邹广严校长题词

的。在锦城学院没有离开教育的课外活动，凡是离开人才培养的活动一律都是不行的。现在来看，"第四课堂"大家收获很大，计算机学院的张志敏、李菲创新了"第四课堂"的答辩，这很好。领导力不是从书本学的，而是从实战当中来的，所以课外活动就是要培养学生的沟通能力、领导能力，希望大家认真研究和总结。

第二条应对是使用人工智能为代表的新技术为教育赋能，培养"未来型人才"。

《教育的未来》这本书说，人工智能要摧毁一部分岗位，也要催生一些新岗位，所以我们不但要培养学生适应现在的岗位，还要培养他们适应将来新生的岗位。我校第二轮岗位调查，在服务现有岗位的基础上，就预测了未来的岗位。这里面有个问题，就是要求大家学习新技术，使用新技术，让人工智能为教育赋能，当好我们的得力帮手。也就是你们大家所说的"人工智能+"，教育加上人工智能，这个我们能够做到，而且要搞更多的"+"，例如技术文科、智能制造、数字工商、智慧土建、互联网金融等。你们要把新玩意加上去，以应用为主地来做这件事。梁川院长播放的短视频非常生动，它说明了人工智能的发展和方向，我们可以利用它为我们服务。所以，梁川院长要带头搞好"翻转课堂"，还有计算机学院的段华琼、通识学院的李海艳等不少老师，"翻转课堂"都做得很好。"翻转课堂"是利用信息技术来培养新形势下人才的最佳教学方法之一，对培养学生的自主学习力、思考探究力、集体协作精神等大有裨益。各学院、总督办、教务处，包括学工处，都要进一步调研我校"翻转课堂"实施过程中的优点和不足，研究怎么改进，怎么发挥其更大的作用，真正作用于学生的个性化培养和学习力的提升。在"翻转课堂"的基础上，我们要进一步挖掘学生学习的数据，就像赵春制作的学生学习数据画像，对学生的学习轨迹进行分析，今后还可以延伸至成长轨迹分析，以提高我们的教学效果。我们能不能做到全校学生学习数据画像的全覆盖？我看可以尝试。

所以，我们要大胆地利用新技术，你能发明当然不错，但马化腾、马云，也都是用得好、大胆地用。电子商务最早起源于美国，不是我们创造的，但是中国用得好。通识学院和外语学院，是不是也尝试利用人工智能技术来教外语？金融学院思考一下互联网金融怎么与时俱进地教？智能制造学院的机器人专业，可以要求毕业生做不出机器人来就不能毕业，行不行？总之，要想异军突起，就得另起炉灶，你老是跟着别人后面跑，别人做了你跟着做，别人没做你就不敢做，这怎么能行？大家回去都商量下，怎么应用人工智能新技术来为我们的教育赋能。我们要进一步创造人工智能的教育环境，建立人工智能教育的支撑系统，包括张爱玲提出的智能批改作业，文举提出的智能口语测评，赵万斌提出的智能影视素材大数据库等，这些都可以尝试。允许成功，也允许失败，尝试总有付出，关键是付诸行动。

第三条应对是创造新模式、新王牌、新特色。

家长、考生总问我们的教育有什么新东西？我们就得在原来的基础上，创造出新的模式、新的王牌、新的特色。例如体验式教学，像文传学院的"千字营"，在写作中提升自我；工商学院的"校企合作"也是个新模式；财会学院和普华永道联合培养人才也是一种模式，你得让学生每个人看过一份报表，写一篇分析文章，然后给公司提出一条合理化建议。我们现在要求学生对新技术能精通更好，不精通也要做到我会、我懂、我知道，剩下的事就在工作中学习了。我们现在要做的工作，就是要创造自己的一个模式、王牌和特色，将来自己能够说得出来，在社会上广为传颂。同志们，我们昨天参观云南大学滇池学院，其实在云南省的招生，我们比他们文科高30分、理科高36分；在四川省的招生，我们比他们文科高17分、理科高21分。但是，他们的创业、就业、"互联网+"大赛成果很丰硕，在业内很有名，教育部给予了充分的肯定，颁发了奖牌。我们学校的就业资源也是很广泛的，不比它们差，但是人家得到了教育部的认可。它们的几个创业典型，例如做馒头、种中草药等，其实与互联网的关系并不大，但关键是人家利用互联网思维，资源整合得好。所以，咱们也得考虑一下，怎么创造自己新的王牌。现在的办学，不仅要实际办得好，还要名声扬出去；不仅要办学正确，还要家长认可；不仅要学生认可，还得政府加持。所以，我们要打造适应AI教育的新模式，并进一步形成新特色，最终成为我们的王牌。特色始终是重点，一所学校、一个学院，没有重点、没有特色，就是拿了一手"臭牌"。我们要"有好牌"，这是内容问题，还要"打好牌"，这是方法问题，这就是创造新模式、新特色、新王牌！

四、重点做好三项工作

在战略层面，我们要做好三大应对；在战术层面，我们还得做好三项工作。总起来说，为了在人工智能时代力争主动、力争前沿，我们必须学AI，用AI，教AI，最后师生一起做AI。

（一）在全校范围内开展"大智能教育工程"

去年，我们成立了人工智能学院，算是启动了一个专业化的"小智能教育工程"，现在我们要在全校范围内开展"大智能教育工程"，包括基础教育和前沿教育两部分，以迎接人工智能时代的到来。

在基础教育方面，有些通识课要调整，有些教学内容要增加。今后，全校增加或调整三门通识课：一是"逻辑和批判性思维"；二是"大学生计算机编程"，可以分为文科编程、理科编程；三是"写作表达与交流"，包括中外文的表达，外文部分由外语学院负责，中文部分由文传学院负责，沟通与交流也应当有教材。昨天的校友反馈了在工作中做好汇报的重要性，以及人际沟通和交流的重要性。已经有这方面的课程就好，没有的就要增加。而且沟通与表达一部分通过课上教学，另外一部分通过"第四课堂"来实践锻炼，例如大学期间至少参加一次辩论会，每个人至少经历一次"职务交流训练"。比如与上级的交流、同级的交流、下级的交流，与同事、领导、客户的交流，都不一样。老师讲原则，学生自己练，这就是"师傅领进门，修行在个人"嘛。所以，大家考虑一下教材怎么编，因为它涉及中文和外文、口头和书面。写作问题上，白话文为主，文言文也要有，例如用文言文给家长写封信、写份文件、写个通告等，也还是很有味道的。诸葛亮当年写《出师表》给后主上书，写得多好啊！咱们虽不要求现在的学生精通文言文，但总得要涉猎、理解和基本会用。如果说"大学生计算机编程"培养的是学生的科技素养，"写作表达与交流"培养的就是学生的人文素养。在这个基础上，我们还要培养学生的批判性思维（就是学会质疑的认知能力）、系统性思维（就是整体分析和处理复杂系统事务的能力）和创造性思维，这就需要我们开设"逻辑和批判性思维"的相关课程。所以，这三门通识课我们必须开，而且还要开好、上好。

在前沿教育方面，就是在人工智能学院的"小智能教育"当中，做好人工智能的核心基础，以及教育和支撑方面的配套工作。例如说，人工智能三个核心学院——智能制造学院、电子学院、计算机学院，都是工科，在"高等数学"里面就要增加"建模"和"算法"，加到哪本书，怎么加，或者单独编纂一本教材，这些你们可以研究。人工智能的基础就是建模和算法，建模后才能进行超级计算，陈世卿院士就是超算的专家。所以"大智能教育"里面有个"小智能教育"，相应的学分、课程安排由刘华副校长和白俊峰助理负责。具体的原则就是，已经有的就完善，没有的就增加，哪一门课程都增加不进去，我们就单独公开招标来编纂。

（二）建立"三大教育体系"

第一是建立应用教育体系，或者说职业教育体系。国际教育学院的李家利院长提出来，要建立本专科的职业教育体系。换言之，就是从就业和毕业生职业发展导向出发的职业教育体系，也叫OBE产出导向的职业教育体系。同志们必须明白，我们的教育就是为了学生将来参加工作做准备的。耶鲁大学的前校长理查德·莱文说，如果耶鲁的教育，居然让学生拥有了某种很专业的知识和技能，就失败了。我们"锦城"的说法刚好相反，如果学生没有学会一门本事、掌握一项技能，并且不被社会欢迎和认可，我们的教育就失败了。我们的目的就是为了让学生找到好工作，帮助他们获得将来幸福生活的能力。这个体系就是现在的应用教育，这是主流。

第二是建立升学深造教育体系。现在我们要重视一件事，根据今年招生过程中家长的反映和网上的反映，升学率、考研率、出国率，都是他们所关注的。因此，我们必须建立一个升学深造教育体系，学生一进门就搞"目标教育"，做好人生和学业规划，例如，你未来是考研还是就业？考研要进行专门的、特殊的教育，包括能分班的分班，能加强辅导的加强辅导。这涉及本科考研的问题，以及专升本的问题，还有出国留学的问题，都需要分类教育。每个学院要把考研的学生单独挑出来教。我们现在的考研率是同类院校的中上水平。山东烟台大学文经学院的学生一进门就要考研，就安排不同的教学；据说曲阜师范大学是全国考研率最高的学校，他们的学生进校就想的是怎么考研。因为我校的就业好，所以考研率不算高。今年宽口径统计，考研、出国率为 18%，是历年最好的。现在我们除了抓就业，还要抓考研、升本、留学这个升学深造体系，要足够地重视，与就业一样重要。这对我们的品牌建设至关重要，如果我们的考研率达到 30%，在全国或者全省最好，那我们的品牌知名度会进一步大幅提升。我们现在有几个学院，如外语学院、智能制造学院、财会学院、建筑学院、文传学院，考研情况还是很不错的。总之，我们的升学深造教育体系，先从进校的目标教育开始分流，再进行分班辅导，最终实现分类教育（本科考研、专升本、出国留学）。

第三是建立终身学习教育体系。人工智能时代，终身学习成为必然。国家政策也进一步鼓励发展终身教育体系。我们要关注人的全周期培养，建立终身教育体系。首先是对本校员工的继续教育，包

括人事处对教师的继续教育，你们抓了"翻转课堂"、PPT大赛，这
都很好，但是接下来在人工智能与教育互相赋能的培训方面要继续做
工作。其次，我们还可以开展对外的继续教育。文胜伟要建一个"锦
城慕课学院"，这既可以面向校内学生，也可以面向校外非学历教育
者。现在，我宣布，文胜伟担任"锦城慕课学院"的执行院长，学校
给予100万的资金支持！慕课学院对继续教育是有帮助的，对"翻转
课堂"也是有帮助的。慕课学院怎么突围？一是集中力量建设慕课，
要研究我们建哪一类慕课，怎么建，是否可以增加线上机器人互动，
等等。二是全校动员应用慕课，利用他人的和自建的慕课，融入我们
的教学中。三是放眼全球推广慕课，我们自建的优质慕课，除了培养
自己的学生，还要发挥慕课本身的作用，就是覆盖线上学习者。"锦
城在线"对外实行免费开放，就是Open，要名不要利，声誉和影响
力对我们更重要。未来有一天，我们的慕课能不能像哈佛、麻省理工
学院一样，实现全球学生学习？你们可以大胆地想，更要大胆地做！
我们还要使我们所有老师都能够得到培训的机会，都能够有网上教学
表演的机会，将来有可能是以点击率论英雄。

（三）站在AI教育舆论前沿

我们要站在人工智能研究、开发、使用的前沿，也要站在AI舆
论的前沿和制高点上，既要创造我们锦城学院新的优势，还要宣传我
们新的优势。我们要让学生知道，我们是一所什么样的学校，它既是
坚守教育本分的学校，也是站在前沿的、创新的、最活跃的学校。如
果我们只研究古典，学生以为是老夫子办学；如果你只讲创新，不讲
传承，人家又觉得你没有教育的根系。所以，我们既扎根传统，又面

向未来；既给学生打上中华五千年优秀传统文化的烙印，又教会学生站在前沿、创新创造；既要有基本功，也要会新玩意。每个学院的院长必须领导学院的学术发展，必须创造学院新的优势，这是你们的责任，要纳入考核。

2018年12月6日，锦城学院聘请美国国家工程院院士、美国艺术与科学院院士、全球著名超级计算机专家陈世卿先生为人工智能学院院长（宣传处 供图）

不但要创造优势，而且还要站在舆论制高点上。不会造舆论，不会搞宣传，不会讲故事的领导，不是好领导、好干部，至少不是全面的好干部。我说得通俗一点，不能讲到使学生相信、家长信赖、领导机关信任的程度，不是好干部。所以，第一个要创造新的优势，第二个要宣传新的优势。否则的话，我们有的专业100%的就业率，怎么都没有宣传出去？看来还要注重宣传的方法和范围。如果是清华、北大就不需要这样宣传，但关键是"锦城"在起步时期需要造舆论。在人工智能教育方面，我们要加强对内、对外的舆论攻势。对内，让教师、学生、员工都投入"人工智能＋教育"的变革中来；对外，要宣传我校"人工智能＋教育"的好理念、好做法、好成果。

我们希望所有的员工能够满怀激情和创意去工作。这点各位领导返校后都要做工作，当前新形势下要应对新的挑战，就得广泛动员全体员工。我再次强调，今年绩效工资的动态调整，要按照"M+3"坚决实行。你们要把考核的内容早点告诉大家。我们动员大家的积极性，谁做得好，就要奖励谁。今年是"M+3"的考核，明年还要增加"人工智能＋"的考核。

今年我们在艰苦的状况下打了胜仗！现在计划招生约8500人，虽然还不知道报到率如何，但招生人数创造了历史最大的规模。我们现在就可以宣传，我们是西部地区同类院校中，规模最大的学校、口碑最好的学校！在接下来的迎新和入学教育工作中，学工系统要做好"目标管理教育"，教务系统要向学生公布人才培养方案，包括专业人才培养目标、课程体系、人才培养的方式方法等，例如你是"校企合作"来培养，还是开设"千字营"来培养，或是"以赛促学"来培养？这些都要明确地告诉学生，便于他们制订在校期间的人生规划和奋斗目标，这样也使学生对学校的整个教育体系有清晰的了解。

同志们，这五天，我们召开了一次学习的大会、讨论的大会、交流的大会，更是一个为夺取更大胜利的大会！大会以后，希望大家回到你们的阵地上，继续发挥积极性、创造性，在学校总体方针的指引下，使"锦城"在人工智能时代的大学教育中脱颖而出，再开创一个全新的局面！

锦城学院是一所什么样的大学

——在2019级新生开学典礼上的讲话

（2019年9月3日）

各位来宾，同学们，老师们，家长们：

大家上午好！今天，我们在这里隆重举行2019级新生开学典礼，共同迎接来自祖国四面八方22个省（自治区、直辖市）的近8000名同学，我代表学校全体师生员工欢迎你们！同时，也向莅临典礼的四川大学、用人单位、合作办学友好单位的各位领导、来宾和广大家长朋友们致以崇高的敬意！

锦城学院今年的招生有三个特点：一是规模大，招生计划和实际报到均创历史之最；二是生源充足，一本、二本、专科均满足专业第一志愿，一次录取成功；三是质量好，录取分数线进一步提高，在四川地方院校的相对位次较去年又前进一名，超过二本批次招生的20多所省内高校。这些充分体现了我校"进口旺，出口畅，办学高质量"的大好局面。所以，我要祝贺你们报考了锦城学院！我相信，历史将会证明，你们做出了一生中最重要、最正确、最明智的选择！

三个月前，你们在报考锦城学院的时候，在网络上、电话里、咨询会中，热切地向学校提出很多问题。我们发现，大家最关心的一个问题就是："锦城"是一所什么样的大学？今天的开学第一课，我就来帮助同学们一起认识"锦城"，了解"锦城"。

邹广严校长在迎新现场了解迎新信息系统情况（宣传处　供图）

一、锦城学院是一所大学，它与高中是两个不同的阶段

大学有一些共性的基本特征，大学就是大学。清华、北大是大学，川师、西华是大学，锦城学院同样是大学！它们都是按《中华人民共和国高等教育法》和教育部办学标准举办的大学，共同使命都是教书育人、科学研究和服务社会，教育价值都是培养独立、自主、全面的人。正如蔡元培先生所言："大学者，'囊括大典，网罗众家'之学府也……此思想自由之通则，而大学之所以为大也。"大学之大，在大师之大、学问之大、气象之大。因此，从高中到大学是一个质的飞跃。大学不是高中时间上的简单延续，而是更高层次的一个阶段。

大学和高中，培养标准不同。尽管基础教育和高等教育的核心目标都是促进人的德智体美劳全面发展，但高中毕业，大多数学生的目标是升学。因此，它的标准相对单一，就是分数决定一切。在现有教育体系和高考的压力下，中学更注重培养学生的收敛性思维，这种思维便于集中精力寻找单一的、对某一问题或任务的正确答案；而大学要为学生的就业、深造和终身学习做准备，更重视培养学生的发散性思维，也就是对提出问题、解决问题、创新和创造能力的培养。

大学和高中，学习的方式方法也有很大不同。同学们进入大学，必须实现四个转变：一是从被动学习到主动学习的转变，比如你应当主动多去图书馆读书学习；二是从重视记忆到重视理解和应用的转变，比如做好一项课程实验比死记硬背更重要；三是从重视分数到重视能力的转变，比如做好一个项目比考出一个高分更重要；四是从重视课本到拓展学习的转变，比如自主创新、创造发明或大赛获奖比拼凑一篇论文更重要。因此，大学学习的好坏，不仅是你学了多少课本知识，背诵了多少答案，更在于你学到了多少知识，会用多少知识去解决实际工作和生活中的问题。锦城学院为你们的大学学习提供了不同空间维度的"五个课堂"，来帮助你们实现这四个转变。教室教学为你们提供有温度、有浓度、有梯度的课堂；实验室教学让你们在体验式、合作式的学习中练就动手能力；生产基地教学为你们洞察社会、实习实训提供广泛的机会；课外活动教学使你们在社团、竞赛、艺体活动中，发展"长板"，练就沟通与表达等综合能力；在线课堂提供海量、丰富、优质的教学资源和更加灵活的学习方式，为你们的学习插上新技术的翅膀。

大学和高中，有区别也有联系，有变化也有不变。什么是不变的？——就是你们在高中时期的刻苦学习、努力拼搏的精神不能变。

不但不能变，还要做得更好。我校历来强调"从严治校，三不放水"。教育不放任，管理不放羊，考试不放水是"锦城"的教风，勤奋、向上、严格、刻苦是"锦城"的学风。我校早在2013年起就杜绝了期末划重点、出复习题的现象，2012年起就取消了毕业清考。我们认为，水平可以不高，但绝不允许作假；知识可以不多，但绝不容忍冒充！同学们必须明白，学习没有捷径可走，任何一个人都不要想松松垮垮混文凭！我们反对"玩命的中学、快乐的大学"，"锦城教育"的字典里，提倡的是忙起来的快乐，而不是旷课、睡懒觉、打游戏的快乐。我们要坚守的教育底线是不误人子弟，坚持的教育本分是培养学生成人成才；你们要锤炼的是学习的基本功，要保持的是刻苦拼搏的学习毅力！

二、锦城学院是一所应用型大学，它与研究型大学和高职院校有很大的区别

按照中国的高教体系和办学形态来看，大学可以分为研究型、应用型和职业技能型三类。这三种办学形态，是办学类型的区别，而不是层次高低的不同。过去，人们总是喜欢用一把尺子丈量不同形态的学校，用一个标准来评价不同类型的学校，这就如同爱因斯坦所说的，用会飞或不会飞来评价一条鱼的能力一样荒谬。中国高等教育学科的奠基人、今年百岁的潘懋元老教授最近说，研究型大学的质量标准是学术，应用型大学的质量标准是应用。各类学校的定位不同、人才培养目标不同、教学内容和方法不同，当然标准也就不同。因此，研究型大学应该有"研究型的一流"，应用型大学应该有"应用型的

一流"，职业院校应该有"职业型的一流"。当然，研究型大学有应用，应用型大学有研究，只是比例不同而已。

研究型大学重视通识，重视基础，培养更多的研究生，这是很对的。所以，美国耶鲁大学前校长理查德·莱文曾说："如果一个学生从耶鲁大学毕业后，居然拥有了某种很专业的知识和技能，这就是耶鲁教育最大的失败。"这句话用在研究型大学或许可以，但用在应用型大学就行不通了。锦城学院实行的是通专结合，就业导向，就业、创业、升学，适当分流；我们培养人才的标准是"做人第一，能力至上"；我们对知识的把握是够用、会用、能用，最重要的是培养学生终身学习的能力；我们对学生的要求是"三会两双"，即会动脑、会动口、会动手、双语交流和双证培养，特别是早在建校伊始就实行的"1+X 双证培养"，使学生毕业时既拿到了毕业证，又拿到了人均 2 本以上的各类职业资格和技能培训证书，让学生既获得了横向可迁移的综合素质，又打牢了纵向可提升的职业能力，广受用人单位欢迎和好评；我们学生的出路是"四条高速公路"，学校密切与地方政府、行业协会、企业和其他高校合作，已建立了 600 余家合作单位、70 余所国际合作高校，每年举办 100 余场招聘会；我们的办学路线不是关门办学，不是象牙塔里办学，也不是只强调教育家办学，而是开门办学，立足社会办学，让教育家和企业家、科学家、艺术家、社会活动家共同来办学；我们专业和专业方向的设置是基于大学生就业岗位的调查和预测，从就业岗位出发来设置专业和专业方向，最终形成学科或跨学科的"逆向革命"，做到了毕业生和岗位的紧密对接。我们从来不避讳自己的目标和观点，我们"锦城"的教育就是为学生们的深造和职业生涯做准备，以使你们找到好工作，将来能幸福地、有尊严地生活。我们认为，任何一所大学培养学生的最终目标都是就业，就业是实现学生理想和报效国家的唯一途径。当科学家、搞科研是就业，当教师和艺术家是就业，做工程师、会计师，做企业高管和金融工作者，当然都是就业。因此，在锦城学院，如果一个毕业生没有学到做人的道理和做事的本领，那我们的教育就失败了；如果"锦城"的毕业生不被社会欢迎和认可，那我们的办学就失败了。事实证明，锦城学院的前10届校友中已经涌现出100多位银行行长，200多位高校教师，600多名党政机关干部，800多名文化艺术工作者，1300多名企业老板，以及数以万计的工程师、会计师、企业管理者、媒体记者和外事、外经、外贸工作者等，例如著名畅销书作家张皓宸，联合国职员朱若绮，著名影视演员陈钰琪，华为工程师张德茂，央视导演李冰，国企董事长马超，川农大资产评估系主任、副教授段吟颖，西南民大硕士生导师、副教授邓彦斐等一大批优秀的"锦城"校友，体现了一所应用型大学人才培养的傲人成果！

邹广严校长检阅新生军训成果（宣传处　供图）

同学们，中国不但需要杨振宁、屠呦呦等一大批科学家，也需要茅以升、李四光等一大批工程师，还需要任正非、马云等一批把技术转化为生产力的企业家。锦城学院作为后起之秀，正在努力建设西部领先、国内一流、国际知名的一流应用型大学，我们一定会培养出有责任、有担当、有智慧、有能力、卓尔不群的一流应用型人才！

三、锦城学院是一所中国的现代化大学，它既扎根中国、传承经典，又放眼世界、面向未来

中国自孔夫子以来，在教育上有很多优良的传统，比如有教无类、因材施教的教育思想和历代学子们"头悬梁、锥刺股"的刻苦学习精神。当然，中国的大学有的更强调对权威的服从和尊重，有的更注重上课听讲和向45分钟要质量，有的考核体系更重视分数和记忆等。而外国大学或者说发达国家的大学，则更提倡质疑和批判性思维，重视对话和讨论。加州大学洛杉矶分校的副校长就总结了大学课堂的五重境界：第一重是安静，第二重是回答，第三重是对话，第四重是批判，第五重是辩论。对话、批判和辩论是外国大学课堂的普遍风景。

所以，我们必须以开放的心态办大学，取长补短，相互学习。在发扬中国优良传统的同时，学习外国大学的长处。特别是要学习世界先进大学开放的视野，把学生培养成多元文化的适应者；学习他们宽进严出的理念，对学生的学术和人品严格要求；学习他们不迷信权威、敢于质疑的精神，鼓励学生独立思考、提出问题和解决问题。

我们要创造师生之间、学生之间互相交流和讨论的学术氛围，

把"三追两谋"的"锦城精神"发扬光大。锦城学院出台"教师八大教学法"和"学生十种学习法",倡导以学习为中心,形成了"教师教"与"学生学"的最大合力;我们要求全体教师做好课程与课堂的"两课设计",开展教学内容、方法和评价的"三大改革",推行线上线下相结合的混合式教学,达到了师生同频共振共鸣的互动教学效果;我们支持和鼓励同学们的兴趣和爱好,挖掘你们的潜力,在培养全面修养的基础上,发扬"长板原理";我们提出教师应当做到"四全三高",尤其是提高教学反馈率,每一位老师都会认真地批改你们的作业和试卷,每周都会安排固定的时间与同学们做面对面的交流、答疑解惑、辅导竞赛,也会经常通过"锦城在线"、微信、QQ等在线方式指导同学们学习。总之,学生的需要在哪里,"锦城"的教师就在哪里!

我们要与中外大学一起,追踪新技术前沿,拥抱新技术革命。尤其是在当前这个以互联网、大数据、云计算为基础的人工智能时代,我们要教人工智能,用人工智能,创造人工智能。2012年,我们就学习可汗学院,开始研究和实施慕课、推行"翻转课堂",保持了与世界潮流的同步;2016年,我们提出建设"未来型大学",造就"未来型教师",培养"未来型人才";2018年,我们组建人工智能学院,聘请美国国家工程院院士、艺术与科学院院士陈世卿先生担任院长;现在,我们要进一步培养学生的批判性思维、系统性思维、创造性思维和科技素养、数据素养、人文素养,并在全校普及计算机编程、逻辑和思维、表达和交流等三门通识课程,在工科院系普及数学建模和算法教学,这些都是为培养人工智能时代的人才打基础,以帮助你们更好地与自然界交流,与机器交流,与人类交流;我们不但要培养学生胜任现有的岗位，更要培养学生适应未来的岗位，特别是新技术革命催生的新岗位，为了达到这一点，你们需要接受大学教育，接受锦城学院的"未来型教育"！

　　同学们，《锦城校歌》有这样三句歌词："我们要奋勇向前向前，我们创造辉煌明天，光荣属于锦城学院！"让我们一起奋勇前进，创造未来！光荣属于你们，你们就是"锦城"的未来！

　　谢谢大家。

主题教育要做到"四个到位"

——在锦城学院"不忘初心、牢记使命"主题教育动员大会上的讲话要点[1]

（2019年9月24日）

同志们：

主题教育要做到"四个到位"——学习认识到位，组织领导到位，调研检视问题到位，整改落实到位。我们要将"四个到位"贯穿主题教育全过程。

一是要学习和认识到位。要认真学习《习近平关于"不忘初心、牢记使命"论述摘编》《中国共产党章程》等，要静下心，坐下来，读原著、学原文、悟原理，进一步提高思想认识，不断深化对主题教育重大意义的认识，深化对党的初心和使命的认识，增强贯彻落实的自觉性和主动性。

二是要组织和领导到位。各级党组织的书记要负起责任来，不仅要组织到位，而且要在各方面带头，带头学习，带头调查研究，带头检视问题，带头整改落实，发挥好表率作用——这是最好的示范，也

---

[1] 2019年9月24日，锦城学院"不忘初心、牢记使命"主题教育动员大会在和平大楼主楼600会议室举行。本文是邹广严书记在会议上的讲话要点，标题为编者所加。

是有力的动员。要结合实际，丰富方式方法，做到"一把尺子"和"多种形式"相统一。

主题教育动员大会现场（党办　供图）

三是要调研和检视问题到位。去年我们按照省委的要求，开展大调研，对学校教学工作进行了专项调查研究。今年我们在主题教育中要更加深入地做好此项工作，广泛听取各方面意见，把问题找到、找准，把根源挖深，认真检视学校在办学当中的各种问题，明确努力方向和改进措施，做到心中有数。

四是要整改和落实到位。要针对调研、检视出来的问题，列出清单，逐一整改，将开展主题教育与办人民满意的大学，与学校一流应用型大学建设结合起来。

以师德、师风、师能建设为核心，继续坚持严起来、忙起来、长起来，造就锦大光荣之师，实现更高质量的"三个增值"

——在"锦城尊师节"教师座谈会上的讲话

（2019年9月27日）

明天是"锦城尊师节"，但由于是周六休息日，所以我们在今天举行活动。今年教师节的主题，很多学校都在强调"尊师重教"，比如清华大学邱勇校长最近就发表了一个讲话，称要"让尊师重教成为校园最美的风尚"。我认为这是很好的。熟悉历史的同志可能知道，清华大学在"文化大革命"期间也曾批斗老师。荀子说过："国将兴，必贵师而重傅；国将衰，必贱师而轻傅。""文革"就是"贱师而轻傅"，所以今日之清华要把尊师重教放在首要位置来建设，我们为此感到高兴，也为这个时代感到高兴。我校建校历史比较短，不仅没有前科，而且从建校以来就把尊师重道、尊师重教作为校风建设的重要内容来抓。这本小册子[1]辑录的相关材料，梳理了我校从2005年建校开始，提倡尊师重道的八个方面，无论是理论上还是实践上，我觉得

---

[1]指的是《锦城活叶文选》第74期，内容是尊师重道与师德师风学习材料。

是比较全面的，请大家抽空一读。

刚才几位老师的发言都非常好，把自己的工作、自己的增值和学生的增值、学校的增值结合了起来。我们很早就提出要为实现"三个增值"（学生的增值、教师的增值、学校的增值）持续奋斗！同志们，我们必须实现"三个增值"——学生如果不增值，就不会有"近者悦，远者来"；老师如果不增值，就不会有投身教育事业的持续激情和光明前途；学校如果不增值，就必然要落后于其他高校。值得高兴的是，我校自建校至今，"三个增值"的效果是好的：我们培养了一大批优秀学生，造就了一大批在各行各业出类拔萃的校友；我们的教师队伍无论是在学历、职称、专业能力、教育能力，还是社会影响力、社会声誉、个人收入等方面都有显著提升；学校已经成为中西部同类院校的翘楚，不仅规模最大，而且办学层次最高，第三方排名也最高，已经成为一所考生向往、有口皆碑的学校。我们现在的目标是进入四川省地方高校第一梯队，追赶对象是成都理工大学、西南民族大学、四川师范大学、西华大学、成都信息工程大学等老牌地方高校，这需要我们付出更多的努力，实现更高质量的"三个增值"！

教师的增值非常重要，不仅使自身受益，而且能促进学生的增值和学校的增值。我校教职员工分为三支队伍——教师队伍、管理队伍、服务队伍。在三支队伍的建设中，教师队伍建设始终是第一位的。

今天我主要讲三个问题：一是"锦城"教师队伍的建设要以师德、师风、师能为核心，二是全校师生要继续坚持严起来、忙起来、长起来，三是学校将为老师们创造性地工作、有激情地工作和幸福地、有尊严地生活创造条件。

一、师德、师风、师能是我校教师队伍建设的核心

（一）全身心投入是"锦城"第一师德

师德的内涵是丰富的，我校有一个独特的提法，叫作"全身心投入'锦城'教育事业是'锦城'教师的第一师德"。强调"全身心投入"是"第一师德"，当然后面还有第二、第三、第四等师德，但我们强调第一师德是要全身心投入。

2019年5月，邹广严校长与参加锦城学院"践行'立德树人'贯彻'四全三高'师德师风演讲比赛"的选手们合影（宣传处　供图）

为什么全身心投入是第一师德呢？我曾经写了三篇文章，三论其中的原因。简单来说，就是因为教育是一个需要投入时间、精力，需要全心全意的事业。如果没有时间的投入、精力的投入，没有全心全意的投入，即便教育者有再大的本事，都无济于事。不投入就办不成事，不投入就没有办法教育好学生。所以我们现在讲师德，重点是讲

全身心投入。"锦城"的老师和其他学校的老师有区别没有呢？我看是有的，那就是全身心投入。我校每位老师都有办公室，别的学校恐怕做不到这一点，这就是区别。20 世纪 90 年代我在政府工作的时候，去北大参观，在北大的小红楼里，校长单独一间办公室，副校长两人一间办公室，我问教授在哪里办公，答曰教授没有特定的办公室，教授在家里办公。学校花了很大的力气，为老师们提供良好的条件，就是为了克服"上课来，下课走"的不良现象，让大家能够全身心地投入教育事业。老师应该公布在校答疑的时间，积极为学生答疑、辅导，也可以在办公室备课、批改作业、做科研等，水电学校都包了，这是多么优越的条件呀，就是为了促进大家全身心投入教育事业。

（二）"学而不厌，诲人不倦"是"锦城"师风

我校的师风是什么？重点是孔夫子说的两句话——"学而不厌，诲人不倦"。

学习要如饥似渴，永不满足。年轻人要学习，老同志也要学习，活到老学到老，终身学习。要与时俱进，既要学习传统知识，又要学习新知识，当前尤其要重视对新技术革命的学习和研究；要知行合一，理论和实践相结合，不仅要有理论能力，还要有实践能力；要通专结合，既要精通本学科的知识，还要涉猎其他学科的知识。我们现在强调培养复合型人才，培养学生跨学科的知识和能力，老师要做个好表率。

育人要充满激情，乐此不疲。我们提出"课堂大于天"，对待课堂，要做到"六个像"：像见贵宾一样尊重，像做祭祀一样敬畏，像初恋一样有激情，像约会一样有期待，像演员上台一样有表现欲，像

探险家一样有好奇心。这就是教育活动的魅力所在，足以令人沉浸其中，忘却疲累。大家都知道，职业倦怠是比较普遍的现象，为什么教育事业偏偏能够做到不倦怠呢？这首先是因为教育是崇高的工作，教育者的使命感、责任心、良心、爱心、耐心推动着他们投身事业，不倦地工作。文传学院的朱亚铮老师指导学生作文，前后改了11稿，这可称得上不倦了，没有足够的爱心和耐心做不到。其次，教育是充满价值感的事业，孟子说"君子有三乐"，其中一乐就是"得天下英才而教育之"，立德树人，哺育群英，名师出高徒，桃李满天下，这些都带给教育者很高的成就感，让人乐在其中，忘却疲累。

2019年9月27日，锦城学院第三届"尊师节"暨纪念孔子诞辰2570
周年经典诵读大会现场（宣传处　供图）

教育要办好，必须有两个条件：第一，老师要善教；第二，学生要乐学。学生上课不听讲，下课不做作业，纵然有名师大师，也不能把他培养成才。不要相信"教育是万能"这个话，也不要相信"没有教不好的学生，只有不会教的老师"那样的话。孔夫子有一位学生叫宰予，白天睡大觉，孔子很生气，骂他"朽木不可雕也"，还说"于予与何诛？"——我对你还有什么好责备的呢？表示拿他没办法了。重庆人有句话，叫作"船上人不努力，哪怕岸上人挣断腰"，船上的人不努力划桨，任你岸上的纤夫怎么拉，效果都不会很好。学生就好比是船上人，老师就好比岸上的纤夫，只有大家一起努力，教师善教，学生乐学，才能有最好的效果。

善教乐学功可成。这个道理，大家一定要给学生讲。学生进校，想得比较多的往往是客观条件，学校怎么样，老师怎么样，实验室、图书馆怎么样……这无疑是不错的，但是对于自己，恐怕未必有明确的要求。大家要给同学们讲，要成才，老师的善教和学生的乐学两条都不可少，外因要通过内因才能起作用。要让学生有这样的认识——进入"锦城"，就要主动地接受"锦城"的教育，要让自己的学习和老师的教育形成合力。

（三）教学、科研和服务社会的能力是"锦城"师能的三个方面

下面我再讲讲师能。只讲师德、师风，不讲师能是不全面的。假如一位老师的思想觉悟很高，积极性很高，但能力很差，不能给学生以知识或启迪，那他也不能算是一位好老师。

师能具体包含哪些能力？一是教学的能力，二是科研的能力，三是服务社会的能力。

教学的能力是根本，是第一位的。现阶段，我们要特别注意教学内容和教学方法的与时俱进、面向未来。否则，学校就成了古代的私塾。大家试想，如果建筑学院不讲现代化的建筑知识，而是只讲鲁班时代的知识，那能行吗？现在要讲的是以BIM为代表的新技术、新

技能。教学方法也是一样，既要有讲授等传统方法，也要有案例教学、任务驱动等现代方法，还要有慕课、"翻转课堂"等新技术催生的最新方法。

二是科研的能力，或者说学术的能力。体现在能搞科研、做项目、发论文、拿专利等方面，我校的科研还包括指导学生参加学科竞赛。科研实力是非常重要的，刚才工商学院的老师介绍了他的团队已经做了十几个大项目了，很多公司都愿意和他合作，这就是一种硬实力，"锦城"教师要增值，科研实力的提高也是必不可少的。

三是服务社会的能力。比如做政府的智库专家，做公司的顾问，做某个行业有影响力的专家等，这些都是高层面的，需要很高的学术水平作支撑，还要有一定的公共关系技巧。服务社会，应该成为老师们自觉的追求。

二、要继续坚持严起来、忙起来、长起来

在老师们的努力下，我校的教学活动逐步严了起来，学生忙了起来，师生的长板长了起来。这是一个大好形势！最近有三件事，充分反映了这样良好的势头。第一件事，我们今年的考研率（包含出国读研），如果从广义的口径算"上线"的人数，全校已经达到了18%，创历史最高水平。最高的是外语学院36.48%，第二名金融学院27.40%，第三名财会学院26.59%。财会学院是我校学生人数最多的学院，上线率能达到26.59%，很不简单。另外，外语学院今年的专四、专八过级率均远高于全国平均水平，专四通过率高出全国平均通过率（52.69%）20个百分点，高出独立学院平均通过率（34.93%）

2018年冬，邹广严校长为计算机与软件学院学生出版论文集题词（计算机学院　供图）

37个百分点！第二件事，智能制造学院的创造活动已经蔚然成风。学校现在讲"三创"——创新、创业、创造，昨天我看了智能制造学院的展览，展品很丰富，无人机、打印机、机器人等，一应俱全。这不就是忙起来才会有的成果吗？第三件事，现在学校很重视数学建模，计算机学院就带了好头，组织了15个代表队100多人参赛，我看这次不管得不得全国大奖，成绩都很好，因为这种竞赛的氛围一下子就不同了，老师、学生都忙起来了。

　　"严起来、忙起来、长起来"的氛围是我们去年提出的一定要实现的突破之一。这三个"起来"也是观测点，体现了学校的风貌。别人进校一看，看到学生都无所事事，成群结队往犀浦跑，估计就得摇头；相反，如果教室里、图书馆里、实验室里、礼堂里、操场上都是认真、投入的身影，那别人肯定会竖起大拇指，称赞学校办得好。所以，我们要使学校的口碑更响，就必须把这个良好氛围营造好。

　　在这里，我重点讲一讲"严起来"的问题。

　　"严起来"可能遇到反对和反抗，大家要有思想准备。2005年，我们搞半军事化管理，部分学生反对、反抗，把学校的围墙挖个洞，把钢筋围栏撬开，上课时间也要溜出去玩。2013年前后我们强调"三不放水"，认同的是多数，不认同的也不少，有位学生甚至在网上起哄要把图书馆给炸了！可见当时反抗情绪之激烈。历史经验表明，我们要严起来，大概率是会遭遇阻力的。为了减少阻力，我们要做到有方、有法、有度。

有方，就是要有方法和艺术。严不等于总是板着面孔，不等于急了骂人"滚出去"，不等于体罚学生……美国心理学大师科胡特曾用诗意的句子说明教育之道："如何深爱你？用不含诱惑的深情；如何拒绝你？用没有敌意的坚决。"这里面说的"没有敌意的坚决"就是一种教育艺术。严可以是"温和而坚定"的，毛主席曾对邓小平同志说，要"柔中有刚，绵里藏针，外面和气一点，内部是钢铁公司"。这个意见也适用于我们的教育活动中，"钢"的原则、"铁"的纪律都是严起来的表现，但外面可以和气一些，更讲究方法和艺术一些。

有法，就是要有提前的规定。在不违背学校总规定的前提下，老师有权对自己的课堂管理办法做出规定，这是教授治学的体现，学校要支持。举个例子来说，老师有权规定平时成绩如何构成，学生不做作业或不交作业，该次作业记零分；"翻转课堂"不看视频、不参与讨论，也可以记零分；还有旷课，本堂课平时成绩记零分或者扣分。记了三次零分，这门课就不能及格了。老师做出这样的规定是可以的，但必须事先明确并宣讲这个规定，要和学生约法三章在先，不能搞不教而诛。不能一时兴起，告诉学生你如果不回答我的问题，我就给你挂科。这就失之于随意了。

有度，就是要注意拿捏分寸。三个零分不及格，我觉得合理，但如果一个零分就不及格，好像就严了一些。这里面有一个度的问题，分寸怎么拿捏，大家回去要研究。

同志们！"严起来、忙起来、长起来"，既要发挥学校的规范性、引领性，也要发挥老师的主体性、创造性，还要激发学生的自觉性，三者要很好地结合起来，我们的目标才能实现。

三、学校将为老师们创造性地工作、有激情地工作和幸福地、有尊严地生活创造条件

学校发展进入了一个新的阶段。我们将为老师创造性地工作、有激情地工作和幸福地、有尊严地生活创造条件。一方面，我们要改善教室、实验室、体育场、图书馆等公共设施，提升服务水平；另一方面，我们要逐步地增加老师的收入。

在此，我宣布三个好消息。

第一，今年的绩效考核，就是我们强调的"四全三高""M+3"，凡是达到"优良"标准的，工资统统升一级。次一点的，可以考虑升半级。但不能不定标准，每人都升级。不定标准都升级就搞成了"大锅饭"，而"大锅饭"是没有出路的。邓小平同志说"允许一部分人先富起来"，这个道理是不错的，我是绝对反对不劳而获和平均主义的，平均主义实际上是懒人占了勤快人的成果，是打击先进，鼓励落后。我开玩笑说："现在是想给大家涨工资，但得找一个理由。"大家好好干，拿出成绩来，我是乐于见到大家收入增长的。

第二，对今年评选出的最优秀教师，除了给予原定的奖励和奖金外，再额外奖励一辆小汽车。

第三，启动嘉苑二期住房的前期工作，争取早日开工，为大家安居乐业创造条件。

今天就讲到这里，谢谢大家！

践行"不忘初心、牢记使命"，办好人民满意的大学教育

——在锦城学院"不忘初心、牢记使命"主题教育学习研讨会上的讲话要点[1]

（2019年10月10日）

同志们：

今天，我们在这里召开"不忘初心、牢记使命"主题教育学习研讨会，把思想和行动统一到中央、省委以及四川大学党委决策部署上来。今天主要的内容是学习两本书——《习近平关于"不忘初心、牢记使命"重要论述选编》《深入学习习近平关于教育的重要论述》，并结合我校实际，深入研讨怎样贯彻党的教育方针，怎样办好人民满意的教育，怎样更好地立德树人，怎样实现学校的"2025规划"等问题。

刚才同志们都做了很好的发言，四川大学指导组的同志肯定了我们的工作，并传达了下一阶段的工作要求。我们要按照四川大学的要

---

[1] 2019年10月10日上午，锦城学院"不忘初心、牢记使命"主题教育学习研讨会在和平大楼主楼500会议室召开，学院两委委员、各党总支书记参加会议，四川大学主题教育第二指导组副组长王绍朋到会指导。本文是邹广严书记在大会上的讲话要点。

求，继续把主题教育抓实、抓好。

理论联系实际是我们党的优良作风，习近平总书记也多次强调要理论联系实际。我们谈"初心"和"使命"，也要注意联系教育工作和锦城学院的实际。

"不忘初心"首先是要端正初心。我们办学的初心是什么呢？就是为了满足人民群众对优质高等教育的需求，满足孩子们上好大学的愿望；就是要通过我们的教育，将学生培养成能够为国家和社会作贡献的优秀人才；就是要实现学生、教师、学校的"三个增值"。这是我们办学的根本目的，也是我们不变的初心。教育部、四川省、四川大学、投资方对我们都很支持，这是我们能够把学校办好的重要前提条件。我校的投资方很支持教育事业，虽然按照法律规定，投资方可以取得合理回报，但他们却没有拿走一分钱，而是全部留在了学校，支持学校的人才培养和建设发展。我也曾和四川大学的领导交流过，我认为四川大学举办独立学院的意义，倒不是说能挣多少钱，而在于四川大学作为百年名校，积极支持社会力量办学，举办了两所优质大学，为四川甚至全国人民的子弟上好大学创造了更多的机会，这在四川大学办学史上必将是非常伟大的一笔。可以说，办学十几年来，我们的初心从来没有改变过，大家所思所想所作所为都是围绕着怎样培养好人才，怎样发展好科研，怎样建设好学校，而不是想着怎样赚钱或者别的什么事情，这和党和国家的要求是一致的，我们要不忘初心，继续前进，把"锦城教育"办得更好。

2019年11月，我校联合四川省紫坪铺开发有限公司开展汶川县脱贫攻坚帮扶项目，向汶川县水磨中学捐赠800册图书（邓忠君　摄影）

"牢记使命"就是要讲责任、有担当。在座的老同志们应该还记得我在建校之初讲过的一句话："三级所有，队为基础。"[1]大政方针学校定，具体实施就拜托给大家了。系（现在的"学院"，当时称"系"，下同）里拥有足够的权力来安排你们的教学、科研和学术活动。学校是不可能包揽一切的，要发动大家的积极性来办学，这就需要大家有使命感、有担当。后来我进一步讲，系里要有足够的自主权，可以相对自主地安排自己的教学，培训自己的老师，培养自己的学生，创造自己的模式，形成自己的特色……刚才大家都讲了，每个单位都有自己的一套东西，这是大家主动担当、主动履行使命、勤奋创造的结果。

一线教师也要有责任和担当。为此，要赋予老师足够的教学自主权，譬如要把考核学生的权利交给教师。四川大学有一位教授，讲"人力资源"讲得很好，他给省工商管理学院的学生上课，第一堂课

---

[1]这是借用了办人民公社的一句话，其意思是强调基层的自主权。

就给学生宣布："不得无故缺课，无故缺课一次就做不及格处理。"省工商管理学院的学生多半是有一官半职的，有的还是单位的一把手，在单位里说一不二的，但这些学生上他的课都老老实实的。为什么？就是因为他手里有评价的权利，给你打不及格你就拿不到毕业证。我们讲权责要匹配，教师有教育好学生的义务，也要给他们履职的权利才行，没有充分的评价权，老师就不能很好地履行他的责任，所以我说要赋予教师充分的教学自主权。但我们要强调正确地行使权利，而不能任性地行使权利。比如课程考核的办法应该在第一节课的时候就给大家宣讲，让大家都知晓，不能搞不教而诛；更不能随心所欲地打心情分、人情分，那样就乱套了。

改革发展要务实，要踏踏实实地干。昨天我给一位专家介绍我校的教学评价改革，其中有一条，就是考卷里既要有标准答案的题目，也要有开放性的题目，既要有教科书上的题目，也要有课外读物上的题目。他说这很好，能做到吗？我说能做到，因为这是学校明文规定的，是有要求、有检查的。又如我们的创业教育覆盖到每一个学生，一课一赛，每个学生都要参与、过关才行；我们的劳动教育也覆盖到了全体学生，不管是农场劳动还是公益教室劳动，都要修够课时，获得相应的学分才行……这些改革创新，都是很务实的，是踏踏实实、一点一滴地做起来的，是切实落到了每一位学生的培养上的。

同志们，改革和发展仍然是我校办学的主题，大家要继续按照习近平总书记的要求，深化改革，落实发展。我们要创造一个相对宽松的氛围，免除大家的后顾之忧。只要符合党和国家的大政方针，有利于学生、教师和学校增值的事情，都可以大胆闯、大胆试，错了改过来就是了。让我们继续努力，落实立德树人的根本任务，全面深化教育教学改革，不断提高人才培养质量，办好人民满意的大学教育。